DERECHO DE SUCESIONES

JAVIER FAJARDO FERNÁNDEZ
Universidad de Navarra

DERECHO DE SUCESIONES

SEGUNDA EDICIÓN

tecnos

Diseño de cubierta:
J. M. Domínguez y J. Sánchez Cuenca

1.ª edición, 2019
2.ª edición, 2023

Valentín Beato, 21 - 28037 Madrid

PAPEL DE FIBRA CERTIFICADA

ISBN: 978-84-309-8946-1
Depósito Legal: M-27.184-2023

Printed in Spain

ÍNDICE

TEMA 1

INTRODUCCIÓN

SUMARIO: 1. CONCEPTOS BÁSICOS.—2. HEREDERO Y LEGATARIO.—3. TIPOS DE SUCESIÓN: VOLUNTARIA, INTESTADA Y FORZOSA.—4. SENTIDO E HISTORIA.—5. DERECHO COMÚN Y DERECHOS FORALES.—6. DERECHO TRIBUTARIO.

1. CONCEPTOS BÁSICOS

Conviene empezar con una breve definición de algunos términos fundamentales para la asignatura:

— **SUCESIÓN *MORTIS CAUSA***. Ordenación del destino que debe darse a los bienes de una persona que fallece.

— **FENÓMENO SUCESORIO**. Conjunto de hechos, actos y relaciones jurídicas ocasionadas por la muerte de una persona.

— **CAUSANTE o *DECUIUS***. El fallecido que da lugar al fenómeno sucesorio.

— **APERTURA DE LA SUCESIÓN, ÓBITO, DECESO**. Acto y momento en que fallece el causante. A partir de ese momento decimos que la herencia ha sido **DEFERIDA**.

— **HERENCIA, CAUDAL RELICTO, MASA RELICTA**. Conjunto formado por los bienes, derechos y obligaciones patrimoniales transmisibles del causante.

— **DERECHO DE SUCESIONES**. Rama del Derecho encargada de regular el fenómeno sucesorio.

— **SUCESIÓN**. Subrogación, es decir, fenómeno por el cual una persona (sucesor) se coloca en la posición jurídica de otra.

— **SUCESIÓN UNIVERSAL**. Fenómeno por el cual una persona (sucesor) se subroga en todas las relaciones jurídicas patrimoniales transmisibles del sucedido. En las relaciones patrimoniales *inter vivos* es un fenómeno excepcional (p. ej., absorción de una compañía por otra). La sucesión universal es más propia del Derecho de sucesiones, y en concreto es la propia del heredero.

— **INSTRUMENTOS SUCESORIOS (o ACTOS JURÍDICOS *MORTIS CAUSA*)**. Actos jurídicos destinados a ordenar la sucesión *mortis causa* del causante (p. ej., testamento, pacto sucesorio).

— **VOCACIÓN o LLAMAMIENTO**. Ofrecimiento eventual de la herencia o parte de ella a todos sus posibles beneficiarios. Tiene lugar en el momento mismo de la apertura de la sucesión, de forma simultánea para todos. Es eventual porque no todos se encuentran en el mismo orden. El llamamiento solo podrá ser aceptado cuando vaya acompañado de la delación.

— **LLAMADOS**. Todas aquellas personas que tienen o pueden tener un derecho eventual a recibir bienes del causante por cualquier título.

— **DELACIÓN**. Ofrecimiento concreto que se hace a un llamado (el **delado**) para que acepte o repudie un derecho sucesorio en la herencia del causante.

— **ACEPTACIÓN o ADICIÓN**. Acto mediante el que el delado acepta la herencia o legado que se le ofrece.

— **REPUDIACIÓN**. Acto mediante el que el delado rechaza la herencia o legado que se le ofrece.

— **CAUSAHABIENTES**. Los que derivan su derecho del causante.

2. HEREDERO Y LEGATARIO

Los **llamamientos** o títulos sucesorios básicos (esto es, las vías por las que los llamados pueden recibir bienes por vía sucesoria) son principalmente dos: en concepto de **heredero** (llamado a recibir la herencia) o en concepto de **legatario** (llamado a recibir un **legado**).

En Roma **el heredero** se entendía con la ficción de que continuaba la personalidad del causante. Aunque una persona muera, debe quedarse tranquilo: su heredero conservará su nombre y el culto a los dioses lares (***officium pietatis***), el patrimonio familiar, y mantendrá el prestigio de su familia. El heredero se subroga en todas las relaciones jurídicas patrimoniales transmisibles de causante, incluidas sus deudas (arts. 661, 659 y 1.257 CC), y en principio responde de ellas con su propio patrimonio más allá del valor del caudal relicto (**responsabilidad *ultra vires***) (art. 1.003 CC) (tema 11-3).

Hoy en día no se mantiene esta ficción, pero se conserva buena parte de la regulación romana que era coherente con ella. Para el CC, el heredero se caracteriza porque es **llamado a título universal** (art. 660 CC). Esto no significa que reciba todo, sino que recibe todo lo que no va a otros (es decir, tiene **carácter residual**) (art. 1.032 CC). Si el causante tiene un heredero, es decir, un llamado a título universal que acepta el llamamiento, quedan resueltos los principales interrogantes sucesorios: quién se quedará con los bienes, quién realizará las gestiones de administración de la herencia, quién pagará los legados, y quién responderá de las deudas del causante si no hay bienes suficientes en ella. Aunque el heredero no es imprescindible, lo normal es que lo haya. Por eso, si ninguno de los llamados a la herencia quiere o puede aceptar, habrá que realizar un **llamamiento sucesivo** al siguiente llamado.

La condición de heredero puede ser compartida por varias personas (**coherederos**). Los coherederos en intestada (y los coherederos en testada cuando entre ellos no hay designación de partes) son llamados a partes iguales (art. 765 CC) y tienen **derecho de acrecer** [tema 2-7-B)]. Más adelante estudiaremos los efectos de la aceptación de la herencia por el heredero (tema 2-8), la comunidad hereditaria (tema 11-1) y la acción de petición de herencia (tema 14-2).

Por el contrario, el **legatario** es simplemente la persona que recibe un **legado**, es decir, una liberalidad testamentaria. El legatario recibe un llamamiento a título particular (660 CC). No tiene carácter residual. Si no quiere o no puede recibir el legado, no se hace nuevo llamamiento, sino que su legado revierte a la masa (art. 888 CC) salvo que esté sometido a sustitución vulgar (tema 7-2). El testador puede imponer al legatario el cumplimiento de una obligación, carga o modo, como pagar un legado a favor de otra persona (**sublegado**, art. 858 CC), pero su responsabilidad siempre está limitada al valor de lo que ha recibido del testador (**responsabilidad *cum viribus***) (art. 858.II CC). Por lo demás, al legado se le aplica analógicamente toda la regulación de la institución de heredero (art. 789 CC) (tema 6).

Heredero	Legatario
Se subroga en los derechos y obligaciones transmisibles del causante	Recibe algo del causante
Officium pietatis (art. 911 CC)	No
Llamado a título universal (art. 660 CC) (residual) (art. 1.032 CC)	Llamado a título particular (art. 660 CC)
Si repudia: llamamiento sucesivo	Si repudia: el legado revierte a la masa (art. 888 CC)
Responde *ultra vires* (art. 1.003 CC)	Responde *cum viribus* (art. 858 CC)

3. TIPOS DE SUCESIÓN: VOLUNTARIA, INTESTADA Y FORZOSA

Podemos hablar de tres tipos de sucesiones:

i) **Voluntaria o testamentaria**. Es la regulada por la voluntad del causante expresada a través de un instrumento sucesorio otorgado válidamente (art. 658 CC). En Derecho común no se admite más instrumento sucesorio que el testamento, por lo que «sucesión voluntaria» es prácticamente sinónimo de «sucesión testada» (tema 4). Pero en sentido estricto también puede haber sucesión voluntaria no testamentaria mediante actos *inter vivos* (p. ej., donaciones) (tema 8-2). Y los Derechos forales regulan otros instrumentos sucesorios alternativos al testamento, como los pactos sucesorios (tema 8-3). Parte del contenido típico de los testamentos son el nombramiento de heredero y la institución de legados (tema 6), con sus correspondientes sustitutos (tema 7).

ii) **Intestada o legal**. Es la que se desarrolla conforme a lo establecido en la ley a falta de sucesión voluntaria (art. 658 CC) (tema 3). Aunque el Código en ocasiones la llama «sucesión legítima», reservaremos ese nombre para la forzosa.

iii) **Forzosa o legítima**. Cuantía mínima que deben recibir los **legitimarios** con carácter imperativo, quiera o no el causante (art. 806 CC) (tema 5).

La testada y la intestada son modos de delación (voluntaria la una, legal la otra), pero la forzosa no. La condición de legitimario da derecho a recibir una parte de la herencia, pero no impone al causante el modo concreto en que debe dejarla: puede ser como heredero, como legatario, por actos *inter vivos* (donación), etc.

La sucesión voluntaria puede proporcionar tanto heredero/s como legatario/s (si el testador los ha instituido en su testamento). La intestada sólo proporciona herederos, nunca legatarios.

Entre testada e intestada la relación más habitual es la supletoria: **se acude a la intestada a falta de testamento válido** (art. 912.1 CC). Pero en una sucesión concreta puede haber a la vez sucesión testada e intestada. Esto ocurre cuando en una sucesión testada hay **cuota vacante**, es decir, queda una parte de la masa relicta cuyo destino no ha sido ordenado por el testamento. En este caso, deberá abrirse la sucesión intestada para obtener un heredero que se haga cargo únicamente de esa cuota vacante (arts. 658.III y 912.2.º CC).

Si hay heredero, nunca habrá cuota vacante, dado que su llamamiento es universal o residual (arts. 660 y 1.032 CC). En Roma la institución de heredero era un elemento esencial del testamento (sin él era nulo) y había incompatibilidad de sucesiones testada e intestada por la regla ***nemo pro parte*** (*nemo pro parte testatus pro parte intestatus decedere potest*, es decir, nadie puede morir en parte testado y en parte intestado). Lo mismo ocurre hoy en Cataluña y Baleares, donde el heredero es esencial al testamento y hay regla *nemo pro parte*. Por el contrario, desde el Ordenamiento de Alcalá (año 1348) en Derecho castellano y en el CC el heredero no es esencial al testamento (art. 764 CC) y no hay regla *nemo pro parte* (art. 658.III CC) (tema 4-1).

La sucesión forzosa es compatible con la testada, pues la forzosa es un límite a la libertad de testar del causante para que no pueda ordenar su sucesión en contra de los derechos de los legitimarios. Pero la sucesión forzosa también es compatible con la intestada, sin quedar absorbida por ella. Es decir, aunque la herencia se ordene por vía intestada, un legitimario puede recibir menos de lo que le corresponde, y entonces hay **inoficiosidad** y tiene acciones para reclamar (tema 5-7). Esto es así porque para el cálculo de la legítima se tienen en cuenta también las donaciones hechas en vida (temas 5-1 y 10-1). Por eso, cuando el testador en vida **no realizó donaciones significativas**, la sucesión intestada **absorbe** la forzosa: bastará que los descendientes reciban la herencia intestada para asegurar que queda cubierta su cuota legitimaria. Por el contrario, si el causante realizó en vida donaciones significativas, esa absorción no se produce, porque el hecho de que los descendientes reciban la intestada no garantiza que vaya a quedar cubierta su cuota legitimaria, y será necesario realizar las operaciones de computación, imputación y colación (tema 10).

Una persona puede estar llamada a recibir bienes de una herencia por varios conceptos distintos, es decir, puede recibir **varios llamamientos** (p. ej., por vía testada e intestada, como heredero y como legatario). Cada uno de ellos es independiente de los otros y puede ser aceptado o repudiado autónomamente (art. 890 CC), con algunos límites: quien rechaza el llamamiento testado a una herencia, rechaza también el intestado, pero no al revés (p. ej., el llamado intestado repudia, pero luego aparece un testamento desconocido en el que se le nombra heredero y acepta: puede hacerlo) (art. 1.009 CC).

4. SENTIDO E HISTORIA

La sucesión *mortis causa* **se justifica** de tres modos: *a*) como consecuencia lógica de la existencia de propiedad privada, *b*) como exigencia de la justicia, y *c*) por razón de eficiencia (por el incentivo que supone para el esfuerzo en el trabajo y la acumulación de riqueza).

Si el Derecho es difícil de entender sin la Historia que lo ha formado, esto es especialmente cierto en el caso del Derecho sucesorio. A pesar de las múltiples reformas, los conceptos y reglas que lo forman vienen con frecuencia de muy antiguo y responden a épocas, preocupaciones y principios muy distintos y en ocasiones opuestos.

Conviene recordar que hay varios modos históricos de entender la propiedad, su titularidad y función:

— La **propiedad romana clásica** es un derecho subjetivo, libre, destinado a la satisfacción de su titular como sujeto individual. El heredero como continuador de la persona del causante, el testamento y la legítima corresponden plenamente a esta idea de propiedad.

— Pero el concepto de **propiedad en mano común, comunidad doméstica o comunidad germánica** es totalmente distinto. Según él, la propiedad no es tanto del individuo como de la familia. Cuando el causante muere, más que sucesión hay un derecho de acrecer entre todos los miembros de su familia. Si el causante muere sin hijos, sus herederos naturales son sus hermanos. Esta idea se manifiesta, aparte de en otras áreas (p. ej., la propiedad comunal de los montes), en instituciones como la troncalidad (temas 3-7 y 9-2) o las reservas (tema 9-1).

— En el siglo XIV comenzó en España un proceso de concentración de la propiedad inmueble en manos de familias nobles (**propiedad vinculada dinástica o de linaje**). Desde este punto de vista, la propiedad no está al servicio de su titular, sino que su titular es más bien un peón al servicio de la conservación y ampliación del patrimonio en manos de la familia a lo largo de generaciones a través de alianzas matrimoniales con otras familias. Para conseguir este objetivo fueron fundamentales instituciones como la sustitución fideicomisaria (tema 7-4), el mayorazgo (tema 7-7), las prohibiciones de segregar y disponer, los pactos sucesorios (tema 8-3), etc.

— Durante siglos, en el ámbito rural tradicional de las tierras al Norte del Ebro y la cornisa cantábrica de la Península ha sido predominante el tipo de familia que los antropólogos llaman **patrilineal troncal o *souche***, en el que es fundamental la unidad de la familia en torno a la casa, entendida como una explotación agropecuaria familiar. Para mantener la unidad y no dividirla, los padres eligen al hijo que consideran más capacitado y le atribuyen toda la herencia o el máximo permitido por la ley. Es el heredero, el *hereu* catalán, el *millorado* gallego, el *erederue* vasco, el *moirazo* asturiano. Los otros hijos deben trabajar para él acogidos en la casa o marcharse a buscar fortuna (el *fradistern* catalán, el *cabalero* aragonés, el *mozo* gallego, etc.). Este es el sentido de instituciones sucesorias forales como la legítima colectiva (tema 5-8), los pactos sucesorios (tema 8-3), el testamento por comisario (tema 8-4-B), la compañía familiar gallega (tema 11-1), etc.

Estos distintos modos de entender, vivir y regular la propiedad convivieron en toda Europa y en España de diversos modos desde la Edad Media y a lo largo de todo el Antiguo Régimen.

Las **revoluciones liberales** de finales del siglo XVIII y principios del siglo XIX, empezando por la Revolución francesa, tuvieron como uno de sus objetivos acabar con este panorama y lograr que toda la tierra estuviera sometida únicamente al modo de propiedad romano clásico y por tanto fuera libremente enajenable por su propietario. En Derecho de sucesiones, el programa liberal exigía la abolición de los mayorazgos (que tuvo lugar en 1820, 1836 y, ya definitivamente, en 1841), la adopción del testamento unilateral revocable como único instrumento sucesorio, una legítima larga, la prohibición de los pactos sucesorios y la limitación de las sustituciones fideicomisarias. **El Código Civil aprobado en 1889** adopta plenamente el programa liberal, aunque también permite algunas pequeñas concesiones a las instituciones anteriores (p. ej., permite las sustituciones fideicomisarias pero limitadas, mantiene las reservas, concede dos modos de pactos sucesorios, etc.).

Desde la Ilustración han proliferado las **corrientes de pensamiento críticas contrarias a la sucesión *mortis causa*.** Los autores socializantes (Saint-Simon, Marx) defienden que los derechos sucesorios sean suprimidos o al menos estén gravados con un tributo muy significativo por razones de igualdad, de justicia, o como modo de paliar los efectos negativos de la propiedad privada. Pero también dentro de la tradición liberal hay autores contrarios a la sucesión *mortis causa* y partidarios de que se le imponga un fuerte tributo (Bentham, J. S. Mill, Nozick, Haslett) invocando argumentos de libertad (una sociedad es más libre si sus ciudadanos son más iguales) y de eficiencia (las fortunas heredadas están mal gestionadas). Naturalmente, todo esto ha influido mucho en la regulación del Derecho de sucesiones en los últimos dos siglos. No hasta el punto de acabar con él, pero sí apoyando que esté sometida a una fuerte tributación.

Aunque el Derecho de sucesiones tiende a ser más estable que otras ramas del Derecho, no hay duda de que recientemente ha sufrido importantes cambios. Las **principales reformas** del CC en materia sucesoria han tenido lugar en 1958, 1981, 1987, 2005 y 2015. Algunas de estas reformas se deben a los cambios sociales e ideológicos que ha sufrido **la familia** en Occidente desde 1970. La equiparación a la filiación biológica matrimonial de la filiación no matrimonial (reforma de 1981) y adoptiva (1987), la aprobación y generalización del divorcio, y la normalización social de las uniones de hecho, han afectado profundamente a una sucesión inicialmente pensada para la protección exclusiva de los hijos matrimoniales en un contexto de matrimonio indisoluble. Otros cambios previsibles de cara al futuro van en la línea de conceder una **mayor libertad de testar** (reduciendo o flexibilizando las legítimas) (tema 5) y una **ampliación de los derechos del cónyuge supérstite** (tema 13).

Es habitual afirmar que en la sociedad occidental de los últimos cincuenta años el fenómeno sucesorio **ha perdido importancia económica y social**. En efecto, durante siglos, para la mayoría de la gente la herencia era la principal adquisición patrimonial, pero esto ocurre cada vez menos. La familia ya no es una unidad productiva; el principal ingreso es el salario, que depende de la educación; la Seguridad Social protege al margen de la familia; el aumento de la esperanza de vida hace que los herederos hereden ya mayores, por lo que, para la mayoría, la educación es mucho más relevante que la herencia (Langbein, 1988). Sin embargo, este planteamiento ha entrado nuevamente en revisión. Algunos trabajos recientes (Piketty, 2014) sugieren que en Occidente en los últimos cincuenta años ha aumentado la importancia de la transmisión de la riqueza por vía sucesoria, y que esta es la principal causa del aumento en la desigualdad social que al parecer se está produciendo.

5. DERECHO COMÚN Y DERECHOS FORALES

España es un sistema complejo en el que conviven distintos subsistemas normativos. En materia de Derecho civil (y las sucesiones lo son sin duda), **el Estado tiene competencia exclusiva**, «sin perjuicio de la conservación, modificación y desarrollo por las Comunidades Autónomas de los derechos civiles, forales o especiales, allí donde existan» **(art. 149.1.8.ª CE)**.

Al contrario que en otras ramas del Derecho civil, en materia sucesoria **los Derechos forales son muy importantes**: tienen personalidades muy acusadas, una regulación abundante, muy distinta de la común, y gozan de fuerte tradición e implantación social. Y no olvidemos que un tercio de la población española reside en territorios de Derecho foral. Por eso, aunque este libro se centra en el Derecho común, mencionaremos también los aspectos más importantes de los Derechos forales.

Los Derechos forales con competencia y regulación en materia sucesoria son: Aragón, Baleares, Cataluña, Galicia, Navarra y País Vasco.

Dentro de las vecindades civiles, existen a veces **vecindades locales**. La vecindad **vizcaína** es aplicable a los que tienen vecindad civil en el Infanzonado o Tierra llana, que es toda Vizcaya menos las catorce villas (entre las que están Bilbao, Bermeo, Lequeitio y Portugalete, más las alavesas Llodio y Aramaio) (arts. 61 y 62 LDCFPV). El **Fuero de Ayala**, caracterizado por la libertad de testar, se aplica sólo en Ayala, Amurrio y Oquendo (art. 88 LDCFPV). El Derecho balear en ocasiones diferencia las normas para **Mallorca-Menorca** o para **Ibiza-Formentera**.

A partir de la revitalización del Derecho foral producida en 1948, se aprobaron las **Compilaciones** (País Vasco, 1959; Cataluña, 1960; Baleares, 1961; Galicia, 1963; Aragón, 1967; Navarra, 1973). Con el desarrollo del Estado autonómico, todas las Comunidades Autónomas con Derecho foral asumieron la competencia en la materia, adoptaron como leyes autonómicas las compilaciones preexistentes, y posteriormente las desarrollaron.

Las **normas autonómicas** son el Fuero Nuevo de Navarra 1973 (**FNN**) (reformado en 1987 y muy recientemente en 2019), el TR de la Compilación de Derecho Civil de las Islas Baleares 1990 (reformado varias veces, la última en 2017) (**CDCIB**), la Ley de Derecho Civil de Galicia 2006 (**LDCG**), el Libro 4.º del Código Civil de Cataluña 2008 (**CCC**), el TR del Código de Derecho Foral de Aragón 2011 (**CDFA**) y la Ley de Derecho Civil Foral del País Vasco (**LDCFPV**) (de 1992, reformada en 1999 y 2015).

Muchas de las **peculiaridades sucesorias de los Derechos forales** tienen su origen en un **modelo de familia rural troncal** y están destinadas a dar el máximo posible de la herencia a uno solo de los hijos para mantener la unidad de la explotación agrícola familiar (p. ej., menor importancia de la legítima, pactos sucesorios, posibilidades de fiducias sucesorias) (tema 1-4).

En los Derechos catalán y balear el **Derecho romano** tiene una influencia especialmente fuerte (p. ej., en la exigencia de heredero para la validez del testamento y en la regla *nemo pro parte*) (tema 1-3).

Aragón, Navarra, Vizcaya (y en menor medida Cataluña) son los únicos territorios en los que perdura la **troncalidad** (temas 3-7 y 9-2).

La **ley aplicable a la sucesión** se define por dos parámetros: el temporal y el espacial. El **temporal** es el momento de la apertura de la sucesión (art. 9.8 CC) (tema 2-2). El **espacial**, en los conflictos internacionales es la ley del país donde el causante tenía su residencia habitual en el momento de fallecer (art. 21 RUE 650/2012), y en los conflictos interregionales, la ley de la vecindad civil del causante (art. 9.8 CC) (tema 12).

Ley aplicable

	Conflicto internacional	*Conflicto interregional*
Ley aplicable	País de residencia habitual del causante	Vecindad civil del causante

Debe recordarse que la **vecindad civil** por **nacimiento** es la vecindad coincidente del padre y la madre en el momento del nacimiento (art. 14.2 CC) o, si no tienen la misma, la que corresponde al lugar de nacimiento (art. 14.6 CC). La vecindad se **modifica**, optando por ella en el RC después de una residencia de dos años en territorio correspondiente a esa vecindad (art. 14.5 CC) o automáticamente por residencia de diez años sin haber dicho lo contrario (art. 14.5 CC). En caso de duda, debe aplicarse la correspondiente al nacimiento (art. 14.6 CC). Para el cambio de residencia automático no cuentan los años transcurridos mientras se es menor de edad (art. 225.II RRC) (STS de 16 de diciembre de 2015). Hasta la reforma de 1990 la mujer al casarse perdía su vecindad civil y adquiría la de su marido, pero esta norma debe considerarse derogada por efecto directo de la Constitución para todos los matrimonios posteriores a su entrada en vigor (STS de 14 de septiembre de 2009).

6. DERECHO TRIBUTARIO

Desde siempre, los poderes públicos (y los tributaristas) han considerado a la sucesión *mortis causa* particularmente susceptible de ser gravada.

Estos apuntes corresponden a la regulación civil, por lo que solo haremos algunas indicaciones muy básicas acerca de la relevancia tributaria de algunas instituciones sucesorias.

En Derecho español vigente, la sucesión *mortis causa* y las donaciones pueden estar sujetas a diversos tributos, pero los más importantes son el **Impuesto de Sucesiones (IS) y el Impuesto de Donaciones (ID)**. Su regulación estatal se encuentra en la LISD 29/1987 (reformada en 2012) y en su Reglamento aprobado por RD 1.629/1991 (última reforma en 2012) (RISD), a los que hay que añadir múltiples leyes autonómicas.

En el Impuesto de Sucesiones, el **hecho imponible** es la adquisición de bienes o derechos por herencia o legado, en herencia testada o intestada. Para el Impuesto de Donaciones, el hecho imponible es la adquisición de bienes o derechos por donación o cualquier otro negocio jurídico *inter vivos* realizado *animus donandi* (tema 8).

Aunque IS e ID son dos impuestos distintos y tienen hechos imponibles excluyentes (un acto sujeto a Sucesiones no puede estar sujeto a Donaciones, y viceversa), ambos están muy relacionados. Para el legislador, el transmitente a título lucrativo se plantea ambas posibilidades (transmisión *inter vivos* mediante donación o transmisión *mortis causa* mediante testamento) como intercambiables. Por ello, la ley pretende cubrir todos los posibles supuestos de hecho, de modo que no quede ninguno sin encuadrarse en uno o en otro supuesto. Según el **principio de equivalencia**, los efectos fiscales deben ser los mismos tanto si se incurre en uno como en otro.

TEMA 2

DINÁMICA DE LA SUCESIÓN

SUMARIO: 1. FASES.—2. APERTURA DE LA SUCESIÓN.—3. CONTENIDO DE LA MASA RELICTA.—4. HERENCIA YACENTE.—5. ADMINISTRACIÓN Y EJECUCIÓN.—6. CAPACIDAD SUCESORIA PASIVA.—A) *Concepto.*—B) *Falta de capacidad jurídica.*—C) *Indignidad.*—7. LLAMAMIENTO Y DELACIÓN.—A) *Concepto y efectos.*—B) *Derecho de acrecer.*—C) *Derecho de transmisión.*—D) *Llamamiento sometido a condición o término.*—E) *El derecho de representación.*—F) *Determinación del delado.*—8. ACEPTACIÓN Y REPUDIACIÓN.—A) *Concepto.*—B) *Capacidad.*—C) *Forma.*—D) *Momento.*—E) *Efectos.*

1. FASES

El fenómeno sucesorio comienza con la **apertura de la sucesión**, es decir, el fallecimiento del causante (art. 657 CC) (tema 2-2). Antes de este momento no hay sucesión, sino solo expectativas (fase de **herencia presunta**).

Desde la apertura hasta la aceptación tiene lugar la fase de **herencia yacente** (tema 2-2). En esta fase no hay todavía un heredero. El caudal relicto se encuentra en una situación transitoria: es una masa patrimonial que carece (provisionalmente) de titular. En esta fase hay que administrar el caudal relicto e identificar a los llamados a la herencia.

Con la **aceptación** (tema 2-8) y la **escritura de declaración de herederos** comienza la **fase de herencia aceptada**, caracterizada porque ya hay un titular del caudal relicto: el heredero o herederos. Pero todavía no hay confusión de patrimonios. El heredero será titular de dos masas patrimoniales distintas, la suya propia y el caudal relicto (tema 11-2).

En esta fase hay que realizar varias tareas: liquidar la sociedad conyugal del causante (en su caso); pagar a los acreedores del causante, a los legitimarios y a los legatarios (por ese orden); si hay legitimarios, obtener su cuota legitimaria mediante las operaciones de **computación, imputación**

y colación (tema 10). A todo este conjunto de cálculos y pagos le llamamos **operaciones liquidatorias** (tema 11-2).

Si hay una pluralidad de delados en llamamiento conjunto que aceptan (**coherederos**), esta fase recibe también el nombre de **fase de indivisión o fase de comunidad hereditaria**. En el **régimen** de la comunidad hereditaria cada copartícipe tiene una cuota abstracta que recae sobre la masa, no sobre cada uno de los bienes que la forman. Por lo tanto, ninguno de los coherederos puede disponer de ninguno de ellos ni de ninguna cuota sobre cualquiera de los bienes. Para disponer válidamente de un bien o de una cuota sobre un bien en fase de indivisión es necesaria la unanimidad de los coherederos. La cuota tiene carácter disponible, y en este sentido se parece a la comunidad posganancial (tema 11-1).

La fase de indivisión termina habitualmente con la **partición** y **adjudicación**, en la que se asigna la titularidad exclusiva sobre cada uno de los bienes concretos que forman el caudal relicto a cada uno de los coherederos (tema 11-4).

Pero el fenómeno sucesorio no termina hasta que no se hayan realizado todas las operaciones liquidatorias (liquidación de la sociedad conyugal en su caso, pago a acreedores, legitimarios y legatarios, partición y adjudicación del caudal relicto). Solo entonces se produce la confusión del patrimonio relicto y el personal del heredero. Hasta entonces, la herencia se encuentra en administración (art. 1.026.I CC) (tema 11-2).

2. APERTURA DE LA SUCESIÓN

La apertura de la sucesión viene determinada por el **fallecimiento** del causante (arts. 32, 657 y 661 CC) o por la **declaración de fallecimiento** (art. 196.I CC).

Antes de la apertura de la sucesión no hay sucesión, ni herencia, ni herederos. Ninguna persona ostenta ningún derecho hereditario, sino, todo lo más, expectativas, que carecen de contenido patrimonial (art. 657 CC). Por tanto, en Derecho común, en esta fase **nadie puede aceptar la herencia (u otro llamamiento), ni renunciar a ella, ni venderla a un tercero**, y cualquiera de esos actos es nulo de pleno derecho (arts. 816, 991 y 1.271.II CC). Por el contrario, los Derechos forales admiten **pactos sucesorios** en vida del causante en los que es muy frecuente incluir aceptaciones y renuncias (tema 8-3).

El **momento de la apertura de la sucesión** es el momento relevante para establecer los elementos fundamentales que van a regir la sucesión:

i) **El Derecho vigente aplicable** a la sucesión. A partir de entonces, el cambio de las leyes no afectará a la sucesión en curso (Disp. Trans. 2.ª CC).

ii) La **ley personal del causante** (nacionalidad, residencia habitual y vecindad civil) es la que tenía en el momento de fallecer (tema 12).

iii) El patrimonio del causante, que a partir de ese momento se convierte en la **herencia en sentido objetivo**, también llamada **caudal relicto** o **masa relicta** (art. 661 CC) (apartado 3).

iv) La **situación familiar del causante** (si es casado, separado, viudo) y cuáles son las personas llamadas a su sucesión, porque **para suceder al causante hay que sobrevivirle**, y solo pueden ser sucesores los que estaban vivos cuando él falleció.

Solo son **parientes** del causante aquellos cuyo parentesco esté determinado y conste en el RC. Sin embargo, como la determinación de la filiación tiene **efectos retroactivos** (art. 112 CC), se puede heredar a alguien aunque en el momento de la apertura el parentesco todavía no estuviera determinado. Por eso se puede ejercitar una acción de declaración de filiación respecto a un ya fallecido, incluso con exhumación de cadáver para la práctica de prueba biológica (p. ej., SSTS de 1 de abril de 2002 y de 2 de julio de 2004). La sentencia que declara la filiación retrotraerá sus efectos hasta la fecha de la apertura de la sucesión (STS de 11 de abril de 2012).

El concepto de **familia** del causante incluye la familia **matrimonial y la no matrimonial**, y tanto **la biológica como la no biológica (adoptiva)** (arts. 14 CE y 108 CC). El principio de no discriminación por razón del nacimiento establecido por la Constitución (art. 14 CE) y aplicado en la reforma de la filiación operada por la Ley 11/1981 trajo consigo la importante consecuencia de que **los derechos sucesorios generados por la filiación no matrimonial están equiparados a los generados por la matrimonial**. Esto se aplica por igual en la sucesión intestada, legítima y testada, y tanto respecto a los descendientes como a los ascendientes y colaterales. La STS de 10 de febrero de 1986 entendió que esta equiparación debe aplicarse a todas las sucesiones abiertas después de la **entrada en vigor de la CE** el 29 de diciembre de 1978, por efecto directo del principio de no discriminación por razón del nacimiento impuesto por el artículo 14 CE y la Disposición

Derogatoria 3.ª CE. La STS de 8 de octubre de 2010 afirmó lo mismo respecto a los hijos adoptivos.

Este principio también es aplicable a las **sucesiones abiertas pero no agotadas** antes de la entrada en vigor de la Constitución, es decir, aquellas en las que el causante falleció bajo la legislación anterior, pero que en esta fecha todavía no habían terminado de surtir sus efectos por distintos motivos: la herencia todavía no había sido aceptada, la aceptación era tácita, el llamamiento estaba sometido a condición suspensiva, había una sustitución fideicomisaria, todavía no se había realizado la partición, etc. (SSTS de 1 de marzo de 2013 y de 1 de junio de 2016) (vid. temas 2-7 y 7-4). Sin embargo, cuando la sucesión no solo se abrió antes de la entrada en vigor de la Constitución, sino que en esa fecha ya estaba totalmente consolidada, el descendiente podrá reclamar la filiación con éxito, pero no los derechos sucesorios que se derivan de ella por legítima o intestada (p. ej., STS de 15 de noviembre de 2021).

El declarado **ausente** está (o se presume) vivo, por lo que no hay motivos para abrir su sucesión. El administrador de su patrimonio tiene el deber de conservarlo pensando en su regreso. Si el ausente regresa, recupera sus derechos (art. 187.II CC).

Por el contrario, la **declaración de fallecimiento** implica la apertura de la sucesión del declarado fallecido (art. 188.I CC). Una vez transcurridos los plazos legales (diez años desde la desaparición en general, y plazos mucho menores en caso de desaparición a bordo de una nave o aeronave siniestrada, arts. 193 y 194 CC), la declaración de fallecimiento indicará una fecha en la que se entiende sucedida la muerte salvo prueba en contra (art. 195.II CC), fecha que se usará como referencia para la apertura de la sucesión (art. 196.I CC). Los herederos tienen que hacer **inventario**, y **durante cinco años** no pueden disponer de sus bienes a título gratuito ni entregar los legados (salvo en favor de entidades benéficas) (art. 196 CC). **Si el declarado fallecido regresa**, recuperará los bienes que sigan en poder de los herederos o el dinero que obtuvieron de su venta, pero no sus rentas ni frutos (art. 197 CC).

3. CONTENIDO DE LA MASA RELICTA

La herencia en sentido objetivo, caudal relicto o masa relicta, está formada por **todos los bienes, derechos y obligaciones patrimoniales transmisi-**

bles que formaban parte del patrimonio del causante (arts. 657, 659 y 661 CC). No solo los bienes, sino también otros derechos. No solo la parte activa del patrimonio, sino también la pasiva (las deudas también se heredan). Todos los derechos patrimoniales se presumen transmisibles (art. 1.112 CC), mientras que los derechos no patrimoniales, en general, se extinguen con la muerte del causante (p. ej., los derechos de familia, el derecho al voto). El heredero se subroga en los contratos patrimoniales no personalísimos (art. 1.257 CC). Si el causante estaba discapacitado y se había constituido en su favor un **patrimonio protegido** de acuerdo con la Ley 41/2003, los bienes que lo formaban se incorporan a su caudal relicto (art. 6.2 Ley 41/2003).

El hecho de que un bien o un derecho forme parte de la masa relicta tiene una consecuencia inmediata: **su titularidad corresponde en principio al heredero** (salvo que deba atribuirse a otra persona por una disposición particular, p. ej., porque es objeto de un legado). Por el contrario, si no forma parte de la masa relicta, quién sea el titular dependerá de a quién lo atribuya la ley.

No forman parte del caudal relicto:

— El cuerpo del causante, que al ser bien mueble de naturaleza especial, excluido del tráfico, carece de carácter patrimonial. Su destino y el de los órganos que forman parte de él es decidido por el mismo causante en el **documento de instrucciones previas** (art. 11 Ley de Autonomía del Paciente 41/2002).

— Los contratos personalísimos (arts. 1.161, 1.257 CC), entre los que se encuentran el mandato (art. 1.732.3 CC) y la sociedad civil personalista (art. 1.700.3.º y II CC).

— Los derechos patrimoniales **vitalicios** (que se extinguen con la muerte de su titular), como los derechos de usufructo, uso y habitación (art. 529 CC).

— El derecho de **alimentos** se extingue con la muerte del alimentista (titular del derecho de alimentos) (art. 152.1.º CC) o con la del obligado (art. 150 CC).

— Los **arrendamientos** sometidos a legislación especial no se transmiten *mortis causa*, pero la ley atribuye a algunos familiares la facultad de subrogarse en el arrendamiento si lo solicitan en tres meses (art. 16.3 LAU).

— Los bienes que el cónyuge supérstite recibe como consecuencia de la disolución y **liquidación de la sociedad de gananciales** (art. 1.404 CC), incluidos los que tiene derecho a atribuirse de modo preferente (art. 1.406 y 1.407 CC) [tema 13-6-B)].

— Los bienes sometidos a **sustitución fideicomisaria** se transmiten según las reglas especiales establecidas en el testamento del instituyente (tema 7-4).

— Los **bienes reservables** están sometidos a reglas propias previstas en la ley (tema 9-1).

— Los **títulos nobiliarios** siguen su régimen transmisivo propio (tema 7-7).

— La **indemnización** por daños morales debida a los familiares cuando el fallecimiento del causante genera responsabilidad civil corresponde a un derecho propio de ellos, no sucesorio.

— El derecho al capital por un **seguro de vida** por causa de muerte no forma parte de la masa porque el capital nunca formó parte del patrimonio del causante. Si el causante no determinó expresamente un beneficiario, el capital será para el heredero (art. 84.III LCS).

— Los derechos y acciones que la ley atribuye al heredero en **defensa de la memoria del causante** por los derechos de honor, intimidad y propia imagen del causante (art. 9.4 LHIPI) o derechos morales de propiedad intelectual (arts. 15 y 16 LPI) no son estrictamente patrimoniales.

— Respecto a la llamada «**herencia digital**», debemos distinguir dos cosas distintas. Los **bienes digitales de contenido patrimonial** (ebooks, música, películas, videojuegos, monedas virtuales, beneficios y deudas en páginas de apuestas, etc.) forman parte del caudal relicto (arts. 659 y 661 CC) y deben ser computados (tema 10). Si no han sido legados específicamente a otra persona, corresponden al heredero, que por tanto tiene derecho a acceder a ellos [arts. 3.1.II y 96.1.*a*).II LOPD 3/2018]. Respecto a los **datos personales sin contenido patrimonial**, la ley otorga a familiares y herederos el derecho a recibir las claves de los perfiles personales del causante en blogs, redes sociales, páginas web, etc., salvo que el causante lo haya prohibido expresamente o haya encargado que se ocupe de eso a una persona en concreto (albacea digital o legatario digital) (arts. 3 y 96 LOPD). Algo parecido puede decirse sobre el acceso a la **historia clínica** del fallecido (art. 18.4 LAP 41/2002).

4. HERENCIA YACENTE

Con la aceptación de la herencia, los herederos se convierten en titulares del caudal relicto (art. 659 CC). Pero hasta que llega ese momento, la masa patrimonial que antes era el patrimonio del causante **carece de titular** (el titular del caudal relicto está transitoriamente indeterminado). Es una situación algo atípica (bienes que no tienen titular pero tampoco son *res nullius*) que se explica por su **carácter transitorio** (aunque puede durar muchos años).

Durante la fase de herencia yacente hay que realizar sobre todo dos operaciones paralelas: **administrar** el caudal relicto y realizar las gestiones oportunas para **identificar al delado**.

La herencia yacente carece de personalidad jurídica, pero tiene **capacidad para ser parte en un proceso**, representada por el administrador (arts. 6.1.4.° y 7.5 LEC), y por ello puede ser tanto demandante como demandada. El que demanda a la herencia yacente debe demandar también al administrador de la herencia y a los interesados conocidos, si los hay (p. ej., el cónyuge o hijos). También se puede demandar a «los herederos desconocidos» o a «las demás personas desconocidas e inciertas que pudieran resultar herederas o interesadas». A falta de ellos, debe pedirse al juez que nombre un administrador judicial de la herencia (RDGRN de 27 de julio de 2010).

La fase de herencia yacente termina automáticamente en el momento en que hay aceptación de la herencia por un heredero, porque entonces el caudal relicto ya tiene titular: el heredero. Si los herederos son varios, comenzará una nueva fase: la de herencia indivisa o comunidad hereditaria, hasta que se complete la partición (tema 11).

5. ADMINISTRACIÓN Y EJECUCIÓN

Hasta que se completan todas las operaciones liquidatorias y particionales, el caudal relicto no puede permanecer inactivo. Alguien tiene que tomar las decisiones relevantes. Estas tareas de **administración provisional** de la herencia tienen lugar paralelamente a las operaciones de identificar a los llamados, hacer el ofrecimiento de la herencia al delado, esperar a que acepte o repudie. La administración de herencia debe estar presidida por el principio de actuación en interés del heredero, al que el administrador deberá rendir cuentas. La ley indica algunos criterios en cascada sobre quién puede administrar el caudal y qué puede hacer. Lo que distingue unos cargos administradores de otros es el modo en que se eligen, pero el contenido de lo que pueden hacer es similar y depende de la fase en que se encuentren.

a) **El administrador nato de la herencia es el heredero** (art. 911 CC), salvo cuando todavía no se sabe quién es (en fase de herencia yacente) o cuando el causante ha elegido otra persona para que ejecute su voluntad (**albacea**).

b) El **administrador provisionalísimo** es la persona que asume la administración del caudal relicto sin ningún nombramiento y ante la ausencia o pasividad de alguien más cualificado (art. 999.IV CC).

c) El **administrador judicial** es el nombrado por el juez para que administre la herencia yacente a instancias de cualquier interesado ante la pasividad de los familiares. Debe elegirse al cónyuge supérstite, el heredero, otro familiar, o un tercero (art. 796 LEC).

d) El **albacea testamentario** (o **testamentario** a secas) es la persona (o personas) elegida por el causante en testamento para ejecutar sus disposiciones (art. 892 CC). Puede tener carácter **particular** (para una gestión concreta) o **universal** (art. 894 CC).

Sus **facultades** son cumplir la voluntad del causante, administrar la herencia yacente, pagar a los acreedores, asegurar que se cubre la legítima (art. 902 CC), para al final entregar el restante al heredero, al que debe rendir cuentas en todo caso (art. 907 CC). Un heredero puede ser albacea (arts. 900 y 911 CC). El cargo de albacea en principio no es remunerado, salvo que sea su ocupación profesional. Si el albacea es legatario, se entiende que el legado está condicionado a que acepte el albaceazgo (art. 908 CC).

El albacea está sujeto a **remoción** judicial (art. 910 CC) cuando pierde la capacidad de obrar, incurre en causa de indignidad respecto al testador, actúa dolosamente en la defensa y conservación del caudal relicto, es inoperante o negligente, incumple la prohibición de adquirir bienes de la herencia (art. 1.459 CC), etc. (STS de 13 de abril de 1992).

e) El **comisario contador-partidor** es la persona encargada de hacer la partición de la herencia cuando hay comunidad hereditaria (tema 11-4). Puede ser nombrado por el testador (contador-partidor testamentario) o por un notario o juez a petición de los coherederos (contador-partidor dativo). Un coheredero no puede ser contador-partidor (art. 1.057.I CC), pero el albacea que no sea heredero sí puede serlo.

FASE	NOMBRE DEL CARGO	CONTENIDO DE LA ADMINISTRACIÓN
Fase Herencia yacente	Administrador provisionalísimo (art. 999.IV) Administrador judicial (arts. 790 ss. LEC)	Organizar entierro y funeral del causante (arts. 902.1.° CC, 966.1 LEC) Conservar documentos y bienes (arts. 902.4.° CC, 798.II LEC) Hacer inventario (arts. 793 LEC, 185 y 191 CC) Representar en juicio a la herencia yacente (arts. 1.026.II CC, 798 LEC) Pagar deudas urgentes (art. 803.2.4.° LEC) Vender bienes perecederos (art. 803.2 LEC) Rendir cuentas (art. 907 CC)
Fase Herencia aceptada	Albacea testamentario (arts. 892-911 CC) Heredero (art. 911 CC)	(Todo lo anterior y además...) Ejecutar el testamento (art. 902.4.° CC) Pagar deudas y legados (arts. 902.2.° CC) Puede vender bienes de la herencia (art. 903 CC)
Partición	Contador-partidor (art. 1.057 CC)	Realizar la partición y adjudicación de la herencia

6. CAPACIDAD SUCESORIA PASIVA

A) Concepto

La **capacidad sucesoria activa** es la capacidad para ser causante, es decir, para ocasionar el fenómeno de la sucesión *mortis causa*. Toda persona física tiene capacidad sucesoria activa, porque toda persona física tiene patrimonio, aunque este sea minúsculo o irrelevante. Dicho de otro modo: siempre que alguien muere se abre su sucesión.

La **capacidad sucesoria pasiva** es la aptitud para poder recibir herencias o legados del causante. En principio, es muy amplia: podrán suceder por testamento o abintestato las personas físicas que no estén incapacitadas para suceder por la ley (art. 744 CC) y todas las personas jurídicas (arts. 36 y 745.2.° CC).

Tienen limitada la capacidad sucesoria pasiva general quienes carecen de capacidad jurídica, y respecto a un causante determinado quienes incurren en causa de **indignidad sucesoria** [apartado C)].

Distinto de lo anterior son: la **capacidad** (de obrar) exigida por el Derecho **para poder aceptar o repudiar** una herencia [tema 2-8-B)]; la **capacidad testamentaria activa** (capacidad de obrar requerida para poder otorgar testamento) (tema 4-3-A); y la **capacidad testamentaria pasiva** (capacidad para poder ser beneficiario de un testamento ajeno en relación a un testador determinado) (tema 4-3-B).

B) Falta de capacidad jurídica

Carecen de capacidad jurídica (y por tanto de capacidad sucesoria):

El **premuerto** (que ha muerto antes que el causante). Puede parecer obvio, pero es muy importante: **para heredar hay que sobrevivir**. Los derechos a la sucesión se transmiten en el momento de la muerte del causante, y no antes (art. 657 CC).

Conmoriencia. Entre dos personas llamadas a sucederse que mueren muy cerca en el tiempo, la primera en morir será premuerta respecto a la otra, y la segunda será llamada respecto a la primera (tema 2-6). Por tanto, en algunos casos puede ser muy importante establecer cuál de las dos ha muerto antes (p. ej., una familia muere en un accidente de tráfico). En Derecho común, el que sostenga la muerte anterior de una de ellas debe probarlo, y a falta de prueba se presumen muertos al mismo tiempo y no se transmiten derechos (art. 33 CC). En Cataluña se considera que cuando existe unidad de causa o de circunstancia que motivan las defunciones y entre ambas muertes han transcurrido menos de setenta y dos horas, el fallecimiento ha tenido lugar a la vez (art. 211-2.2 CCC).

El ***nasciturus*** (concebido no nacido) no tiene personalidad jurídica hasta que nace (art. 30 CC), pero si llega a nacer se le tiene por nacido desde el momento de la concepción para todos los efectos favorables, incluidos los sucesorios (arts. 29 y 745.1 CC). Mientras dure el embarazo, los derechos del *nasciturus* a la herencia se encuentran en una fase de indeterminación transitoria hasta que nazca o resulte inviable definitivamente. Durante este período, la viuda tiene derecho a alimentos con cargo a la herencia (art. 964 CC) y se paraliza la partición (no el pago a los acreedores) (art. 966 CC). Cuando el causante fallece y su viuda está embarazada, el CC prevé una serie de precauciones frente a una posible simulación de embarazo y parto de la viuda (arts. 959-967 CC).

Para el uso de **técnicas de reproducción humana asistida (TRHA) *post mortem*** deben aplicarse analógicamente las mismas reglas del *nasciturus*, tanto si el causante era un varón casado (art. 9.1 LTRHA) como soltero (art. 9.3 LTRHA). La técnica tiene que aplicarse en el plazo de un año después del fallecimiento del varón (art. 9.2.I LTRHA). Es necesario que él lo hubiera autorizado expresamente, pero la autorización se presume si antes de su muerte se había iniciado el procedimiento (art. 9.2.II LTRHA).

Cuando el llamado es un **ausente**, la parte que le correspondería a él en la herencia del causante acrece a los demás coherederos, pero estos deben hacer inventario de los bienes recibidos y reservarlos hasta que se produzca su declaración de fallecimiento (arts. 191 y 192 CC). Si el ausente regresa, recibirá la parte reservada (art. 187.II CC). Si termina siendo declarado fallecido, la fecha de su fallecimiento establecida en la declaración indicará si es llamado o premuerto (tema 2-2).

El ***concepturus*** no ha sido ni concebido en el momento de la apertura de la sucesión, por lo que carece de capacidad sucesoria pasiva (p. ej., el causante tiene un único hijo de cinco años, nombra heredero a su primer nieto y muere). Sin embargo, el testador puede dejarle bienes mediante una sustitución fideicomisaria, que tiene precisamente esa función (p. ej., STS de 25 de abril de 1963) (tema 7-4).

Los entes sin personalidad jurídica carecen de capacidad jurídica activa y pasiva, y por tanto no pueden recibir bienes *mortis causa* (arts. 38 y 745.2.º CC).

Las **fundaciones** que han sido constituidas pero todavía no han sido inscritas carecen de capacidad jurídica (art. 4 LF), pero aun así pueden recibir atribuciones patrimoniales *mortis causa* (STS de 18 de octubre de 2001).

C) Indignidad

La ley establece algunos supuestos en los que alguien se ha comportado muy mal contra el causante y por ello se le considera indigno para recibir bienes suyos por vía *mortis causa*. Son indignos para heredar (art. 756 CC):

— El condenado en sentencia penal firme por haber cometido **delitos** contra la vida, lesiones, violencia habitual, libertad moral o sexual, o deberes familiares contra el causante, su cónyuge, pareja, descendientes o ascendientes (art. 756.1, 2 y 3 CC).

— **El ascendiente privado de la patria potestad** (art. 756.2.III CC); el progenitor cuya paternidad quedó determinada judicialmente contra su oposición (art. 111.2.º CC); el padre «condenado a causa de las relaciones a que obedezca la generación» (p. ej., violación) (art. 111.1.º CC); el privado de la **tutela** o **acogimiento familiar** de un menor o del ejercicio de la **curatela** de una persona con discapacidad por causa que le sea imputable (art. 756.2.ºIII). En estos casos, el padre o cuidador indigno no puede heredar al hijo, pero el hijo sí al padre.

— El condenado por haber acusado falsamente al causante de un delito (art. 756.3 CC), o el que conoció su muerte violenta y no la denunció (art. 756.4 CC).

— El que atenta contra la libertad de testar del causante (p. ej., le impide testar o destruye su testamento) (art. 756.5 y 6 CC). Para algunos supuestos similares a estos que afectan a la libertad del testador en sus últimos momentos la ley establece otros supuestos de **incapacidad sucesoria relativa testamentaria** (arts. 752, 753 y 754) (tema 4-3-B).

— Si el causante es una persona con **discapacidad** son indignos y no pueden ser sus herederos los familiares obligados a prestarle alimentos que no lo hubiesen hecho (arts. 142, 146 y 756.7 CC) (p. ej., STS de 23 de abril de 2018).

La indignidad se aplica en sucesión testada e intestada y afecta a la cualidad de heredero, legatario y legitimario. Opera tanto si el causante conocía la causa como si no, pero en el primer caso puede perdonarla en testamento o escritura pública (art. 757 CC) [tema 4-3-B)]. Tiene efectos *ipso iure*, pero la acción para que un tercero pueda invocarla **caduca a los cinco años** desde la recepción de los bienes por el indigno (art. 762 CC).

Si el indigno es descendiente del causante, su derecho a la legítima pasa a sus propios descendientes, que lo adquieren por **derecho de representación**, sin ser afectados por la indignidad (arts. 761 y 857 CC) (temas 2-7-E y 5-3).

La indignidad está relacionada con (pero es distinta de) la **desheredación**, que es el acto por el que un causante priva a un legitimario de su legítima cuando concurren determinadas causas establecidas por la ley (art. 848 CC, tema 5-3). En general, todas las causas de indignidad son también causas de desheredación (art. 852 CC), pero no necesariamente al revés. Mientras que la indignidad puede aplicarse también en intestada y para cualquier derecho hereditario, la desheredación opera solo en testada y con la legítima.

7. LLAMAMIENTO Y DELACIÓN

A) Concepto y efectos

El **llamamiento** o **vocación** tiene lugar automáticamente en el momento de la apertura de la sucesión y convierte en llamados a todos los que tienen o pueden tener algún derecho eventual a la herencia del causante por cualquier título, por remoto que sea, y aunque ellos mismos no lo sepan (STS de 4 de mayo de 2005). La **delación** u ofrecimiento de la herencia es un acto jurídico: el ofrecimiento concreto a una o varias personas (el o los **delados**) de un derecho hereditario (herencia, legado o legítima). La delación es propiamente una oferta: si el delado acepta, se convierte en heredero o legatario; si repudia, habrá que hacer una nueva delación al siguiente llamado con mejor derecho. La diferencia entre los conceptos de «llamamiento» y «delación» permite explicar mejor el funcionamiento de las delaciones sucesivas, pero es frecuente el uso de «llamamiento/llamado» para referirse tanto al llamado como al delado (el Código también emplea «heredero» como sinónimo de «llamado», p. ej., 1.001 CC).

Todo llamado, por el hecho de serlo, tiene desde el momento mismo de la apertura de la herencia un derecho patrimonial llamado ***ius delationis***: el derecho eventual a aceptar o repudiar los derechos sucesorios que reciba del causante (por testada o intestada, en concepto de herencia o de legado, incluyendo en su caso la legítima). Todo llamado tiene interés legítimo y legitimación *ad causam* para realizar actos de conservación y administración de la herencia si no aparece alguien más cualificado (arts. 999.IV y 1.888 CC), solicitar la adopción de medidas de precaución cuando la viuda queda encinta (arts. 959-967 CC), instar al delado indeciso a que se decida o repudie (arts. 1.004 y 1.005 CC), pedir una copia del testamento una vez fallecido el causante [art. 226.*b*) RN], exigir su apertura o impugnarlo ante los tribunales.

B) Derecho de acrecer

Cuando varias personas reciben un **llamamiento conjunto** y alguna de ellas no quiere o no puede heredar por repudiación, indignidad o premoriencia, los restantes tienen **derecho de acrecer**, es decir, sus cuotas se ven incrementadas en la parte del que no llegó a heredar (arts. 981 y 982 CC).

Puede haber llamamiento conjunto a título de heredero, de legatario (art. 987 CC) o de legitimario (art. 985 CC). En intestada, todos los llamamientos son conjuntos. En testada, son conjuntos los llamamientos que se hacen sin designación de partes (arts. 982.1.º y 983 CC) (p. ej., hay llamamiento conjunto en: «nombro herederos a mis hijos» o «lego mi casa a mis sobrinos», pero no en: «dejo a mi hermano mis acciones y a mi hermana mis inmuebles»). Si las cuotas de los llamados eran desiguales, el acrecimiento se produce en proporción a las cuotas que tenían antes (arts. 981 y 984 CC).

C) Derecho de transmisión

El *ius delationis* que tiene todo llamado puede ser transmitido *mortis causa* a otras personas solo en un caso muy concreto: cuando el llamado (B) fallece después que el causante (A), pero sin haber llegado a aceptar ni repudiar su herencia (arts. 657 y 1.006 CC). En efecto, el heredero de B (C) «se encontrará» en el caudal relicto de B con el *ius delationis* que este tenía respecto a la herencia de A, y podrá aceptarla y convertirse en heredero de A, en cuyo caso decimos que C ha adquirido la herencia de A C **por derecho de transmisión** (o *iure transmissionis*).

Esta explicación es la más convincente y la aceptada por el Supremo (SSTS de 11 de marzo de 2013 y de 20 de enero de 2014) (frente a la llamada «tesis clásica», en la que se entiende que primero B hereda a A). Una consecuencia es que solo se produce una liquidación del IS (STS c-a de 5 de junio de 2018).

C no puede aceptar la herencia de A sin haber aceptado antes la de B, pero al aceptar la herencia de A, está aceptando implícitamente la de B [art. 999.III CC, STS de 10 de octubre de 1996, tema 2-8-B)]. Si C repudia la herencia de B, el *ius delationis* de B sobre la herencia de A pasará al siguiente llamado de B (D).

El premuerto, el repudiante y el indigno carecen de *ius delationis*, y, por tanto, no pueden transmitirlo a sus herederos (art. 766 CC).

D) Llamamiento sometido a condición o término

Las instituciones sucesorias (heredero y legatario) pueden someterse a **condición**, de la que se ignora si se cumplirá o no (*incertus an*) (p. ej., «te nombro heredero si terminas la carrera de Derecho») o a **término**, del que se sabe que llegará a cumplirse (*certus an*), y a veces también el momento en que se cumplirá (*certus quando*) (p. ej., «te nombro heredero cuando llegues a los dieciocho años»), pero otras veces no (*incertus quando*) (p. ej., «te nombro heredero cuando muera tu padre»). A su vez, condición y término pueden ser suspensivos o resolutorios (art. 790 CC). Sus efectos sobre el llamamiento son muy distintos (tema 4-6).

El llamamiento sometido a **condición suspensiva** se retrasa hasta que se cumpla la condición (o sea, la condición suspensiva retrasa el ***dies cedens***) (art. 759 CC). Es decir, hasta que no se cumpla la condición no hay llamamiento ni *ius delationis*. Por ejemplo, A nombra heredero a E «si se casa con mi hija C», muere A, y E muere antes de su boda con C. En este caso, la condición suspensiva no se ha cumplido y E no ha llegado a tener *ius delationis*.

Con la **condición resolutoria** el llamamiento cesa en sus efectos. Por ejemplo, A dice: «Nombro heredero a E siempre y cuando siga siendo socio de Osasuna». Muere A, y E acepta la herencia y hereda. Pero cuando, tiempo más tarde, E se da de baja como socio, se ha cumplido la condición resolutoria, y el siguiente llamado en el orden sucesorio de A puede demandar que se haga una nueva delación en su favor. En Derecho romano, y hoy en Cataluña y Baleares, esto no puede ocurrir por el principio ***semel heres, semper heres*** (el que es una vez heredero no puede luego dejar de serlo). Pero en Derecho común este principio no rige (tema 4-6).

El llamamiento sometido a **término** no retrasa el *dies cedens*. Si es resolutorio, no retrasa nada, y si es suspensivo retrasa únicamente el ***dies veniens*** (momento en que es exigible el cumplimiento) (art. 799 CC) (tema 4-6).

La **sustitución fideicomisaria pura** viene a decir algo parecido a esto: «nombro heredero a B, pero cuando B muera quiero que esos bienes pasen a C». La muerte de B no es una condición, sino un término (*certus an, incertus quando*), que es a la vez resolutorio para su propia institución como heredero y suspensivo para C (tema 7-4).

E) El derecho de representación

En su versión originaria, el **derecho de representación** tiene lugar en sucesión intestada cuando el causante (A) tiene un descendiente que le premuere (B) dejando a su vez descendientes (D, E, F). Entonces, la ley concede a los descendientes el derecho a la cuota que habría correspondido al premuerto en caso de seguir vivo (tema 3-2). El supuesto de hecho requiere que haya llamados en dos grados distintos (C en 1.er grado y D, E y F en 2.º). Los hijos de B (representantes) tendrán derecho a repartirse entre ellos la cuota que habría correspondido a B en la herencia de A (llamamiento ***in stirpes***) (arts. 924 y 926 CC).

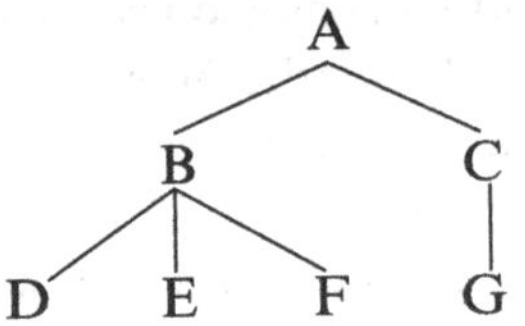

El derecho de representación se diferencia del derecho de transmisión (apartado C) en el supuesto de hecho (en el derecho de transmisión el llamado fallece después del causante y antes de aceptar o repudiar) y en el fundamento (el derecho de transmisión se fundamenta en la transmisión *mortis causa* del *ius delationis* de B, mientras que el derecho de representación es un derecho concedido por la ley). Los llamamientos a los nietos por derecho de representación son distintos e independientes del llamamiento que puedan recibir a la herencia de B por derecho propio, por lo que podrían aceptar uno y repudiar otro (cosa que no puede ocurrir en el derecho de transmisión).

Aunque el derecho de representación nació inicialmente solo en la sucesión intestada y para descendientes, con el tiempo se ha ido ampliando a otros supuestos: para los **sobrinos en intestada** (art. 927 CC) (tema 3-5), para los descendientes en caso de **premoriencia en testada** (art. 814.III) (tema 4-7), y para los **legitimarios**, tanto en testada como en intestada, respecto a su cuota legitimaria, en casos de premoriencia, indignidad o desheredación (arts. 761, 857 y 929) (tema 5-2-B).

F) Determinación del delado

Cuando ha fallecido el causante, hay que identificar al delado para ofrecerle la herencia y que pueda aceptar. Desde 2015, la autoridad competente para hacerlo es **siempre un Notario**.

Los documentos básicos necesarios son: *a*) el DNI del causante; *b*) certificado de defunción (expedido por el médico e inscrito en el Registro

Civil); *c*) libro de familia (también expedido por el RC); y *d*) el certificado del **Registro General de Actos de Última Voluntad** (hay que solicitarlo por correo o vía electrónica a la sede en Madrid, e indica qué testamentos notariales otorgados por el causante constan, de qué fecha, y, por tanto, cuál es el vigente).

a) Si la sucesión es **intestada**, pueden hacer la delación el Notario competente para actuar en el lugar en que hubiera tenido el causante su último domicilio o residencia habitual, o donde estuviere la mayor parte de su patrimonio, o en el lugar en que hubiera fallecido, siempre que estuvieran en España, a elección del solicitante. También podrá elegir a un Notario de un distrito colindante a los anteriores. En defecto de todos ellos, será competente el Notario del lugar del domicilio del requirente. El Notario necesitará dos testigos no interesados en la herencia, levantará **acta de notoriedad** indicando quiénes son los llamados a la sucesión intestada según la ley, les ofrecerá la herencia y, en su caso, hará constar su aceptación o repudiación (escritura de **declaración de herederos**) (art. 55 LdN).

b) **Sucesión testada**. Si hay testamento **abierto notarial**, la copia autorizada del último testamento válido debe pedirse al Notario en cuyo protocolo esté (el que lo autorizó, el que tenga su protocolo, o el archivero, si se autorizó hace más de veinticinco años). Con ese título, los llamados pueden acudir a ese mismo o a cualquier otro Notario, que hará el ofrecimiento y autorizará la escritura pública de aceptación (o repudiación). Si el testamento es **ológrafo, cerrado notarial u oral (extraordinario)** (tema 4-2), el notario competente es el mismo que correspondería a la sucesión intestada (arts. 61, 57 y 64 LdN).

En cualquiera de estos procedimientos notariales los interesados pueden presentar alegaciones, y si no están conformes con la resolución adoptada pueden interponer demanda declarativa ante los tribunales (tema 14-1).

8. ACEPTACIÓN Y REPUDIACIÓN

A) Concepto

La **aceptación** (o **adición**) de herencia es el acto por el que el llamado acepta la atribución sucesoria (herencia, legado, legítima) que se le ofrece.

i) Es una **declaración de voluntad** que debe ser realizada por el delado (art. 988 CC). Por el contrario, en Navarra se entiende que el llamado es heredero automáticamente (aunque tiene la posibilidad de repudiar después, ley 315 FNN).

ii) Solo puede tener lugar **después de la apertura de la sucesión** (art. 991 CC). Lo contrario sería un pacto sucesorio.

iii) En principio, solo puede aceptar **el delado** (no cualquier llamado) [aunque hay alguna excepción, p. ej., en las sustituciones fideicomisarias, tema 7-4-E)].

iv) Tiene carácter **positivo,** pues consiste en decir que sí al ofrecimiento. Cuando la declaración es negativa se llama **repudiación**.

v) Es **unilateral, individual** (también cuando hay una delación conjunta a varios delados) (art. 1.007 CC), **no recepticia, e indivisible** (art. 1.009 CC).

vi) Debe ser **voluntaria y libre** (art. 988 CC) (no es un acto debido, ni existe, como en Roma, el «heredero necesario»).

vii) Es **pura**. Aunque el llamamiento puede estar sometido a condición o término (art. 790 CC), la aceptación no puede estarlo (art. 990 CC), y según la jurisprudencia la aceptación condicional o a término es nula.

viii) Sus **efectos se retrotraen** a la apertura de la sucesión (art. 989 CC).

ix) Es **irrevocable** (art. 997 CC).

La **repudiación** es el acto por el que el delado rechaza la herencia (o el legado) que se le ofrece. Sus características son similares a los de la aceptación, pero en negativo. Su efecto principal es que el repudiante pierde su *ius delationis* (también con efectos retroactivos). El que repudia nunca ha llegado a incorporar a su patrimonio la herencia ni el *ius delationis*. Por eso, repudiar no es hecho imponible para el impuesto de sucesiones.

Distinta de la **repudiación (renuncia abdicativa)** es la **renuncia en beneficio de otro (renuncia traslativa)**, que en realidad implica aceptar el llamamiento y cederlo gratuita e inmediatamente a otro (art. 1.000.2.º CC y STS de 20 de julio de 2012), y por tanto genera dos liquidaciones tributarias (por una aceptación de herencia y por una donación).

B) Capacidad

Para poder aceptar o repudiar la herencia se requiere tener **capacidad general de disponer** (art. 992 CC). La aceptación o repudiación no se encuentra entre los «actos propios de su edad» que puede realizar el menor (art. 1.263 CC), por lo que entra en las facultades atribuidas a los padres como titulares de la patria potestad y representantes legales de sus hijos (arts. 154.III.2.º y 162 CC), aunque antes de tomar una decisión al respecto deberán escuchar a sus hijos en la medida en que tengan edad y madurez suficientes (art. 154.IV CC).

Los padres necesitan autorización judicial para poder repudiar una herencia en nombre de sus hijos (art. 166.II CC), pero no la necesitan para aceptarla a beneficio de inventario (art. 166.II CC), ni para aceptar pura y simplemente si el menor tiene dieciséis años y consiente en escritura pública (art. 166.III CC). Aparte de este último caso, es discutido si pueden aceptar una herencia en nombre del hijo pura y simplemente sin autorización judicial, pero hay argumentos para pensar que sí (RDGRN de 27 de enero de 1987). Los padres también pueden aceptar en nombre del hijo sin necesidad de autorización judicial un **legado** condicional, oneroso o modal, salvo cuando esto suponga que el menor asuma una obligación, en cuyo caso sí la necesitan (*ex* art. 626 CC, RDGRN de 12 de diciembre de 2016).

Si hay conflicto entre los intereses del menor y los de sus padres, debe nombrarse un **defensor judicial** *ad hoc* que represente al primero en la decisión (arts. 163 y 235.1.º CC). La Dirección General viene decidiendo que cuando el testamento contiene una **cautela sociniana** que otorga el usufructo universal al cónyuge supérstite hay conflicto de intereses y debe nombrarse defensor judicial (vid. tema 5-5) (RDGRN de 15 de febrero de 2002), pero es un asunto discutido.

Si el menor está sometido a **tutela** (art. 199 CC), el tutor puede aceptar la herencia en nombre del tutelado a beneficio de inventario, pero para poder aceptarla pura y simplemente o para repudiarla necesita autorización judicial (arts. 287.5.º y 224 CC). El **guardador de hecho** del menor necesita autorización judicial cada vez que tenga que actuar en su nombre (arts. 264.I y 238 CC), incluido cuando tiene que aceptar o repudiar una herencia, y específicamente para realizar cualquiera de los actos para los que necesita autorización el tutor (arts. 264.II, 287.5.º y 238 CC).

El **menor emancipado** puede aceptar o repudiar la herencia o legado por sí solo sin acompañamiento de sus padres (*ex* arts. 246 y 247.I CC).

Respecto a la **persona en situación de discapacidad**, una vez desaparecida la posibilidad de incapacitación por la reforma operada por Ley 8/2021, debe considerarse que puede aceptar la herencia por sí misma, contando, en su caso, con el acompañamiento de la persona que presta medidas de apoyo (arts. 992, 996, 269.IV y 282.III CC). Sin embargo, cuando la medida de apoyo prevista sea una **curatela representativa**, será el curador el que actúe en nombre del discapaz (arts. 996 y 269.III y IV CC). En estos casos, el curador representativo podrá aceptar la herencia a beneficio de inventario, pero necesitará autorización judicial para repudiarla o aceptarla pura y simplemente (art. 287.5.º CC). Al igual que con los menores, el **guardador de hecho** del discapaz necesita autorización judicial para actuar en su nombre (art. 264.I CC), y específicamente para realizar cualquiera de los actos para los que la necesita el curador (arts. 264.II, 287.5.º CC).

También la persona que ha incurrido en **concurso** tiene limitada su capacidad para aceptar una herencia. Si el concurso es voluntario, necesitará autorización previa de la administración concursal (art. 106.1 TRLC). Si el concurso es necesario, es la administración concursal misma la que decide y en su caso acepta en lugar del concursado (art. 106.2 TRLC).

Las capacidades mencionadas para aceptar o repudiar la herencia no deben confundirse con la capacidad para poder ser heredero (capacidad sucesoria) (tema 2-6), con la capacidad requerida para testar (**capacidad testamentaria**) (tema 4-3-A), ni con la capacidad requerida para poder pedir, realizar o aceptar la **partición** (tema 11-4-A).

C) Forma

La aceptación a beneficio de inventario (art. 1.011 CC) y la repudiación (arts. 1.008 y 1.280.4.º CC) deben hacerse necesariamente en escritura pública ante notario.

El **título (de legitimación) de la sucesión** que habitualmente certifica la condición de heredero es la **declaración de herederos**, un acta de notoriedad otorgada por el notario (arts. 55 LdN, 209 y 209 bis RN). El otorgamiento de esta escritura no es un requisito necesario para la validez de la aceptación pura y simple de herencia, porque la Ley reconoce la validez de la aceptación tácita (art. 999.I CC), pero sí es un documento muy útil para que el heredero pueda documentar su condición, acceder a las cuentas bancarias del causante, e inscribir su título de adquisición en el Registro.

El Código admite como válida la **aceptación de herencia tácita**. La aceptación tácita aspira a defender los intereses de terceros (p. ej., acreedores, herederos del llamado, llamados en un grado ulterior, etc.) frente a un delado que se resiste a aceptar expresamente. El delado acepta tácitamente cuando realiza «actos que suponen necesariamente la voluntad de aceptar, o que no habría derecho a ejecutar sino con la cualidad de heredero» (art. 999.III CC) (lo que las Partidas llamaban «actos de señor»). El artículo 1.000 CC incluye entre ellos ceder, vender o renunciar a cambio de precio al derecho a la herencia (art. 1.000.1.° CC) o algún bien que forme parte de ella (art. 1.024.2.° CC), o renunciar gratuitamente en favor de uno o más de los collamados (art. 1.000.2.° CC) (pero no renunciar gratuitamente en favor de todos ellos, art. 1.000.3.°, *in fine* CC). **No implican aceptación tácita de la herencia** «los actos de mera conservación o administración provisional» (art. 999.IV CC) ni «los actos realizados con otro título» (art. 999.III CC), si con ellos no se ha tomado el título o la condición de heredero.

Para que pueda **inscribir en el Registro de la propiedad** a su nombre los bienes y derechos de los que era titular el causante, es necesario que el heredero justifique su condición de **heredero único** mediante la declaración de herederos y que los bienes estén identificados individualmente en el testamento (art. 14.III LH) (o, en su defecto, que documente que los bienes eran propiedad del causante, art. 16 LH). Si hay **varios coherederos**, solo podrán inscribir su titularidad después de realizada la partición y adjudicación (art. 14.II LH) (tema 11-4). Hasta que llegue ese momento, sus derechos sucesorios pueden ser objeto de **anotación preventiva** (art. 46.I LH), lo que les permite transmitirlos y gravarlos (art. 46.III LH).

En las **sucesiones con elemento transfronterizo** (tema 12-1) es aplicable el Reglamento Europeo de Sucesiones (RUE 650/2012). Los documentos públicos expedidos en un Estado miembro tendrán en los demás Estados el mismo valor que en el Estado de origen (art. 59.1 RUE). Especial importancia tiene el **certificado sucesorio europeo**, un documento expedido por la autoridad en el Estado miembro cuyos tribunales sean competentes para la sucesión con un contenido muy preciso (arts. 62 ss. RUE 650/2012) que surte efectos en todos los estados miembros sin necesidad de ningún procedimiento especial (art. 69.1 RUE 650/2012). Aunque no sea obligatorio otorgarlo (art. 62.2 RUE 650/2012), parece muy aconsejable utilizarlo, pues documenta la legitimación de sucesores y albaceas en las operaciones sucesorias que deban realizar (pagos, inscripciones, disposición de bienes, etc.) (art. 69 RUE 650/2012).

D) MOMENTO

Muchas veces, el delado quiere aceptar la herencia cuanto antes (nunca podrá antes de la apertura de la sucesión, art. 991 CC). Pero en ocasiones no tiene ninguna prisa, por ejemplo, porque duda si la herencia es positiva, o porque ya posee los bienes y no quiere asumir las obligaciones de la titularidad. Por su parte, los acreedores del causante y otros llamados ulteriores quieren que el delado acepte o repudie lo antes posible.

Las **posibilidades de actuación** del delado son:

i) Aceptar la herencia pura y simplemente.

ii) Repudiar la herencia.

iii) Aceptar a beneficio de inventario [apartado A)].

iv) Pedir el **derecho a deliberar** ante notario (art. 1.019 CC). Es similar al beneficio de inventario, pero la decisión de aceptar o repudiar no se toma antes, sino después de elaborar el inventario. Si una vez pasado el plazo legal el delado no acepta ni repudia, se entiende que ha aceptado pura y simplemente (art. 1.019.II CC).

v) Poseer la herencia sin aceptarla y retrasar la aceptación lo más posible (art. 1.016 CC). A favor de esto cuenta con que **la acción de declaración de heredero** tiene un plazo muy largo, pues **prescribe a los treinta años** (tema 14-2).

Los terceros, a su vez:

i) Si el delado está en posesión del caudal relicto, pueden afirmar que ya es heredero por aceptación tácita en cuanto realice alguno de los actos de los artículos 999.III y 1.000 CC.

ii) También pueden instar por vía notarial al delado para que acepte o repudie. El notario le dará un plazo de treinta días, pasados los cuales, si no dice nada, se entenderá que ha aceptado pura y simplemente (art. 1.005 CC). Esto no puede solicitarse hasta pasados nueve días desde el fallecimiento del causante (art. 1.004 CC).

A pesar de que los plazos civiles para aceptar o repudiar sean tan laxos, la Administración Tributaria no lo es en absoluto, y concede seis meses a los herederos para que declaren el impuesto de sucesiones.

E) Efectos

La aceptación de la herencia pone fin a la situación provisional de herencia yacente. **Convierte al delado en heredero**, con las consecuencias que eso trae consigo: le hace titular de la herencia, poseedor de los bienes relictos, administrador nato de la herencia, y también deudor respecto a las deudas de la herencia (tema 1-2).

El heredero es el **causahabiente** por antonomasia del causante, y como tal se convierte en **titular de los bienes que forman la herencia** (art. 660 CC).

Pero el patrimonio hereditario y el patrimonio personal del heredero solo se funden en el momento de la aceptación cuando hay un heredero único y en la herencia no hay ni deudas, ni legítimas que pagar, ni legados que cumplir. En el resto de los casos, la titularidad del heredero tiene cierto carácter provisional, y el patrimonio hereditario no se funde con su patrimonio personal hasta que han finalizado todas las operaciones sucesorias (art. 1.026.I CC). El llamamiento de heredero puede recaer sobre varias personas, y si más de uno de ellos acepta y hay más de un bien relicto, la herencia se encontrará en situación de **comunidad hereditaria** o herencia indivisa, y no habrá confusión de patrimonios hasta que se realice la partición (tema 11-4).

Mediante una ficción jurídica llamada **posesión civilísima**, la ley: i) atribuye al heredero por el mero hecho de serlo la cualidad de **poseedor** de todos los bienes de la herencia, ii) retrotrae el comienzo de la posesión hasta la apertura de la sucesión, iii) une su posesión a la del causante como si no hubiera habido solución de continuidad entre una y otra (art. 440 CC), y iv) presume que la posesión del heredero es de buena fe, aunque la del causante no lo fuera (art. 442 CC). Esto facilita mucho que el heredero pueda ejercer acciones posesorias frente a precaristas o complete períodos de usucapión iniciados por el causante. Desde la apertura de la sucesión los plazos de usucapión siguen corriendo tanto a favor del heredero como en su contra (art. 1.934 CC). Si hay comunidad hereditaria, la posesión de los bienes relictos por parte de un coheredero opera en favor de todos los demás (tema 11-1).

Antes de que se produzca la confusión entre el caudal relicto y el patrimonio personal del heredero es necesario que se lleve a cabo la **liquidación de la herencia**, se paguen las deudas de la herencia, se asegure que los legitimarios han recibido su cuota y se entreguen los legados (tema 11-2). A falta de albacea, el encargado de hacerlo es el heredero, como administrador y ejecutor nato de la herencia (art. 911 CC) (apartado 5).

El heredero es el responsable de **pagar las deudas del causante**, las legítimas y los legados con el producto del caudal relicto. Pero si en la herencia no hay bienes suficientes, en principio le corresponde a él pagarlos con su patrimonio personal. Aunque la cuestión es algo más complicada (más detalles en tema 11-3), en una primera aproximación puede afirmarse que **la aceptación puede tener lugar de dos modos**:

i) Aceptación **pura y simple** (art. 1.003 CC). El aceptante responde *ultra vires* de las deudas del causante.

ii) Aceptación **a beneficio de inventario** (art. 1.023 CC). El heredero beneficiario solo responde de las deudas del causante hasta donde alcance el valor de los bienes relictos (*cum viribus*).

En Navarra (ley 318 FNN), Aragón (art. 355 CDFA) y País Vasco (art. 21.2 LDCFPV) el heredero aceptante **siempre tiene responsabilidad limitada** al caudal relicto, sin necesidad de beneficio de inventario.

TEMA 3

SUCESIÓN INTESTADA

SUMARIO: 1. INTRODUCCIÓN.—2. DESCENDIENTES.—3. ASCENDIENTES.—4. CÓNYUGE SUPÉRSTITE.—5. COLATERALES.—6. ESTADO ESPAÑOL.—7. DERECHOS FORALES.

1. INTRODUCCIÓN

El supuesto de hecho de la sucesión intestada es: *a*) que no exista testamento válido, o *b*) que el que hay no cubra el destino de todo el caudal relicto (y entonces se abre la intestada únicamente para determinar el destino de la cuota vacante) (art. 912 CC) (tema 1-3).

La sucesión intestada tiene carácter **supletorio** y debe ceder ante la voluntad del causante manifestada en testamento. Por eso muchos autores explican primero el testamento. Pero el orden sucesorio intestado es también el **orden sucesorio legal**, es decir, aquel que la sociedad considera más adecuado. Para el legislador, la invalidez de un testamento no es un problema, porque detrás está el orden intestado. El testamento no deja de ser una excepción a la intestada.

Si el causante no quiere que su patrimonio se distribuya conforme al orden legal, puede evitarlo haciendo testamento. Incluso puede excluir a alguno de los llamados a la intestada mediante un **testamento negativo** (aquel que no indica el destino de los bienes, sino que solo excluye a alguno de los llamados intestados).

La sucesión intestada funciona conforme a los principios de:

— **Orden**. La jerarquía legal de los órdenes en Derecho común es (arts. 913, 930, 935, 943 y 956 CC):

1.º Descendientes.
2.º Ascendientes.

3.º Cónyuge.
4.º Colaterales.
5.º El Estado.

— **Grado**. Dentro de cada orden los primeros llamados son los que se encuentran en grado más cercano al causante. Los grados se miden contando generaciones (art. 918.I CC) en línea recta (ascendiente o descendente) o en línea colateral (subiendo por la rama de uno hasta el ascendiente común y descendiendo por la otra línea) (art. 918.III CC).

— **Exclusión**. Próximos excluyen a remotos (art. 921.I CC). Cuando hay varios llamados del mismo orden y grado, todos ellos son llamados a partes iguales. Solo se pasa al siguiente a falta de los anteriores (art. 923 CC).

Todos los llamados por intestada que estén dentro del mismo orden y grado reciben un llamamiento **a título de heredero, conjunto, a partes iguales** (art. 921.II CC) (con alguna excepción como los hermanos de distinto vínculo), **y con derecho de acrecer** (art. 922 CC).

Todos los llamamientos por intestada (menos el que se hace al Estado) son en favor de **parientes** del causante. El parentesco debe existir en el momento de la apertura de la sucesión, estar determinado legalmente y constar en el RC. Pero si se determina posteriormente, también cabe reclamar los derechos sucesorios, pues la filiación tiene efectos retroactivos (art. 112 CC) (tema 2-2). Salvo el cónyuge, todos los parientes tienen alguna **generación compartida** (es decir, un antepasado común) con el causante (art. 915 CC). Desde 1987, la adopción está equiparada a la generación biológica a todos los efectos (también los sucesorios). Siempre que hay generación, hay parentesco, aunque los parientes no se conozcan. Por ejemplo, si A está casado con B y tiene un hijo matrimonial (C), pero también otro extramatrimonial reconocido (D), del que su familia no sabe nada, C y D son hermanos y tienen derechos sucesorios entre sí. Por efecto directo del artículo 14 CE, los conceptos «descendiente», «ascendiente» y «colateral» incluyen a las filiaciones no matrimoniales y a las adoptivas en situación de igualdad respecto a las matrimoniales y a las biológicas (tema 2-2).

Las relaciones entre los parientes de una persona y los de su cónyuge (su familia política) son relaciones de **afinidad**. Para el Derecho de sucesiones, los afines no son parientes, sino extraños. Por tanto, si A, viudo con un hijo (D), se casa con B, viuda con otro hijo (E), no hay parentesco entre B y D (madrastra/hijastro), ni entre A y E (padrastro/hijastro), ni entre B y D (hermanastros) (salvo que A adopte a E o B adopte a D, pues los hijos adoptivos se equiparan a los biológicos).

El orden legal recogido en la ley vigente es el resultado de una larga y lenta evolución en la que aparecen tanto elementos constantes como líneas de cambio:

Justiniano	**Partidas (siglo XIII)**	**Nov. Recopil. (1805)**	**Ley Mostrencos (1835)**	**Código Civil (1889)**	**Código Civil (d. 1981)**	**Cataluña (2008)**
Descendientes legítimos	Descendientes legítimos	Descendientes legítimos	Descendientes legítimos	Descendientes legítimos	Descendientes	Descendientes
Ascendientes y hermanos D.V.	Ascendientes	Ascendientes	Ascendientes	Ascendientes	Ascendientes	Cónyuge
Hermanos V.S.	Hermanos y sobrinos	Hermanos y sobrinos	Colaterales (h. 4.º)	Hijos naturales	Cónyuge	Padres
Colaterales (sin límite)	Colaterales (h. 10.º)	Colaterales (h. 4.º)	Hijos naturales	Hermanos y sobrinos	Colaterales (h. 4.º)	Colaterales (h. 4.º)
	Cónyuge		Cónyuge	Cónyuge		
			Colaterales (5.º-10.º)	Colaterales (h. 6.º) (h. 4.º desde 1928)		

2. DESCENDIENTES

Los primeros llamados a heredar por intestada son los descendientes. Es un patrón común a lo largo de la Historia y en Derecho comparado (con la casi única excepción de Holanda, que ha colocado antes al cónyuge). Para que un descendiente tenga derechos sucesorios, su filiación debe estar determinada.

Los primeros descendientes en grado son los **hijos** (1.er grado de línea recta descendente). Dado el principio de exclusión, si hay hijos, todo será para ellos por partes iguales. Solo a falta de hijos heredarán los nietos (2.º grado en línea recta descendente), y solo a falta de hijos y nietos lo harán los biznietos (3.er grado en línea recta descendente).

Cuando la **adopción** requiere propuesta previa (art. 176.2 CC), «produce la extinción de los vínculos jurídicos entre el adoptado y su familia anterior» (art. 178 CC), por lo que el adoptado solo tendrá derechos sucesorios respecto a su familia adoptiva, no respecto a la biológica (salvo el *ius delationis* que ya tuviera en el momento de ser adoptado, p. ej., un niño pierde a sus padres en un accidente y es adoptado después). Cuando no requiere propuesta previa (adopción dentro de la familia extensa y del hijo por el nuevo cónyuge del viudo casado en segundas nupcias, arts. 176.2 y 178.2 CC), la adopción no priva de los derechos sucesorios respecto a la familia biológica.

En el llamamiento intestado a los descendientes **hay derecho de representación** [tema 2-7-E)]. El supuesto de hecho básico es que un causante (A) fallece intestado con descendientes, pero uno de ellos (B en este caso) ha premuerto dejando a su vez hijos (art. 933 CC), por lo que hay descendientes de diversos grados:

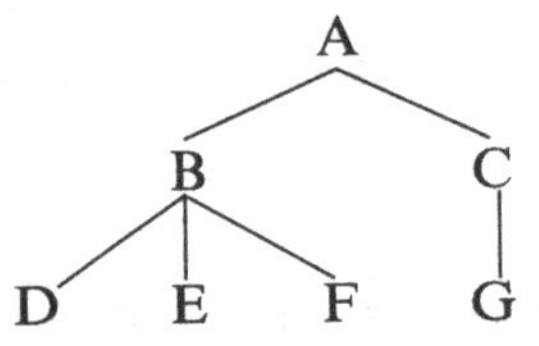

Según las reglas de grado y exclusión, C debería quedárselo todo. Pero ya desde el Derecho romano se considera más justo que los hijos del premuerto (B) reciban la parte que le habría correspondido en caso de estar vivo: los hijos del premuerto (D, E y F) «representan» a su padre (B) en la herencia del abuelo (A) (art. 924 CC). C será llamado a recibir 1/2 de la herencia de A por derecho propio, y D, E y F serán llamados a recibir 1/6 cada uno (= 1/2 : 3) por derecho de representación.

Los llamamientos a los nietos por derecho de representación son independientes entre sí (cada uno puede aceptar o repudiar independientemente de los demás), y también son distintos e independientes del llamamiento que reciban a la herencia de su padre (B), (por lo que, si quieren, pueden aceptar la herencia de B y repudiar la de A).

Por el contrario, si B, en lugar de premorir, repudia la herencia de A, sus hijos no tendrán derecho de representación (art. 929 CC). En ese caso, C heredará todo por derecho de acrecer. Si B y C repudian, entonces serán llamados D, E, F y G, pero no por derecho de representación, sino por derecho propio, como descendientes en 2.º grado, y por tanto ***in capita*** (1/4 cada uno) (art. 923 CC).

3. ASCENDIENTES

Los ascendientes están llamados en segundo lugar a falta de descendientes. Se aplica a ellos lo dicho respecto a la necesidad de determinación de la filiación y a la igualdad de las filiaciones matrimonial y extramatrimonial, biológica y adoptiva, para todas las sucesiones abiertas desde la entrada en vigor de la CE (tema 2-2). Lógicamente, no son llamados los ascendientes indignos (y hay varias causas de indignidad propias de los ascendientes) [tema 2-6-C)].

El llamamiento a los ascendientes sigue también las reglas de orden, grado y exclusión. Entre ellos hay derecho de acrecer, pero no derecho de representación (art. 925.I CC). Si solo se ha determinado la filiación de un progenitor, o solo vive uno de los dos, este lo recibe todo (arts. 921 y 937 CC). Si viven los dos, reciben por mitades (art. 936 CC). A partir del 2.º grado (abuelos), si hay ascendientes de las dos líneas (paterna y materna), se divide la mitad de la herencia para cada línea, y el derecho de acrecer se limita a cada línea (art. 940 CC).

De lege ferenda, hay una tendencia a reducir el llamamiento únicamente a los padres excluyendo a abuelos y otros más lejanos.

4. CÓNYUGE SUPÉRSTITE

A falta de descendientes y ascendientes, el cónyuge supérstite es llamado a ser heredero universal (art. 944 CC). Como se puede ver en el cuadro del apartado 1, a lo largo de la Historia del Derecho la posición del cónyuge ha pasado de la exclusión de la sucesión intestada a ser el tercer orden después de los ascendientes. En el futuro puede que lleguen a estar en segundo lugar o incluso en primero (como en Holanda).

Para que el cónyuge esté llamado a la sucesión intestada del causante se requiere que **persista el vínculo matrimonial** (cosa que no ocurre cuando hay sentencia de nulidad o divorcio) y que en el momento de la apertura de la sucesión los cónyuges **no estén separados, ni legalmente ni de hecho** (art. 945 CC) (hasta 2005 la **separación de hecho** no privaba de derechos sucesorios al supérstite salvo que hubiera sido consentida por ambos cónyuges en escritura pública). La mera **incoación de los trámites** para la separación legal, divorcio o nulidad, no priva de derecho a la intestada.

La **reconciliación** de los cónyuges separados hace que el supérstite recupere sus derechos sucesorios. Si la separación era legal, es necesario que ambos comuniquen por separado la reconciliación al juez, LAJ o notario (art. 84.I CC). Pero si se han reconciliado y no lo han comunicado, parece sensato que los efectos de la reconciliación se apliquen de todas formas (p. ej., SAP Valencia de 5 de mayo de 1999).

Respecto las **uniones de hecho**, el **Derecho común** no reconoce derechos sucesorios al conviviente supérstite. El TS no reconoce como heredero intestado al conviviente de hecho, ni le aplica por analogía la regulación del matrimonio. En algunos casos, atendiendo a las circunstancias concretas, se ha concedido al conviviente una indemnización por enriquecimiento injusto (p. ej., en la STS de 17 de junio de 2003 la demandante había convivido durante cincuenta años con el causante dedicada únicamente al cuidado del hogar, y el TS le concedió una indemnización de 1/4 del caudal relicto neto) (más detalles en tema 13-9).

5. COLATERALES

A falta de descendientes, ascendientes y cónyuge, son llamados los colaterales, también por su grado.

Los primeros colaterales son los **hermanos (colaterales de 2.º grado)**. Son hermanos los que tienen un progenitor común, sea el padre o la madre, sea matrimonial o no matrimonial, sea biológico o adoptivo (y el adoptado deja de ser hermano de sus hermanos biológicos a efectos sucesorios). Los **hermanos de doble vínculo** tienen padre y madre comunes, y los **hermanos de vínculo sencillo** coinciden solo en el padre o en la madre. Si en intestada concurren hermanos de doble vínculo y de vínculo sencillo, los primeros reciben el doble que los segundos (art. 949 CC). Si todos son de vínculo sencillo o doble, todos reciben lo mismo (arts. 947 y 950 CC).

No son hermanos los **hermanastros** (*step brothers*) del causante (hijos del cónyuge del padre o la madre del causante), porque no comparten un progenitor común. Por ejemplo, si A tiene dos hijos (C y D) con su esposa B, pero también otro extramatrimonial (E), E es hermano de vínculo sencillo de C y D. Si A queda viudo y se casa con la también viuda F, que ya tenía un hijo de su primer matrimonio (G), G no es hermano de C ni D. Si el causante es C y ha muerto intestado, sin hijos ni padres, le heredarán sus dos hermanos: 2/3 para D (es de doble vínculo) y 1/3 para E (es de vínculo sencillo).

En la sucesión intestada de hermanos, si alguno sobrevive al causante y alguno premuere dejando descendientes, **hay derecho de representación**, y los sobrinos representan *in stirpes* al hermano premuerto en la herencia de su tío (arts. 925.II y 927 CC) (conservando la diferencia de vínculos del premuerto, si la había, *ex* art. 924 CC). Es el único caso de derecho de representación a favor de un no descendiente.

A falta de hermanos, **heredan íntegramente los sobrinos** (hijos de hermanos o colaterales de 3.er grado), sin repartirse la herencia con los tíos, pese a que también están en el mismo grado (arts. 946 y 954 CC). Es un llamamiento por derecho propio, *in capita* (art. 927 CC) y con distinción de vínculo doble o sencillo (jurisprudencia, *ex* arts. 950-951 CC).

A falta de sobrinos, son llamados **los demás colaterales en 3.er grado**, es decir, los tíos (hermanos de los padres del causante) (arts. 954 y 955 CC). Entre ellos no se distingue según vínculos.

Los últimos llamados entre los colaterales son los que están en **4.º grado**: primos carnales (hijos de tíos), sobrino-nietos (nietos de hermano) o tío-abuelos (hermanos del abuelo). Todos ellos heredan por derecho propio, *in capita*, por igual, sin distinción de vínculos. La redacción originaria del CC llamaba a los colaterales hasta el 6.º grado, pero desde 1928 el llamamiento está limitado solo hasta los de 4.º grado.

6. ESTADO ESPAÑOL

A falta de colaterales en los grados anteriores, el llamado a ser heredero es el Estado español. Es un heredero al que no cabe excluir por testamento (arts. 913, 956 y 958 CC) y que siempre aceptará, aunque siempre a beneficio de inventario (art. 957 CC).

El fundamento de este último llamamiento está en la seguridad jurídica (siempre habrá alguien que se ocupe de la sucesión del causante), en el objetivo de que los bienes reviertan a la comunidad (representada en este caso por el Estado) y en el afán recaudatorio nato de este. Se discute si es una norma de Derecho privado o de Derecho público y si su raíz última deriva de la soberanía del legislador o de la intención presunta del causante.

Toda autoridad que tenga noticia de una herencia vacante sin familiares debe comunicarlo, y los particulares que lo hagan tienen derecho a un premio del 10 por 100 de la herencia. La Dirección de Patrimonio del Ministerio de Hacienda tramitará según el artículo 20 bis LPAP y el RD 1.373/2009 el expediente. Termina mediante resolución de adjudicación de los bienes hereditarios, que es título suficiente para inscribirlos o inmatricularlos en el RP (arts. 958 CC y 20 ter.4 LPAP). El Estado puede ejercitar ante los tribunales civiles todas las acciones propias de cualquier llamado (p. ej., impugnar un testamento, una declaración de herederos a favor de otros, etc.) y debe destinar 2/3 de los bienes que recibe por vía intestada a fines sociales (art. 956 CC).

7. DERECHOS FORALES

El siguiente cuadro pretende mostrar de forma sintética el orden de llamamientos intestados en Derecho común y en los derechos forales. Puede verse una estructura básica común, pero también algunas diferencias:

Código Civil	**Aragón**	**Baleares**	**Cataluña**	**Galicia**	**Navarra**	**País Vasco**
Descendientes	Descendientes	Descendientes **Ibiza y Formentera + usufructo del cónyuge** (o PER)	Descendientes **+ usufructo universal del cónyuge** (o PER)	Descendientes	Descendientes	Descendientes
	Sucesión troncal		**(si el causante es impúber: sucesión troncal)**		**Sucesión troncal**	**Vizcaya: sucesión troncal**
			Cónyuge (o PER)		Cónyuge	Cónyuge (o PER)
Ascendientes	Ascendientes	Ascendientes **Ibiza y Formentera + usufructo del cónyuge** (o PER)	**Padres**	Ascendientes	Ascendientes	Ascendientes
Cónyuge	Cónyuge	Cónyuge		Cónyuge (o PER)		
Colaterales h. 4.º	Colaterales h. 4.º	Colaterales h. 4.º	Colaterales h. 4.º	Colaterales h. 4.º	Colaterales h. 4.º	Colaterales h. 4.º
Estado	C.A. Aragón **(Hospital N.ª S.ª Gracia)**	Entidades territoriales Baleares	G. Cataluña	C.A. Galicia	C.F. Navarra	C.A. Vasca

— En Cataluña, País Vasco y Navarra (desde 2019), el cónyuge hereda en segundo lugar.

— Cataluña y parte de Baleares prevén en algunos supuestos el usufructo del cónyuge.

— Aragón, Vizcaya, Navarra y Cataluña tienen sucesión troncal.

— La sucesión intestada de Galicia es igual a la del CC.

— El último llamado es la entidad pública correspondiente en lugar del Estado.

La sucesión troncal consiste en lo siguiente (más detalles en tema 9-2). En **intestada, y si no hay descendientes**, los **bienes troncales** (los inmuebles que el causante adquirió a título lucrativo de alguien de su familia) siguen un régimen sucesorio especial: corresponden a los parientes de la rama de origen (la rama paterna o materna de la familia del causante de la que él recibió esos bienes) (***paterna paternis, materna maternis***). Los llamados según esta sucesión intestada troncal lo son a título de herencia según las reglas de orden, grado y exclusión, pero con un orden distinto al de intestada. En Aragón este orden es: 1.°, hermanos; 2.°, ascendientes; 3.°, colaterales (hasta el 4.° grado). En Navarra es: 1.°, ascendientes; 2.°, hermanos; 3.°, otros colaterales. En Vizcaya y Cataluña el orden es: 1.°, ascendientes; 2.°, hermanos. En Cataluña, solo hay sucesión troncal si el causante que fallece intestado era impúber (tema 7-3). Para los bienes del causante que sean **no troncales**, se aplican las reglas normales de la intestada.

En cuanto al **cónyuge en situación de crisis conyugal**, el cónyuge separado de hecho no tiene derecho a la intestada en ninguno de los Derechos forales (salvo en Aragón, donde conserva ese derecho a no ser que la separación haya sido acordada mutuamente en documento fehaciente, art. 531.1 CDFA). La mera incoación de los trámites para la separación legal, divorcio o nulidad no supone la privación de derecho a la intestada en Galicia, País Vasco y Navarra (pero sí en Aragón, Cataluña y Baleares).

En Cataluña, el cónyuge viudo que concurre en la intestada con descendientes del causante tiene derecho al usufructo universal de la herencia (art. 442-3.1 CCC) con posibilidad de conmutarlo por una 1/4 parte de la herencia (art. 442-5.1 CCC). En Ibiza y Formentera el supérstite tiene derecho al usufructo de la mitad de la herencia si concurre con descendientes, y al usufructo sobre dos terceras partes si concurre con ascendientes (art. 84.2 CDCIB).

Los Derechos de Cataluña, Galicia, Baleares y el País Vasco (todos menos Aragón y Navarra) conceden al **conviviente en pareja estable registrada** los mismos derechos por intestada que al cónyuge (tema 13-9).

En **Navarra** el derecho de representación de los colaterales en intestada se extiende hasta los nietos del hermano premuerto (sobrino-nietos del causante) (ley 309.II FNN).

En cuanto al **heredero llamado en último lugar**, todas las Comunidades con Derecho foral se atribuyen a sí mismas esa cualidad (e incluso Valencia y La Rioja, que carecen de competencia en materia civil). En Aragón se conserva el antiguo privilegio que tiene el Hospital de Nuestra Señora de Gracia de ser heredero residual de los que allí fallecen intestados.

TERRITORIO	LLAMADO EN ÚLTIMO LUGAR
Derecho común	Estado español (art. 956 CC)
Valencia	Generalitat Valenciana (art. 22.2 LPGV)
La Rioja	C.A. La Rioja (art. 38.4 LPCALR)
Aragón	C.A. Aragón (art. 535 CDFA) Hospital N.ª Señora de Gracia (art. 536 CDFA)
Cataluña	Generalitat Cataluña (art. 442-12 CCC)
Baleares	AA.TT. Baleares (arts. 53 y 84 CDCIB)
Galicia	C.A. Galicia (art. 143 LDCG)
Navarra	D.F. Navarra (ley 304 FNN)
País Vasco	C.A. País Vasco (art. 117 LDCFPV)

TEMA 4

SUCESIÓN TESTADA

SUMARIO: 1. CONCEPTO DE TESTAMENTO EN EL CÓDIGO CIVIL.—2. FORMA Y TIPOS DE TESTAMENTO.—A) *Abierto notarial.*—B) *Ológrafo.*—C) *Cerrado notarial.*—D) *Extraordinarios.*—E) *Derechos forales.*—3. CAPACIDAD TESTAMENTARIA.—A) *Activa.*—B) *Pasiva.*—4. CONTENIDO.—5. INTERPRETACIÓN.—6. CONDICIÓN, TÉRMINO Y MODO.—7. DERECHO DE REPRESENTACIÓN EN TESTADA.—8. INEFICACIA DEL TESTAMENTO.—A) *Causas de ineficacia.*—B) *Revocación.*—C) *Crisis conyugal.*—9. EL TESTAMENTO MANCOMUNADO.

1. CONCEPTO DE TESTAMENTO EN EL CÓDIGO CIVIL

A lo largo de la Historia se han empleado muchos tipos de **instrumentos sucesorios** destinados a ordenar la sucesión *mortis causa*. Los **pactos sucesorios** son contratos pluripersonales con efectos *inter vivos* y no libremente revocables. Los **testamentos mancomunados** son pluripersonales. Los **testamentos nuncupativos** u orales no constan por escrito y dependen de los testigos. Las **herencias de confianza** pueden incluir instrucciones escritas o verbales (secretas o no). Los **codicilos, las memorias testamentarias y las cédulas testamentarias** son documentos que complementan o modifican parcialmente un testamento principal.

Para simplificar el sistema, el codificador de 1889 estableció como único instrumento de ordenación de la sucesión *mortis causa* el **testamento unipersonal revocable**, caracterizado por el formalismo, la unilateralidad y la revocabilidad. Por eso, para el CC el testamento es:

i) Un **acto jurídico *mortis causa*** en dos sentidos: está destinado a regular la sucesión del otorgante a su muerte (art. 667 CC), y surte efectos con la muerte del otorgante.

ii) **Dispositivo**. Todo testamento debe reflejar inequívocamente que en el momento de realizarlo **el testador tenía intención actual de testar**, es decir, de disponer de sus bienes para después de su fallecimiento. No son testamentos las meras ideas, proyectos, propuestas o borradores.

iii) **Unilateral**, pues no necesita más que la voluntad del otorgante para ser válido y surtir efectos (art. 667 CC).

iv) **Unipersonal o individual**, pues solo puede ser otorgado por una persona (arts. 669 y 794 CC).

v) **Personalísimo**, pues la elaboración de su contenido no se puede delegar en otra persona (art. 670 CC).

vi) **Formal o solemne, y en forma tasada**, pues solo es válido si es otorgado cumpliendo exactamente alguna de las formas tasadas admitidas por la ley (art. 687 CC).

vii) Carácter **revocatorio**, pues un nuevo testamento revoca o priva de validez al anterior en lo que sea incompatible con él (art. 739 CC) y solo un nuevo testamento puede revocar otro anterior (art. 738 CC). A la vez, es **esencialmente revocable**, pues mientras el otorgante permanezca vivo y en condiciones de testar, siempre tiene la posibilidad de revocar su testamento y sustituirlo por otro nuevo, sin que pueda renunciar nunca a este derecho (art. 737 CC).

Sin embargo, en el CC **no son requisitos del testamento**:

— Contener institución de heredero. Aunque es normal y aconsejable que el testamento instituya heredero, no pierde validez por no instituir heredero (art. 764 CC), al contrario que en Cataluña (art. 423-1 CCC) y Baleares (art. 14.I CDCB) (tema 1-3).

— Universalidad. Aunque el testamento en principio aspira a regular el destino de todo el patrimonio del causante, es válido el **testamento parcial**, que solo regula el destino de parte del caudal relicto (arts. 667 y 764 CC), ya sea porque parte se indica en otro testamento o porque parte queda sin disponer (cuota vacante) y se decidirá según la intestada (art. 912.2.º CC).

— Unidad. Un testador puede fallecer teniendo varios testamentos válidos a la vez (art. 672 CC).

— Incompatibilidad con la sucesión intestada. En Derecho común no rige la regla *nemo pro parte*, y, por tanto, la sucesión testada es compatible con la intestada cuando hay cuota vacante (arts. 658.III y 764.II CC) (tema 1-3).

El CC está plagado de **exigencias y prohibiciones** dirigidas a canalizar la sucesión voluntaria exclusivamente a través del testamento unipersonal revocable, eliminando la posibilidad de utilizar otros instrumentos sucesorios:

— Por **donación *inter vivos*** no puede donarse todo el patrimonio (art. 634 CC), ni bienes futuros (art. 635 CC), ni más de lo que pueda darse por testamento (art. 636 CC).

— Las **donaciones *mortis causa*** están sometidas a la misma regulación que las sucesiones (art. 620 CC) (forma testamentaria y revocabilidad).

— El **testamento mancomunado** va contra el carácter unipersonal (art. 669 CC) y la prohibición de institución condicionada recíprocamente (art. 794 CC).

— Los **contratos sucesorios** chocan contra la prohibición de aceptación o repudiación antes de la apertura de la sucesión (art. 991 CC), la prohibición de renuncia a la legítima futura (art. 816 CC), la prohibición de venta de herencia futura (art. 1271.II CC), el carácter unipersonal (art. 669 CC), la prohibición de institución condicionada recíprocamente (art. 794 CC) y la revocabilidad (art. 737 CC).

— El **testamento nuncupativo (oral en presencia de testigos)** va contra la forma tasada (art. 687 CC).

— El **testamento por comisario** va contra la forma tasada (art. 687 CC) y el carácter personalísimo (art. 670 CC).

— La **herencia de confianza o fiducia sucesoria** choca con la prohibición de instrucciones reservadas (art. 785.4.° CC), de disponer de todo el caudal a través de encargos (art. 785.3.° CC), la forma tasada del testamento (art. 687 CC), el carácter personalísimo (art. 670 CC) y la prohibición de dar el encargo de mejorar (art. 830 CC).

— Es válido el **codicilo o testamento codicilar** que cumple las exigencias formales del testamento ológrafo (art. 672 CC).

Para el CC, sucesión voluntaria es igual a sucesión testada. Por el contrario, los **Derechos forales** admiten junto al testamento unipersonal revocable otros instrumentos de **sucesión voluntaria no testamentaria** (tema 8), algunos de ellos muy utilizados en la práctica.

Otros instrumentos sucesorios distintos del testamento unipersonal revocable

	Código Civil	Cataluña	Baleares	Aragón	Navarra	Galicia	País Vasco
Codicilo	sí 672	sí 421-20 CCC	sí 17 CDCIB		sí 194 FNN		
Memoria testamentaria	sí 672	sí 421-21 CCC			sí 196 FNN		
Testamento mancomunado	NO 669 CC			sí 417 CDFA	sí 199 FNN	sí 187 LDCG	sí 24 LDCFPV
Donaciones *mortis causa*	sí 620 CC	sí 432-1 CCC			sí 165 FNN		
Donación universal	NO 634, 635, 636 CC		sí 8 CDCIB		sí 160 FNN		
Pactos sucesorios	NO 737, 991 CC (SALVO 826, 827, 1341.II CC)	sí 431-1 CCC	sí 50, 66, 72 CDCIB	sí 377 CDFA	sí 172 FNN	sí 209 LDCG	sí 100 LDCFPV
Testamento por comisario	NO 670 CC (SALVO 830 CC)	sí 424-1 CCC	sí 18 y 71 CD-CIB	sí 439 CDFA	sí 236 FNN	sí 196 LDCG	sí (30 LDCFPV)
Herencia de confianza		sí 424-11 CCC			sí 289 y 293 FNN		

2. FORMA Y TIPOS DE TESTAMENTO

Los tipos de testamento vienen determinados por una **forma constitutiva *numerus claussus***: todo el que no encaje en una de ellas es nulo directamente (art. 687 CC). Los tribunales aplican esta regla sin problemas, porque la nulidad del testamento abre la sucesión intestada, que al legislador le parece más justa.

Los testamentos pueden ser **ordinarios** o **extraordinarios** (estos últimos solo pueden otorgarse cuando se da el supuesto de hecho especial previsto en la ley). Pueden tener forma oral o escrita; pueden ser otorgados ante una autoridad, ante testigos, o por el testador en solitario. Con estos datos, las posibilidades previstas por el CC son las siguientes:

ORDINARIOS:

— Abierto notarial (sin testigos) (arts. 694-695) (o consular, art. 734).
— Cerrado notarial (arts. 706-707) (o consular, art. 734).
— Ológrafo (art. 688) (escrito de puño y letra, firma y fecha).

EXTRAORDINARIOS:

— Militar
- Abierto militar (capitán + 2 testigos) (art. 716).
- Cerrado militar (arts. 717 y 721).

— Marítimo
- Abierto marítimo (capitán + 2 testigos) (art. 722).
- Cerrado marítimo (art. 722).

— Nuncupativos (orales)
- En peligro de muerte (oral, 5 testigos) (art. 700).
- En epidemia (oral, 3 testigos) (art. 701).
- En acción de guerra (oral, 2 testigos) (art. 720).
- En naufragio (oral, 2 testigos) (art. 731).

Parecen muchos tipos. Sin embargo, en la práctica los utilizados son realmente dos: el abierto notarial y el ológrafo.

A) Abierto notarial

El testamento abierto notarial se otorga ante un notario que interviene en su redacción, lo autoriza, firma e incorpora a su protocolo, y del que resulta su depositario (arts. 679 y 695 CC). El abierto notarial es el tipo de testamento más utilizado, el que ofrece mayor seguridad jurídica y sin duda el más recomendable para cualquier persona que se decida a testar. Y no es caro.

El notario debe ayudar al causante a obtener una redacción que exprese de un modo completo, coherente, eficaz y legal su voluntad, y «redactará el instrumento público conforme a la voluntad común del otorgante, la cual deberá indagar, interpretar y adecuar al ordenamiento jurídico» (art. 147 RN), dando fe de que «el otorgamiento se adecua a la legalidad y a la voluntad debidamente informada del otorgante» (art. 145 RN).

Los **requisitos formales** exigidos por la ley son:

— identificación del testador por parte del notario (antiguamente mediante testigos, hoy mediante el DNI, arts. 685 y 696 CC);

— apreciación por el notario de que el testador se encuentra en condiciones físicas y mentales que le permiten testar (capacidad testamentaria) (arts. 685.II y 696 CC);

— expresión de su voluntad por el testador (oralmente, o por escrito si presenta una minuta redactada previamente) (art. 695 CC);

— una vez redactado el testamento, el notario debe leerlo en voz alta y asegurarse de que el testador lo entiende y confirma (art. 695 CC);

— cuando son necesarios, deben estar presentes y firmar los testigos instrumentales, el médico o el intérprete (arts. 697 y 698 CC);

— el testamento debe indicar año, día y hora del otorgamiento (art. 695 CC);

— el testamento debe estar firmado por notario y testador (o testigos, si este no puede, art. 695 CC);

— entre el momento de la lectura final y la firma por el otorgante debe haber unidad de acto (art. 699 CC).

Es frecuente (y conveniente) que la escritura indique expresamente que todos estos requisitos se han cumplido.

Desde 1991, **en condiciones normales, no hacen falta testigos** (aunque el otorgante puede llevarlos si quiere) (art. 697.3.º CC). Solo se exigen **dos testigos instrumentales** en algunos casos especiales: cuando el otorgante no sabe o no puede firmar (art. 697.1 CC), es ciego o no puede leer (art. 697.2 CC), o es sordo (art. 697.2.ºII CC).

Navarra requiere dos testigos en los testamentos abiertos notariales (ley 185 FNN), y Baleares dos testigos cuando el notario no conozca al testador (art. 52 CDCIB). En ambos casos los testigos pueden ser empleados del notario, cosa prohibida por el CC (art. 681.5.º CC).

El testamento debe ser otorgado en el **idioma** oficial del lugar del otorgamiento que escoja el otorgante (art. 149 RN). Los extranjeros que no conozcan el idioma español pueden otorgarlo en el suyo propio si es conocido por el notario o si concurre un intérprete (arts. 684 CC y 150.I RN), en cuyo caso el testamento constará en las dos lenguas en columnas paralelas (art. 150.II RN). En los Derechos forales hay normas similares relativas a sus lenguas cooficiales (arts. 412 CDFA, 421-12 CCC, 192 FNN, 7 LDCFPV).

El **testamento consular** es un testamento abierto otorgado en el extranjero en el que la función notarial es cumplida por el cónsul (art. 734 CC).

B) Ológrafo

El testamento ológrafo (en catalán *hológrafo*) es escrito íntegramente a mano por el otorgante en cualquier superficie susceptible de ser protocolizada. No precisa testigos ni se otorga ante autoridad. Para que sea válido es imprescindible (art. 688 CC):

— Que el otorgante tenga al menos dieciocho años.
— Que esté escrito íntegramente de su puño y letra.
— Que indique la fecha.
— Que esté firmado por el otorgante.

En cuanto el otorgante fallezca, quien tenga el testamento en su poder debe presentarlo al notario competente según las reglas de la sucesión intestada [tema 2-7-F)] en los diez días desde que conozca el fallecimiento (art. 690 CC). El ológrafo caduca a los **cinco años** desde la apertura de la sucesión (arts. 689 CC y 61.4 LdN), en cuyo caso el beneficiado por el testamento que perdió sus derechos podría reclamar responsabilidad civil al responsable de la caducidad (art. 690 CC).

Una vez recibido el testamento ológrafo, el notario tiene que **adverarlo** (comprobar que la letra del testamento coincide con la del causante con el testimonio de tres testigos o pericial caligráfica, art. 62 LdN), **protocolizarlo** (incorporarlo a su protocolo), y solo después hacer el llamamiento a los delados y otorgar escritura de aceptación o repudiación. Si alguien no está de acuerdo con su decisión, puede impugnarla incoando un juicio declarativo contencioso (tema 14-1).

El ológrafo es una fuente de **problemas**. Suelen estar mal redactados, ser imprecisos, e incumplir las exigencias legales. Puede que nadie conozca su existencia y aparezcan tiempo después de la apertura de la sucesión. Pueden existir dudas sobre la libertad o capacidad del otorgante cuando lo redactó, sobre su autenticidad o sobre el verdadero momento en que fue escrito. Pero, a pesar de todo, el ológrafo cumple la importante función de permitir testar en situaciones de emergencia, por personas de cualquier nivel cultural (que sepan escribir), en cualquier lugar, y sin que nadie se entere.

C) Cerrado notarial

En el testamento cerrado notarial, el testador lo escribe (a mano o no), lo firma, lo introduce en un sobre cerrado y lo presenta al notario (art. 706

CC), que, sin intervenir en su redacción ni conocer su contenido, lo incorpora a su protocolo y sella el sobre (arts. 680 y 707 CC). El documento puede quedar en posesión del notario, del testador o de un tercero (art. 711 CC). Al fallecer el otorgante, quien lo tenga debe presentarlo (sin abrirlo) al notario (art. 712 CC) para que sea adverado y protocolizado como el ológrafo. Su revocación está sometida a reglas especiales (art. 742 CC). El testamento cerrado notarial presenta muchos inconvenientes y pocas ventajas. Hoy apenas es usado.

Desde la reforma operada por Ley 8/2021 el testamento cerrado puede ser otorgado en soporte electrónico y firmado con firma electrónica reconocida (art. 706.II CC), y las personas con discapacidad visual pueden otorgarlo utilizando medios tecnológicos que les permitan escribirlo y leerlo (arts. 708 y 709 CC).

D) Extraordinarios

Los testamentos extraordinarios solo pueden ser otorgados si se cumple el supuesto de hecho especialmente previsto por la ley para cada uno de ellos. El CC les dedica los artículos 700-703 y 716-731 CC.

Los testamentos **extraordinarios escritos** son modalidades del abierto o del cerrado, pero son otorgados ante otra autoridad distinta del notario (el capitán del buque en el testamento marítimo, el capitán de la compañía en el testamento militar).

Los testamentos **orales o nuncupativos** son los únicos en los que el testador expresa su voluntad en forma oral que no queda recogida en un documento que él pueda leer. Esto hace que todo el peso recaiga sobre los testigos, cuyo número es: cinco en peligro de muerte (art. 700 CC), tres en epidemia (art. 701 CC), dos en acción de guerra (art. 720 CC), dos en naufragio (art. 731 CC). Los testigos deben poner cuanto antes por escrito la voluntad del causante que han recibido oralmente y protocolizar el documento resultante, al que pueden unir archivos de vídeo o audio (art. 64.3.II LdN).

Todos los testamentos extraordinarios tienen un breve plazo de **caducidad** (entre dos y cuatro meses) que comienza a correr en cuanto desaparece la excepcionalidad que ha justificado su otorgamiento. Además, un segundo plazo indica el período en que el testamento debe ser adverado y protocolizado. Si cualquiera de estos dos plazos se excede, el testamento extraordinario habrá caducado (arts. 703 y 730 CC).

Los testamentos extraordinarios apenas son otorgados en la actualidad, y cuando lo son los tribunales se muestran muy exigentes con el cumplimiento de todos los requisitos. Ante una urgencia, si el testador está en condiciones de escribir, es mucho mejor emplear el ológrafo.

	Tipo	**Autoridad**	**N.º testigos**	**Forma**	**Caduca**	**Plazo para protocolizar**
Militar abierto (art. 716)	Abierto	Capitán	2 (art. 716)	Escrita	4 m. d. fin de campaña (art. 719)	A la mayor brevedad (art. 718)
Marítimo abierto (art. 722)	Abierto	Capitán	2 (art. 722)	Escrita	4 m. d. llegar a puerto (art. 730)	A la mayor brevedad
Peligro de muerte (art. 700)	Abierto	No	5 (art. 700)	Oral (pero art. 702)	2 m. d. fin de peligro (art. 703)	3 m. d. fallecimiento (art. 703)
Epidemia (art. 701)	Abierto	No	3 (art. 701)	Oral (pero art. 702)	2 m. d. fin de epidemia (art. 703)	3 m. d. fallecimiento (art. 703)
Militar-acción de guerra (art. 720)	Abierto	No	2 (art. 720)	Oral	Si el testador se salva (art. 720)	A la mayor brevedad (art. 720)
Marítimo-Naufragio (art. 731)	Abierto	No	2 (art. 731)	Oral	Si el testador se salva (art. 731)	A la mayor brevedad (art. 731)
Militar cerrado (arts. 717, 721)	Cerrado	Capitán	2 (art. 721)	Escrita	No (art. 719)	A la mayor brevedad (art. 718)
Marítimo cerrado (arts. 722)	Cerrado	Capitán	2 (art. 722.III)	Escrita	4 m. d. llegar a puerto (art. 730)	A la mayor brevedad

E) Derechos forales

Los Derechos forales tienen algunas (pocas) peculiaridades formales respecto al testamento. Respecto a los idiomas, permiten otorgar testamento en cualquiera de los oficiales en la comunidad autónoma que elija el testador (si el notario no lo conoce, con ayuda de intérprete).

	Código Civil	Aragón	Baleares	Cataluña	Navarra	País Vasco
Testigos testamento abierto notarial	No		2 solo si el notario no conoce al testador (art. 52 CDCIB)			
Testigos testamento cerrado notarial	No		2 sólo si el notario no conoce al testador (art. 52 CDCIB)			
Testamento ológrafo				Debe indicar lugar de otorgamiento [art. 421-17.2.*b*) CCC]		
Testamento nuncupativo en peligro de muerte	5 testigos (art. 700)			No (art. 421-5 CCC)	Escrito y 3 testigos (ley 189 FNN)	Testamento Hil Buruko (3 testigos) (art. 23 LDCFPV)
Idiomas testamento	Idioma oficial que escoja el otorgante (art. 149 RN)	Idioma o modalidad lingüística aragonesa. Si el notario no la conoce, con intérprete (art. 412 CDFA)		Idioma oficial de Cataluña que escoja el otorgante (o en otra no oficial con intérprete) (art. 421-12 CCC)	En vascuence: si el notario no lo conoce, 2 intérpretes y escrito en dos columnas (ley 192 FNN)	En el idioma oficial elegido por el testador (art. 7 LDCFPV)

3. CAPACIDAD TESTAMENTARIA

A) Activa

Se puede testar desde los catorce años (art. 663.1.º CC), pero para poder otorgar un ológrafo hacen falta dieciocho años (art. 688 CC).

La capacidad testamentaria activa (aptitud para realizar un testamento válido) es la misma capacidad general para disponer (art. 662 CC), que se presume (art. 322 CC).

No puede testar la persona que en el momento de hacerlo «no pueda conformar o expresar su voluntad ni aun con ayuda de medios o apoyos para ello» (art. 663.2.º CC).

Habitualmente, el control de capacidad más importante es el que realiza **el notario antes de autorizar el testamento abierto notarial**, pues debe «asegurarse de que a su juicio [el otorgante] tiene capacidad legal para testar» [arts. 685.I CC, 17 bis.2.*a*) LdN y 156.8.º RN], hacer constar expresamente que lo ha hecho (art. 696 CC), y denegar la autorización en caso contrario. «La persona con discapacidad podrá otorgar testamento cuando, a juicio del Notario, pueda comprender y manifestar el alcance de sus disposiciones. El Notario procurará que la persona otorgante desarrolle su propio proceso toma de decisiones apoyándole en su comprensión y razonamiento y facilitando, con los ajustes que resulten necesarios, que pueda expresar su voluntad y preferencias» (art. 665 CC). Si el notario considera que, a pesar de la existencia de apariencias o argumentos en contra, el testador está capacitado, es conveniente que explicite en el testamento los datos que le han llevado a convencerse de ello (p. ej., no puede hablar, pero sí comunicarse por señas, STS de 24 de noviembre de 2004).

Si el testamento es **ológrafo**, la capacidad del otorgante quedará reflejada en su redacción y caligrafía.

Respecto al **control *ex post facto* de la capacidad** del testador, el momento relevante para evaluar la capacidad del otorgante es aquel en que testó (art. 666 CC). Cuando el notario autoriza el testamento afirmando que a su entender el testador está capacitado, el Derecho «blinda» su juicio y hace muy difícil impugnarlo. Aun así, cuando en un juicio declarativo posterior queda probado que el testador carecía de capacidad en el momento de testar, el testamento es anulado (p. ej., SSTS de 4 de abril de 1984, de 19 de septiembre de 1998 y de 5 de noviembre de 2009).

Para evaluar el efecto de la enfermedad del testador en su capacidad de testar es muy importante tener en cuenta el tipo de problema que sufre. La demencia provocada por el mal de Alzheimer es lenta, progresiva y apenas admite mejoras. Presenta una fase inicial que no priva de la capacidad de testar, una fase final en la que el deterioro es tan grave y evidente que no cabe ninguna duda respecto a que no puede, pero también hay una fase intermedia que es la que suele plantear los problemas. Otras demencias incapacitan totalmente (demencia fronto-temporal), son muy rápidas y fulminantes (Creutfeld-Jacob), pueden afectar más a la expresión que a la lucidez mental, en cuyo caso se debe admitir el testamento (Parkinson, demencias vasculares), permiten intervalos lúcidos, e incluso son reversibles si se tratan debidamente (patologías hepáticas o renales).

Si el testador no puede testar por sí mismo, tampoco puede testar otro por él, ya que el testamento es un acto personalísimo e indelegable (art. 670

CC). Una institución que puede cumplir esta misma función es la sustitución ejemplar, pero la reforma operada por Ley 8/2021 la ha suprimido del Derecho común (tema 7-3).

B) Pasiva

Aparte de la falta de capacidad por indignidad (tema 2-6), para garantizar la libertad y falta de coacciones al testador en el momento de testar o en sus últimos momentos **la ley impide que puedan recibir bienes por vía testada (incapacidad sucesoria testamentaria pasiva)**:

— El notario autorizante del testamento o sus parientes hasta el 4.º grado (art. 754 CC).
— El confesor del testador en su última enfermedad (art. 752 CC) (pero se admite si había relación previa familiar, de amistad, etc., p. ej., STS de 19 de mayo de 2015).
— Los testigos en testamento abierto notarial o extraordinarios (arts. 682.I, 754.II y III CC) (sí pueden recibir legados pequeños, art. 682. II CC).
— El que sustrae u oculta el testamento que esté en su poder (arts. 756.6.º y 713 CC).
— El tutor o el curador representativo, salvo que sea pariente con derecho a suceder *ab intestato* (art. 753.IV CC) o el testamento sea posterior a la extinción de la tutela o curatela (art. 753.I CC).
— El **establecimiento público o privado en que el testador esté internado**, así como sus titulares, administradores o empleados (art. 753.II CC). Por el contrario, **las personas físicas que cuiden al testador** sí pueden recibir bienes por vía testada, pero solo si la disposición tiene lugar en testamento abierto notarial (art. 752.III CC), salvo que el cuidador sea pariente del testador con derecho a suceder *ab intestato* (art. 753.IV CC). Esta regla está inspirada en el artículo 412-5 CCC.

4. CONTENIDO

El testamento tiene un **contenido fundamentalmente patrimonial** (pero no solo). No debe confundirse con el **documento de instrucciones previas**, por el que una persona manifiesta su voluntad sobre los cuidados médicos, el destino de su cuerpo o de sus órganos, o designa un representante para que sirva como interlocutor con el equipo sanitario (art. 11 Ley Reguladora de la Autonomía del Paciente 2002). El documento de instrucciones previas se hace constar por escrito, generalmente en el hospital y ante alguien del equipo médico, no está sujeto a las formas testamentarias, es libremente revocable (también por escrito), y su existencia se comunica a un Registro administrativo nacional dependiente del Ministerio de Sanidad.

La cláusula más importante del testamento suele ser la **institución de heredero** o herederos, ya que basta con que haya heredero para que queden resueltas las principales incógnitas de la sucesión *mortis causa* (tema 1-2). Sin embargo, **no es necesario** que el testamento instituya heredero para que sea válido, y si el llamado a ser heredero repudia el llamamiento eso tampoco afecta a la validez y eficacia del testamento (art. 764 CC) (salvo en Cataluña y Baleares, donde la ausencia de heredero testamentario o albacea universal vuelve nulo al testamento por efecto de la regla *nemo pro parte* [arts. 423-1 y 422-1.3 CCC y 14 CDCIB]).

Los llamados como herederos sin designación de cuota tienen derecho de acrecer entre ellos (art. 765 CC) (tema 2-7-B). Si el testamento no instituye herederos pero distribuye toda la herencia entre legatarios de cuota, el régimen de estos será muy similar al que tendrían si fueran coherederos (art. 891 CC) (tema 6-1). Si el testamento no instituye heredero ni dispone de todos los bienes y hay cuota vacante, se deberá abrir la intestada (arts. 658.III y 764.II CC).

La lista de lo que puede contener un testamento según la ley es larga, y no está cerrada:

— Es conveniente que indique sus datos personales: nombre y apellidos, nacionalidad, vecindad civil, estado civil, sus hijos/descendientes, su cónyuge, ascendientes; que describa su patrimonio.

— Ordenar la sucesión (disponer de sus bienes para después de su muerte) (art. 667 CC). Pero el testamento vale aunque no haya patrimonio (STS de 9 de octubre de 1982) y aunque no se disponga de él.

— Debe mencionar a sus legitimarios y dejarles su parte de legítima (art. 813 CC) o indicar que la dejó en vida, o que los deshereda, y por qué causa (arts. 848-857 CC).

— Nombrar albacea (art. 892 CC) (y albacea literario-artístico en su caso) (art. 15 LPI).

— Perdonar al indigno (art. 757 CC) y rehabilitar a un desheredado (art. 856 CC)*.

— Nombrar sustitutos vulgares (art. 774 CC). Si tiene hijos menores o discapacitados, puede nombrarles tutor (art. 213.1.° CC), sustitutos pupilares (art. 775 CC).

— Elegir beneficiario del seguro de vida por causa de muerte (art. 84 LCS).

— Puede establecer legados (art. 858 CC), mejoras a descendientes (art. 823 CC), instituir sustituciones fideicomisarias (art. 781 CC); fideicomiso *si sine liberis decesserit*; fideicomiso de residuo.

— Puede excluir a un heredero intestado (testamento negativo).

— Respecto a los testamentos anteriores, puede revocarlos (art. 739 CC), declarar que subsisten parcialmente (art. 739.I CC), declarar que valga uno anterior previamente revocado (art. 739.II CC).

— Puede establecer sufragios por el alma, legados píos, obras benéficas, etc. (arts. 747, 748, 749, 788, 902.1 y 903 CC), constituir fundaciones (arts. 35-40 CC).

— Puede someter sus disposiciones a condiciones suspensivas o resolutorias; términos suspensivos o resolutorios (art. 790 CC), modos, cargas, gravámenes (art. 790 CC) (p. ej., propiedad a uno y usufructo a otro) (art. 787 CC), establecer prohibiciones de enajenar (art. 1.051 CC) limitadas en el tiempo (arts. 781 y 785.2.° CC).

— Reconocer deudas o propiedades ajenas*.

— Puede encargar el pago de deudas, de legados o voluntades pías (art. 788 CC) al heredero (art. 785.3.° CC), albacea (arts. 902.2.° y 3.° y 1.027 CC), legatarios (art. 858.I CC).

— Puede hacer la partición de herencia (art. 1.056 CC), o nombrar un contador-partidor (art. 1.057 CC).

— Reconocer filiación no matrimonial (art. 120.2.° CC)*.

— Consentir la fecundación artificial *post mortem* de su esposa (art. 9 LTRHA).

Los contenidos marcados con asterisco siguen teniendo validez aunque el testamento que los contiene sea revocado posteriormente el reconocimiento de filiación no matrimonial, el reconocimiento de deuda, el perdón al indigno o al desheredado.

En Derecho común ninguno de estos posibles contenidos es estrictamente necesario para la validez del testamento, pero si no menciona a los legitimarios el testamento incurrirá en **preterición** (art. 814 CC) (tema 5-6).

Aunque el testamento puede contener cláusulas muy complejas, la voluntad de la gran mayoría de los causantes casados y con hijos es sencilla y pretende una de estas tres cosas:

a) instituir heredero a su cónyuge (y si no es posible, o después, a sus hijos);

b) instituir herederos a sus hijos, pero sometidos a un usufructo universal en favor de su cónyuge; o

c) dejar a su cónyuge la facultad de elegir cómo distribuir la herencia entre los hijos comunes (para que elija al más capacitado o al necesitado).

Curiosamente, aunque las tres parecen sensatas y razonables, en Derecho común ninguna de ellas puede hacerse de un modo fácil y directo. El instrumento más adecuado sería el testamento mancomunado, pero está prohibido por el CC (arts. 669 y 794 CC) (tema 4-8). Además, la legítima impone diversos obstáculos para hacerlo (tema 5). Algunas instituciones que estudiaremos en contextos diferentes, como la **cautela sociniana** (tema 5-5), el **fideicomiso de residuo** (tema 7-6) o el **testamento por comisario** (tema 8-4), han sido elaboradas para que los testadores puedan conseguir estos efectos.

5. INTERPRETACIÓN

La voluntad del testador es la ley de la sucesión testada. Este principio es clave para entender una serie de reglas que se derivan de él.

Según la regla ***favor testamenti***, el testamento ha de ser entendido de tal modo que sea válido y pueda tener efectos. Tanto él como sus cláusulas solo serán ineficaces cuando lo diga expresamente la ley (art. 743 CC), y la nulidad de una cláusula no afectará a la validez del resto, siempre y cuando el conjunto restante siga teniendo sentido (p. ej., arts. 773.I, 786 y 792 CC).

El artículo fundamental sobre la interpretación testamentaria es el artículo 675.I CC: «Toda disposición testamentaria deberá entenderse en el sentido literal de sus palabras, a no ser que aparezca claramente que fue otra la voluntad del testador. En caso de duda, se observará lo que aparezca más conforme a la **intención del testador según el tenor del mismo testamento**». Es decir: lo esencial que debe buscarse con la interpretación es la voluntad del testador, pero tal y como consta en el testamento. Se pueden admitir pruebas extrínsecas al testamento, pero solo para subrayar una interpretación que cuente con *respaldo literal* en él.

Cuando la institución testamentaria no pueda cumplirse en sus mismos términos, deberá realizarse en otros lo más conformes posible a la voluntad del causante (art. 798.I CC).

El **error en el nombre** del instituido no anula la institución cuando se puede saber por otros medios a quién se refería el testador (art. 773 CC).

La expresión de **causa falsa** en una institución testamentaria, anula la institución si el testador no la habría hecho de haber conocido la falsedad (art. 767 CC). Por ejemplo, A instituye un legado en favor de B porque cree que es el bombero que le salvó la vida en un incendio, pero luego se demuestra que quien le salvó no fue B, sino C. C puede impugnar el legado y exigir que se le entregue a él.

Cuando el testador instituye a «su **cónyuge**» (sin dar más datos), pero posteriormente queda viudo y vuelve a casarse, debe entenderse que el cónyuge instituido era el del momento en que otorgó el testamento (*ex* art. 773 CC). Cuando se refiere a sus **hijos**, se entiende que son tanto los presentes en el momento del otorgamiento como los futuros. El Código presume que el testador que instituye a los **parientes** en general quiere aplicar el grado y exclusión previstos en la intestada (art. 751 CC), y que si son sus **hermanos** quiere la distinción entre vínculo doble o sencillo (art. 770 CC) (tema 3).

Buena parte de la regulación sobre **legados** contenida en el Código son reglas que pretenden interpretar la voluntad del testador que pueden ser desplazadas por la indicación contraria (tema 6-3).

6. CONDICIÓN, TÉRMINO Y MODO

Tanto la institución de heredero como el legado pueden estar sometidos a condición, término o modo.

La **condición** es un acontecimiento incierto (*incertus an*) del que se hace depender el nacimiento de una obligación (condición suspensiva) o su resolución (condición resolutoria) (art. 1.113 CC) (tema 2-7).

El **término** es un acontecimiento que tendrá lugar inevitablemente (*certus an*) del que se hace depender la exigibilidad de una obligación (término suspensivo) o su resolución (término resolutorio). Unas veces se conoce el momento en que el acontecimiento tendrá lugar (*certus quando*) (p. ej., «dentro de diez años»), y otras no (*incertus quando*) (p. ej., «cuando muera B») (art. 1.125 CC). Si se instituye a alguien para que herede «cuando alcance la mayoría de edad», se entiende sometido a condición de que viva hasta ese momento.

El **modo, carga o gravamen**, es una obligación de dar, hacer o no hacer que el testador impone al beneficiario de una atribución gratuita lucrativa (herencia, legado o donación). En ocasiones es un destino que debe darse al bien recibido. El modo puede beneficiar a terceros, pero sin atribuirles un derecho subjetivo, porque en tal caso sería un **legado** (tema 6) (cfr. art. 428-1.1 CCC). Por ejemplo, «lego mi casa a mi hermano, pero tiene que destinar una habitación para que viva allí nuestra madre» no es un modo, sino un legado de la casa al hermano, gravado con otro sublegado de habitación en favor de la madre (art. 524.II CC). El beneficiario queda obligado a cumplir el modo por el hecho de aceptar la atribución, pero, al contrario de lo que ocurre con la condición suspensiva, no tiene que cumplir antes de recibir la atribución, por lo que se dice que «*la condición suspende pero no obliga; el modo obliga pero no suspende*». El incumplimiento del modo puede ser causa suficiente para su revocación (art. 647 CC), pero, al contrario que la condición, no opera automáticamente, sino que alguien tiene que instarlo (generalmente, el sustituto).

En ocasiones no es fácil distinguir una condición de un modo. La condición tiene que constar claramente y no se presume, por lo que, si hay dudas, se entenderá que es un modo (art. 797.I CC).

En Derecho común, el testador puede someter a término, modo o condición el título de heredero o legatario (arts. 790 y 805 CC), **pero no la legítima (art. 813.II CC)** (tema 5-5). En Cataluña y Baleares no cabe someter la condición de heredero a condición resolutoria, pues rige la regla *semel heres, semper heres* [tema 2-7-D)].

Como ya vimos [tema 2-7-D)], la condición **suspensiva** retrasa el *dies cedens*, y por eso si el instituido bajo condición suspensiva fallece antes de que se cumpla la condición, no transmite *ius delationis* a sus herederos (art. 759 CC). Pero el término suspensivo no retrasa el *dies cedens*, por lo que el instituido sometido a término suspensivo que fallece antes de que el término se cumpla sí transmite su *ius delationis* a sus herederos (art. 799 CC). Instituir una sustitución fideicomisaria es nombrar a un heredero sometido a un término resolutorio para que por el fallecimiento del instituido pase a un sustituto con deber de conservar los bienes (tema 7-4).

El heredero o legatario bajo condición o término **resolutorio** es auténtico titular de los bienes, pero su titularidad está sometida a eventual **reversión** en el caso de que se cumpla la condición. Durante la fase *pendente conditione*, el titular no tiene limitada su facultad de disposición, por lo que en principio podría enajenar los bienes. Pero en cuanto se produzca el cumplimiento de la condición o el término, los bienes sometidos a condición revertirán a la persona a la que correspondan. El destinatario eventual tiene derecho a exigir medidas que garanticen la protección de su derecho (inventario de los bienes, anotación registral, fianzas, etc.). Cuando sea indudable que la condición o el término ya no pueden cumplirse, la condición queda **purgada** (arts. 1.117 y 1.118 CC), y la titularidad, que al principio era claudicante, queda consolidada. Un régimen de reversión similar se aplica también a la posición del fiduciario en la sustitución fideicomisaria (tema 7-4) y al reservista en las reservas binupcial y lineal (tema 9-1).

El CC dice que las **condiciones imposibles y las contrarias a las leyes** o a las buenas costumbres o la expresión de una causa ilegal se tendrán por no puestas (es decir, se anula la condición, no la institución) (arts. 767.II y 792 CC), al contrario que en el ámbito *inter vivos*, donde la ilegalidad anula la obligación (art. 1.116 CC). Pero como el criterio principal es atender a la voluntad del causante (art. 675 CC), muchas veces lo que debe decaer es la institución misma (p. ej., «te nombro heredero si te bebes el Mar Cantábrico»: parece más coherente tener por no puesta *la institución*).

En teoría, el **incumplimiento** de la condición suspensiva y el cumplimiento de la resolutoria tienen efectos automáticos y carácter retroactivo (art. 1.120 CC), mientras que el incumplimiento del modo solo supone una causa de revocación (art. 647 CC). Pero, en la práctica, en los tres casos es muy aconsejable que el testador establezca un plazo de cumplimiento e instituya un sustituto vulgar (tema 7-2) que lo reciba en caso contrario. Por ejemplo, se puede decir: «Lego mi casa al Ayuntamiento para que ponga en ella un museo»; pero es mejor: «Lego mi casa al Ayuntamiento para que ponga en ella un museo en tres años, y si no lo hace, que la casa sea de mi hermano».

En ocasiones, el testador que atribuye bienes a un **menor de edad** (p. ej., a un hijo, a un nieto, a un sobrino, etc.) o a un discapacitado le impone también la prohibición de disponer durante un período de tiempo (art. 26.3.º LH) [tema 5-5-C)], excluye esos bienes de la administración y representación de los padres del menor (arts. 162.3.º y 164.II.1 CC), o impone una sustitución pupilar o fideicomisaria (tema 7).

Cuando una condición **suspensiva negativa** no incluye un plazo razonable, el conjunto puede resultar muy disfuncional. Por ejemplo, «nombro heredera a mi esposa B si no vuelve a casarse». La **cautela muciana** la transforma en una condición resolutoria acompañada de una garantía de cumplimiento: habría que entregarle a B la herencia ahora, pero con garantía que asegure su restitución si se vuelve a casar (arts. 797.II y 800 CC).

La disposición **bajo condición de cuidar y asistir al testador** (generalmente, cuando se hace mayor) o a otras personas, que puede considerarse una condición potestativa resolutoria, hace aconsejable la designación de sustituto y de un tercero encargado de apreciar si se cumplió o no la condición (p. ej., el albacea) (STS Pleno 30 de mayo de 2018 y art. 204 LDCG). Una función similar cumple la institución navarra del **acogimiento a la casa** (ley 137 FNN).

La **condición absoluta de no contraer ulterior matrimonio** se tiene por no puesta, «a menos que lo haya sido al viudo o viuda por su difunto consorte o por los ascendientes o descendientes de éste» (art. 793.I CC). Algunos autores mantienen que este artículo es inconstitucional, pero hasta la fecha ningún tribunal lo ha declarado así. El legado de usufructo o pensión por el tiempo que el instituido permanezca soltero es válido (art. 793.II CC).

La **condición de no litigar** o **cláusula prohibitoria** no impide que el instituido pueda acudir a juicio cuando el testamento defrauda sus derechos legales (art. 675.II CC).

7. DERECHO DE REPRESENTACIÓN EN TESTADA

Sabemos que, en intestada, los descendientes del descendiente premuerto del causante que concurren con otros descendientes de mejor grado tienen derecho a la cuota del premuerto por derecho de representación (temas 2-8 y 3-2). Desde 1981, también hay un derecho de representación en testada: **«los descendientes de otro descendiente que no hubiere sido preterido, representan a éste en la herencia del ascendiente...»** (art. 814.III CC). Se aplica a los descendientes del descendiente premuerto del testador instituido en testamento, siempre y cuando el testamento no establezca otra cosa (una sustitución vulgar) (tema 7-2).

En Navarra el derecho de representación en testada se extiende también a los hijos y nietos de los *hermanos* del testador (art. 309.II FNN).

8. INEFICACIA DEL TESTAMENTO

A) Causas de ineficacia

La ineficacia puede afectar al testamento en su conjunto o solo a alguna de las disposiciones que contiene. La ineficacia puede deberse a una causa originaria o sobrevenida.

La ausencia originaria de alguno de los elementos esenciales del testamento determina la **nulidad del testamento**: falta de capacidad (art. 663.2.º CC), defecto de forma (art. 687 CC) o falta absoluta de consentimiento. Los testamentos ológrafos, cerrados y extraordinarios caducan (sobrevenidamente) si no son adverados y protocolizados en los plazos previstos por la ley (art. 689 CC).

También hay ineficacia, que puede afectar a una atribución concreta o al testamento entero, si el testador actuó con **voluntad viciada** por «violencia, dolo o fraude» (art. 673 CC), lo que incluye intimidación (p. ej., amenazar de muerte a la testadora, STS de 22 de febrero de 1934) y captación de voluntad (p. ej., SAP Barcelona de 3 de junio de 2009); error en la institución (art. 773.II CC) o en la causa (art. 767 CC). Al contrario que en los actos *inter vivos*, donde el vicio es alegable únicamente por el otorgante que lo sufrió (art. 1.266 CC), en este caso puede impugnar el testamento cualquier llamado.

Una **disposición testamentaria** particular también puede **decaer** (originaria o sobrevenidamente) por falta de capacidad pasiva del instituido (tema 2-6), premoriencia (art. 657 CC) (tema 2-6), repudiación (tema 2-9), indignidad (tema 2-6), condición suspensiva no cumplida (art. 759 CC) (tema 2-7), **preterición** (omisión de un legitimario) (art. 814.II.1.º CC) (tema 5-6), o **inoficiosidad** (fraude a la legítima) (arts. 819.III y 820) (tema 5-7).

Quien tiene que ejecutar un testamento (albacea, contador-partidor, notario) y duda de su legalidad, solo puede dejar de aplicarlo si el defecto se debe a caducidad o defecto de forma, o si hay conformidad de todos los interesados. Fuera de estos casos, no puede ejecutar algo contrario al testamento sin una sentencia judicial dictada en procedimiento contencioso (RRDGRN de 13 de septiembre de 2001 y 22 de abril de 2019).

Las causas de ineficacia sobrevenidas por antonomasia son la revocación y la crisis conyugal, que merecen un estudio más detenido.

B) Revocación

La **revocación** es el acto del testador por el que priva de validez a un testamento suyo anterior válido. Para el CC, **todo testamento es libremente revocable *ad nutum*** (art. 737 CC), es decir, cualquier testador, en cualquier momento, puede revocar cualquier testamento que haya otorgado con anterioridad, sin necesidad de invocar causa ni justificación de ningún tipo. La renuncia a la posibilidad de revocar en el futuro **(cláusula *ad cautelam*)** está prohibida por el CC (art. 737.II CC). La importancia que concede el CC a la revocación se deriva del respeto a la libertad de testar como manifestación de la autonomía de la voluntad, pero también de su intención de impedir los pactos sucesorios, una de cuyas características es la de no ser libremente revocables (tema 8-3).

El acto de revocación es unilateral no recepticio (no es necesario notificarlo a nadie). Para revocar un testamento **hay que otorgar otro testamento** (art. 738 CC). El **testamento revocatorio** ha de ser posterior al revocado. El testamento revocatorio ha de ser válido y ha de tener intención revocatoria, pero no es necesario que tenga la misma forma que el revocado (un testamento ológrafo puede revocar uno abierto notarial), ni que sea completo u ordene la sucesión (puede haber un testamento negativo meramente revocatorio, en cuyo caso será necesario abrir la intestada).

La revocación puede ser **expresa o tácita** (art. 739.I CC), **total o parcial** (art. 738 CC). Hay revocación tácita cuando el contenido del segundo testamento es incompatible con el testamento anterior. Un **codicilo** o **testamento codicilar** es un testamento (generalmente ológrafo) que pretende complementar uno anterior sin revocarlo, o revocándolo solo parcialmente (art. 672 CC). Sin duda, lo más claro y aconsejable es la expresa y total, pues las revocaciones tácitas y parciales exigen interpretar qué parte del segundo testamento es incompatible con el primero y qué parte del primero sigue vigente, cosa con frecuencia complicada.

Algunos efectos del testamento revocado permanecen incluso después de la revocación: el reconocimiento de filiación no matrimonial (arts. 120 y 741 CC), la rehabilitación o perdón al indigno (art. 757 CC) o al desheredado (art. 856 CC) y el reconocimiento de deuda (apartado 4). Las copias de testamentos revocados solo podrán ser expedidas a los efectos de acreditar ese contenido (art. 226 RN).

Un modo sencillo que tiene el testador de revocar un testamento ológrafo es **destruirlo**. Si lo destruye, no llega a producir efectos, y no destruirlo es un indicio de que no se ha querido revocar. Algo similar es la «revocación real» del testamento cerrado cuando el testador rompe sus sellos (art. 742 CC).

La **reviviscencia** es la recuperación de la vigencia de un testamento previamente revocado. Es posible, pero si el testador la quiere, tiene que indicarla expresamente (art. 739.II CC). Por ejemplo, si A otorga tres testamentos sucesivos (T1, T2 y T3), cuando T3 revoca T2, eso no produce de por sí la reviviscencia de T1 (que sigue revocado), salvo que A lo diga expresamente.

C) Crisis conyugal

La crisis conyugal (separación, divorcio o nulidad) priva de derechos sucesorios al cónyuge (o excónyuge) supérstite respecto a la sucesión intestada (art. 945 CC) y legítima (art. 834 CC).

En Aragón, Cataluña y Galicia, la crisis conyugal también **hace decaer las atribuciones testamentarias en favor del cónyuge** con base en la voluntad hipotética típica del causante (es decir, es razonable pensar que después del divorcio el causante ya no quería seguir nombrando heredera o legataria a su ex).

El Código no se pronuncia sobre este punto. Tradicionalmente se ha entendido que la atribución se mantiene, y si el testador no ha revocado el testamento, es porque quería mantenerla. Pero la reciente **STS de 28 de septiembre de 2018** ha cambiado de criterio al considerar que con el divorcio decae la causa que fundamentaba la atribución, y con ella la atribución misma (art. 767 CC) (más detalles en tema 13-8).

9. EL TESTAMENTO MANCOMUNADO

El **testamento mancomunado** o **de hermandad** es un documento otorgado por dos o más personas (**cotestadores**) que regula la sucesión *mortis causa* de sus otorgantes.

El testamento mancomunado **está regulado y es muy frecuente** en Aragón (arts. 417-422 CDFA), Navarra (leyes 199-205 FNN), País Vasco (arts. 24-29

LDCFPV) y Galicia (arts. 187-195 LDCG) (todos los Derechos forales menos Cataluña y Baleares). Puede ser otorgado por dos personas (en País Vasco y Aragón) o por más de dos (Navarra y Galicia). Entre los otorgantes puede existir cualquier tipo de relación (amigos, hermanos, padres e hijos…), pero el supuesto más habitual con mucha diferencia es el otorgado por los **cónyuges**. De hecho, en Navarra y Aragón la gran mayoría de los testamentos otorgados por personas casadas son mancomunados.

Desde la aprobación del Código civil, el testamento mancomunado no está permitido en Derecho común. El codificador lo derogó e impidió que se pudiera realizar válidamente por considerarlo contrario a una idea de libertad de testar que solo encontraba su plena realización en el testamento unipersonal libremente revocable (arts. 669 y 794 CC) (tema 4-1).

Dado que el testamento mancomunado es pluripersonal, pueden otorgarlo personas con vecindades civiles distintas, siempre que **esté permitido por la ley personal de todos ellos** (p. ej., art. 24.1 LDCFPV). Si esto se cumple, el testamento mancomunado puede otorgarse en cualquier lugar de España, aunque se encuentre en un territorio que no lo autoriza.

Para otorgar testamento mancomunado se exige **forma abierta notarial** (Aragón lo permite también en forma ológrafa y Navarra en forma extraordinaria).

Testamento mancomunado

	Código Civil	Cataluña	Baleares	Aragón	Navarra	País Vasco	Galicia
Admitido	No	No	No	Sí	Sí	Sí	Sí
Otorgantes				2	2 o más	2	2 o más
Formas admitidas				Todas	Abierto notarial Extraordinario	Abierto notarial	Abierto notarial

El contenido más habitual del testamento mancomunado es la **institución mutua** (p. ej., «ambos otorgantes se instituyen herederos recíprocamente») (**«pacto de más viviente»**). De este modo, si A fallece primero, le hereda B, y si fallece antes B le hereda A. Otras cláusulas frecuentes son: la **institución conjunta en favor de un tercero** (p. ej., «ambos otorgantes instituyen heredero a su hijo C»); en combinación con una sustitución vulgar conjunta (p. ej., «ambos cónyuges se instituyen herederos recíprocamente, sustituidos vulgarmente por el hijo de ambos C») (tema 7-2); con sustitutos diferentes (p. ej., «ambos cónyuges se instituyen herederos recíprocamente, sustituido vulgarmente el primero por su hermano D y la segunda por su hermana E»). Los legados hechos en testamento de hermandad no son exigibles hasta que fallece el último de los cotestadores (ley 205 FNN).

Es frecuente que los testamentos mancomunado contengan **disposiciones causales o correspectivas**, es decir, disposiciones de contenido patrimonial de uno y otro testador, sean en beneficio mutuo o de un tercero, cuya eficacia está recíprocamente condicionada (art. 420.1 CDFA). Si uno de los otorgantes dispone en vida de los bienes atribuidos con carácter correspectivo, esa disposición revoca la disposición, pero también provoca la ineficacia de la disposición correspectiva realizada por el otro (art. 422.2 CDFA). Y una vez fallecido uno de los otorgantes, si el otro dispone de ese bien, la persona a la que el testamento se lo atribuía podrá reclamar su valor (art. 422.3 CDFA). Con frecuencia no es fácil saber si una disposición es correspectiva. En Aragón, la correspectividad no se presume nunca (art. 420.1 CDFA). Para el TSJ Navarra, la institución de los hijos comunes como coherederos de los cónyuges cotestadores no es una institución correspectiva.

La **revocación del testamento mancomunado** debe realizarse notarialmente, deja sin efecto íntegramente el testamento respecto a todos los cotestadores, y presenta diversas peculiaridades:

i) Los cotestadores pueden **revocar conjuntamente** el testamento mancomunado sin problemas.

ii) **En vida de ambos**, cualquiera de los cotestadores puede revocar el testamento unilateralmente ante notario, pero para que la revocación surta efectos debe ser comunicada notarialmente al otro (salvo en Aragón, art. 421.4 CDFA).

iii) **Fallecido un otorgante**, el cotestador supérstite solo puede modificar las disposiciones testamentarias **que no sean correspectivas** (y estas también en caso de indignidad o premoriencia del instituido).

La institución recíproca en favor del cónyuge en testamento de hermandad decae en casos de **crisis conyugal**.

Muchos cónyuges con vecindad común buscan un resultado similar al del testamento de hermandad otorgando ante el mismo notario sendos **testamentos sucesivos idénticos** en los que se instituyen herederos recíprocamente. El resultado final recuerda al del testamento mancomunado, sin sus complicaciones en cuanto a la revocación y las disposiciones correspectivas. Sin embargo, si uno de los dos decide revocar su testamento sin notificárselo al otro, o si lo modifica una vez fallecido el otro, el otro queda totalmente desprotegido.

Hoy parte de la doctrina piensa que el Código debería volver a permitir los testamentos mancomunados. Sin embargo, no debe olvidarse la complicación que suponen las instituciones correspectivas y su revocación.

TEMA 5

LEGÍTIMAS

SUMARIO: 1. CONCEPTO.—2. CUOTA LEGITIMARIA.—A) *Descendientes.*—B) *Ascendientes.*—C) *Cónyuge supérstite.*—3. DESHEREDACIÓN.—4. EN BIENES DE LA HERENCIA.—5. NO GRAVABLE. LA CAUTELA SOCINIANA.—A) *La cautela sociniana.*—B) *La disposición de la legítima de los hijos en favor de otro legitimario discapacitado.*—C) *Las prohibiciones de disponer.*—6. LEGÍTIMA FORMAL Y PRETERICIÓN.—7. PROTECCIÓN DEL LEGITIMARIO.—8. DERECHOS FORALES. A) *Descendientes.*—B) *Ascendientes.*—C) *Cónyuge supérstite.*—D) *Preterición.*

1. CONCEPTO

La legítima o sucesión forzosa es el derecho que tienen determinadas personas (los **legitimarios**) a recibir una parte del patrimonio neto del causante, quiera este o no. Es un derecho *ex lege* imperativo que limita la libertad de disponer del causante. Tiene lugar tanto en sucesión testada como en intestada.

Por qué el Derecho impone al causante que una parte de su caudal vaya necesariamente a determinadas personas, quiénes sean estas, y qué cuota deban recibir, es algo que depende de las culturas y épocas. Los sistemas europeo-continentales suelen tener legítima, mientras que los de *Common law* suelen carecer de ella. En la España actual hay un intenso debate acerca de si debe conservarse o no. Su alto grado de complejidad y la concepción individualista de la propiedad hoy predominante presionan en favor de una libertad de testar total. Pero no debe olvidarse que todos los Derechos modernos que no reconocen la legítima conceden algún tipo de derecho patrimonial en favor de los parientes cercanos del difunto, derecho cuya cuantía queda en buena parte a discreción del juez. La legítima presenta la gran ventaja de que está perfectamente cuantificada, y en este sentido ofrece mayor seguridad jurídica. Pero el debate sigue abierto. Mientras no se modifique, la legítima seguirá teniendo una importancia capital en la regulación de la sucesión *mortis causa*.

A los legitimarios también se les aplican las reglas de orden, grado y exclusión de la intestada. El orden es el siguiente (art. 807 CC):

1. **Descendientes.**
2. **Ascendientes.**
3. **Cónyuge.**

Este orden recuerda al intestado (tema 3-1), pero hay diferencias importantes. En intestada siempre tiene que haber un llamado residual, pero en legítima no: solo hay legítima cuando el causante ha dejado legitimarios, si no los tenía, no hay legítima. Los colaterales son llamados en intestada, pero nunca son legitimarios. La intestada es un tipo de delación; la legítima no. En intestada los llamados lo son al total de la herencia (o de la cuota vacante) y en concepto de herederos, mientras que los legitimarios no son propiamente llamados, sino acreedores de la herencia. Y la legítima del cónyuge es distinta a las demás prácticamente en todo (no se le aplica la exclusión y recibe una cuota en usufructo).

El legitimario tiene derecho a varias cosas:

i) Derecho a recibir del causante como mínimo la cantidad indicada por la ley (**cuota legitimaria**) (intangibilidad cuantitativa);

ii) Derecho a que el pago de la legítima sea **en bienes de la herencia** (art. 806 CC);

iii) Derecho a que la legítima **no esté gravada** (art. 813.II CC) (intangibilidad cualitativa);

iv) Derecho a ser mencionado en testamento. Si el testamento no le menciona, incurrirá en **preterición** (art. 814 CC) (legítima formal).

Cualquier disposición patrimonial gratuita, ya sea *inter vivos* o *mortis causa*, realizada por el causante en perjuicio del derecho de legítima de sus legitimarios, se considera **inoficiosa**. Las disposiciones inoficiosas no son propiamente nulas, sino que pueden ser impugnadas por el legitimario perjudicado (apartado 7).

La cuota legitimaria no se calcula sobre el caudal relicto, sino sobre una **base de cálculo virtual** obtenida así: al ***relictum*** se resta el ***debitum*** (las deudas del causante) y se le suma el ***donatum*** (el valor actual de las donaciones significativas realizadas por el causante en vida) (tema 10-1).

Originariamente, el legitimario tenía derecho a ser heredero del causante, lo que explica que el Código le llame «heredero forzoso». Pero el artículo 815 CC, que permite dejar la legítima **«por cualquier título»**, ha ido configurando la legítima de un modo distinto. Hoy se entiende que **no es una delación legal**: la ley obliga al causante a dar un mínimo a sus legitimarios, pero no le impone cuándo ni cómo, y él puede pagarla *mortis causa* (en concepto de heredero o mediante legado) o en vida (mediante donación). Por tanto, el legitimario puede no ser heredero.

Siempre que el causante realiza una donación o un legado, en teoría eso podría considerarse en pago de la legítima (o no). La **imputación** consiste en determinar si las donaciones o legados realizados por el causante deben considerarse en pago de legítima o no. El causante tiene libertad para decidirlo, pero si no lo hace, la ley indica que las donaciones o legados en favor de descendientes legitimarios se imputan a (es decir, se presumen realizadas a cuenta de) su legítima estricta (arts. 819.I, 825 y 828 CC), y por tanto se **colacionan**, es decir, «se descuentan» de la cuota legitimaria que le toque recibir (art. 1.036 CC) (tema 10).

Para el Código, **la legítima es irrenunciable en vida del causante** (art. 816 CC), pero una vez abierta la sucesión, el legitimario puede renunciar a ella (lo mismo que le ocurre a cualquier llamado respecto a la herencia o legado, arts. 657 y 991 CC). Lo contrario ocurre en los Derechos forales que permiten los pactos sucesorios (que son todos), pues, precisamente, una de las cláusulas más típicas de estos es la renuncia por parte de algunos legitimarios a su legítima futura (tema 8-3).

2. CUOTA LEGITIMARIA

A) Descendientes

Si hay descendentes, ellos son los legitimarios (art. 807.1.º CC), aplicando la regla del grado (próximos excluyen a remotos) y excluyendo a todos los demás (salvo el cónyuge supérstite, art. 834 CC). Para el concepto de «descendiente» vale todo lo dicho en la intestada (tema 3-2).

Para obtener su cuota tenemos que dividir la herencia en tres tercios abstractos iguales.

a) **El tercio de libre disposición** (o **tercio de libre**, o **parte disponible**) es la parte de la que el causante puede disponer libremente (art. 808.IV CC). Es decir, un causante que tiene descendientes solo puede disponer libremente a título gratuito lucrativo de un tercio de su patrimonio. Esto es aplicable no solo a sus disposiciones *mortis causa*, sino también a las donaciones *inter vivos*, dado que, como hemos visto, estas también se sumarán a la base de cálculo de la legítima (arts. 636 y 818.II CC).

Los otros **dos tercios** forman la **legítima larga**, que debe ser íntegramente para descendientes (art. 808.I CC). Dentro de ella pueden distinguirse dos partes:

b) **La legítima corta** o **legítima estricta** es el mínimo que debe recibir cualquiera de los legitimarios, y debe distribuirse por igual entre ellos. Por tanto, la cuota que corresponda a cada legitimario descendiente por estricta se obtiene dividiendo la cuota de estricta entre el número de legitimarios descendientes.

c) **La mejora** (arts. 808.II y 823 CC) es una parte de la legítima larga que **el causante puede distribuir como quiera, siempre que sea entre sus descendientes**. Si hay varios descendientes, el causante puede repartirla por igual, o entre varios, o dársela toda a uno, e incluso a su nieto, que es descendiente (aunque no sea legitimario) (art. 823 CC). Por eso se ha dicho que la mejora es legítima respecto a extraños (es decir, respecto a no legitimarios), pero no lo es respecto a otros legitimarios.

La cuantía de legítima larga, corta y mejora están totalmente relacionadas. La legítima larga es siempre 2/3; estricta tiene que haber siempre que hay legitimarios descendientes; pero mejora puede haber o no, dependiendo de la voluntad del causante, porque la mejora no se presume, y si no hay mejora, se considera parte de la estricta. Además, la estricta es como poco 1/3 (y como mucho, 2/3), y la mejora es como mucho 1/3 (y como poco, cero). Con estos datos, se puede afirmar que **la estricta es igual a la larga menos la mejora.** Dicho de otro modo: **LE = LL – M.**

Por ejemplo, si el causante (A) es viudo y tiene cuatro hijos (C, D, E y F) y da expresamente la mejora y el tercio de libre a C

— La larga son 2/3.
— La mejora es 1/3 que será para C.
— La estricta será 1/3 (=2/3 – 1/3).

— La cuota individual de estricta que corresponderá a cada hijo será 1/12 (=1/(3×4)).

— Por tanto, teniendo en cuenta que 1/3 = 4/12, C recibirá 9/12, D recibirá 1/12, E recibirá 1/12 y F 1/12. En total, 12/12.

La imputación a la mejora es una fuente frecuente de complicaciones. **La mejora nunca se presume** (arts. 825 y 828 CC), pero aunque el causante no haya empleado el término «mejorar» se puede deducir cuando ha mostrado una voluntad inequívoca de **desigualar**, es decir, de dar más (o menos) a alguno que a los otros: «Doy a D lo más posible», «Nombro a D mi heredero», «Doy a D el mínimo posible». También la desheredación injusta (art. 851 CC) (tema 5-3), la preterición intencional (tema 5-6), la partición testamentaria (tema 11-4) o el testamento negativo (tema 3-1) pueden considerarse una mejora implícita de los demás descendientes. El Código facilita más la imputación a mejora a través de legado (art. 828 CC) que a través de donación (art. 825 CC) (tema 10-4).

En la legítima de los descendientes hay **derecho de representación** para casos de premoriencia, como hemos visto en intestada (tema 3-2) y en testada (tema 4-6), pero también, y este es el único caso, cuando el descendiente intermedio (B) es **indigno** (art. 761 CC) o ha sido **desheredado** (art. 857 CC). La *ratio* es no hacer pagar a los hijos los errores que cometió su padre (tema 2-8).

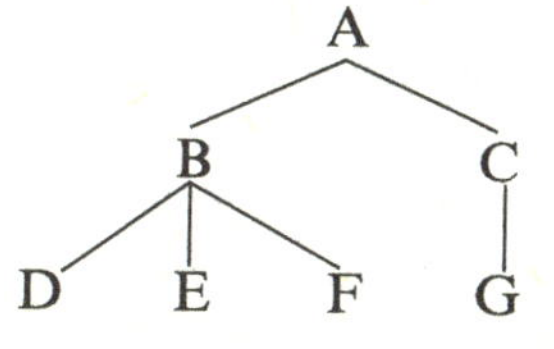

En cuanto a su consecuencia jurídica, el derecho de representación sobre la legítima es *in stirpes* (como siempre, art. 926 CC), pero da derecho únicamente a la legítima **estricta** que habría correspondido al representado (art. 761 CC), es decir, supone una mejora implícita de los demás descendientes. Hay derecho de representación para la legítima en intestada y en testada. En este segundo caso, si hay sustitución vulgar, esta desplaza al derecho de representación de los descendientes respecto a la cuota hereditaria, pero no respecto a la cuota legitimaria, dado su carácter legal (tema 7-2).

B) Ascendientes

Por los principios de orden y exclusión, los ascendientes solo son legitimarios cuando no hay descendientes (art. 807.2.º CC). Su cuota varía según con quién concurran (art. 809 CC):

— Si concurren con el cónyuge supérstite: **1/3** (de la base).
— Si concurren con extraños (es decir, no legitimarios): **1/2** (de la base).

Se les aplican las mismas reglas que ya vimos para la sucesión intestada de los ascendientes (arts. 810 y 936-941 CC) (tema 3-3).

C) Cónyuge supérstite

El cónyuge del causante solo es legitimario si en el momento de la apertura de la sucesión no está separado de hecho ni de derecho (art. 834 CC) (desde 2005).

La legítima del cónyuge es bastante distinta de las de descendientes y ascendientes:

— Recibe una delación legal.
— No tiene legítima formal (su preterición es irrelevante).
— No se le aplica la exclusión (es legitimario aunque concurra con descendientes o ascendientes) (arts. 834 y 837 CC).
— La legítima del cónyuge no otorga derecho a propiedad sobre una cuota, sino al **usufructo** sobre una cuota de la herencia (arts. 834, 837 y 838 CC).

La cuota legitimaria del cónyuge varía según con quien concurra:

i) Concurriendo con **descendientes (del causante)**: **usufructo sobre 1/3** de la base (art. 834 CC).
ii) Concurriendo con **ascendientes (del causante): usufructo sobre 1/2** de la base (art. 837 CC).
iii) Concurriendo con **extraños** (otros instituidos no legitimarios): **usufructo sobre 2/3** de la base (art. 838 CC).

El Código especifica que **cuando concurre con descendientes**, el **usufructo del supérstite recae sobre el tercio de mejora** (art. 837 CC) (o, si el testador no ha dispuesto de ella, o lo ha hecho en cantidad menor de un tercio, completando lo que falte hasta la mitad de la legítima larga). El sentido de esta regla es no limitar más la libertad de testar. En los otros dos casos la ley no especifica nada, por lo que el usufructo recaerá sobre el conjunto de la herencia.

El pago de un usufructo que recae sobre una cuota del caudal relicto puede resultar complicado. Por ello, el Código da facilidades para su **conmutación** por bienes concretos o por dinero en dos casos: si los herederos quieren (art. 839 CC), o si el cónyuge concurre con hijos solo del causante (art. 840 CC) (tema 11-4).

En Derecho común, el cónyuge supérstite sigue conservando su legítima aunque contraiga nuevo matrimonio o unión de hecho (más detalles en tema 13-5).

3. DESHEREDACIÓN

Desheredar es privar a un legitimario de su cuota legitimaria por haber incurrido en una de las causas previstas legalmente. Para que la desheredación esté bien hecha debe concurrir una de las causas previstas (art. 848 CC), y el causante debe desheredarle expresamente en el testamento indicando la causa concreta (art. 849 CC).

Las **causas** que permiten desheredar repiten las causas de indignidad ya conocidas (arts. 756 y 852 CC) [tema 2-6-C)], a las que se añaden otras, que son también las más frecuentes (arts. 852-855 CC):

i) Para desheredar **a descendientes**: **maltrato de obra o injurias graves de palabra** (art. 853.2.° CC). Tradicionalmente, esta causa permitía al padre desheredar a los hijos que le insultaban gravemente en público (p. ej., STS de 16 de julio de 1990). Recientemente el Supremo ha admitido como causa de **desheredación por maltrato de obra (maltrato psicológico)** el hecho de que un padre de edad avanzada que vivía en una residencia desherede a los hijos que llevaban tiempo sin comunicarse con él (STS de 3 de junio de 2014), o que un hijo fuerce con maquinaciones fraudulentas a su madre mayor a donarle todos sus bienes en escritura pública (STS de 30 de enero de 2015).

En Cataluña es causa de desheredación «la **ausencia manifiesta** y **continuada de relación familiar** entre el causante y el legitimario, si es por una causa exclusivamente **imputable al legitimario**» [art. 451-17.2.*b*) CCC]. Sin embargo, **la pérdida de relación del padre con los hijos menores como efecto del divorcio de los padres** no debe considerarse imputable a los hijos. Por eso, en Derecho común esta circunstancia tampoco se considera causa suficiente para que el ascendiente pueda desheredar al hijo alegando maltrato psicológico (SSTS de 27 de junio de 2018, 24 de mayo de 2022 y 19 de abril de 2023).

Este mismo razonamiento es aplicado por el Supremo para denegar la extinción del **deber de alimentos legales** cuando el padre obligado a prestarlos alega que el hijo menor ha roto toda relación con él (STS Pleno 19 de febrero de 2019).

En Navarra, desde 2019, también es causa de desheredación «la causación de un daño o la realización voluntaria de una conducta socialmente reprobable contra la persona o bienes del causante o contra personas integrantes de su grupo o comunidad familiar o de sus bienes» (ley 270 FNN).

ii) Para que un hijo pueda desheredar a ascendientes: negar alimentos a los descendientes sin motivo legítimo (art. 854.1.º CC).

iii) Para poder desheredar al cónyuge: incumplimiento grave o reiterado de los deberes conyugales (arts. 67, 68 y 855.1.º CC).

La **relación entre indignidad y desheredación** es compleja [tema 2-6-C)]. La indignidad afecta a testada, intestada y legítima, mientras que la desheredación solo se da en testada y respecto a la legítima. Casi todas las causas de indignidad lo son también de desheredación, salvo las que tienen lugar con posterioridad al testamento (p. ej., matar al testador o no dejarle testar), pero las causas más amplias y frecuentes de desheredación no son causas de indignidad.

La desheredación que no indica claramente la causa, o indica una que posteriormente no resulta probada, recibe el nombre de **desheredación injusta**, y da derecho al legitimario desheredado injustamente a reclamar la legítima que se le deba. Si hay otros legitimarios, la desheredación injusta se considera una mejora implícita de los otros descendientes, por lo que el desheredado injustamente solo tendrá derecho a la legítima estricta (arts. 815 y 851 CC y STS de 23 de enero de 1959).

La **reconciliación posterior** de testador y legitimario o el perdón contenido en testamento dejan sin efecto la desheredación (art. 856).

Los hijos del desheredado tienen derecho a la cuota de legítima estricta por **derecho de representación** (como los hijos del indigno) (arts. 761 y 857 CC) [tema 5-2-A)].

4. EN BIENES DE LA HERENCIA

El modo de entender la legítima como el derecho a una porción de bienes del activo neto hace que la legítima sea una ***pars bonorum***, y no parte de la herencia (*pars hereditatis*) ni parte del valor de la herencia (*pars valorum*). El legitimario puede exigir al heredero que le pague con bienes de la herencia (art. 806 CC), porque, para el Código, siempre son mejores los bienes tangibles que el dinero, y este derecho protege al legitimario frente a un heredero que pretende quedarse con los bienes pero no tiene dinero para pagarle su parte.

Sin embargo, si el heredero paga pronto, hoy no se piensa que sea peor recibir dinero que bienes. Y en los últimos años se han introducido reformas para favorecer que el testador cuyo patrimonio está formado por una explotación agrícola o un establecimiento industrial o comercial, pueda mantenerlo indiviso adjudicándolo a un único legitimario y encargándole que pague en dinero su cuota a los demás. Así, el causante puede hacer partición testamentaria (art. 1.056.II CC) (tema 11-4), asignar bienes a unos de sus descendientes y conmutar la legítima de los otros en dinero (art. 841 CC), encargar al cónyuge que mejore a uno de los hijos y que luego este pague a los demás su parte en dinero (art. 831.3.III CC) (tema 8-4), etc.

5. NO GRAVABLE. LA CAUTELA SOCINIANA

La cuota legitimaria no puede ser sometida por el testador a **gravamen, condición, término, modo ni sustitución** (art. 813.II CC).

Si no existiera esta regla, sería muy fácil burlar la sucesión forzosa (p. ej., «mi hijo recibirá la legítima solo si gana el Premio Nobel de Física», «mi hijo recibirá su legítima cuando cumpla 98 años»). Los gravámenes que incumplen esta prohibición son **inoficiosos**, se tienen por no puestos y no perjudican los derechos de los legitimarios afectados (arts. 777 y 792 CC). Esto no significa que no se pueda dar en concepto de legítima una propiedad que ya esté **previamente gravada** (p. ej., una casa hipotecada), sino que en el acto mismo del testamento el testador no puede constituir un gravamen sobre la cuota legitimaria que entrega al legitimario. Si es en favor de otro descendiente del causante, la mejora se puede gravar sin problema (p. ej., mediante una sustitución fideicomisaria o una condición) (art. 824 CC).

A) La cautela sociniana

La **cautela sociniana** (también llamada cautela socini, gualdense o de opción compensatoria) es una cláusula testamentaria desarrollada por la práctica notarial desde el siglo XVI, admitida por la jurisprudencia (p. ej., STS de 10 de julio de 2003) y muy utilizada en la práctica, mediante la que el testador impone a sus descendientes legitimarios un gravamen (típicamente, el usufructo universal sobre toda la herencia en favor del cónyuge supérstite) y les da la posibilidad de aceptarlo o rechazarlo, pero quedando en este último caso reducido a su legítima estricta.

Una redacción frecuente de la cautela es la siguiente: «a*) Lega a su esposa el usufructo universal de todos sus bienes.* b*) Instituye herederas universales por partes iguales a sus tres hijas, bajo condición suspensiva de que acepten el gravamen establecido en la cláusula a).* c*) Si alguna de las hijas se opusiere a dicha cláusula, quedará reducida a su legítima estricta, acreciendo su porción a las que la acataren.* d*) Si todas la rechazaren, el tercio libre pasará a su esposa en plena propiedad, sin perjuicio de la cuota legitimaria que legalmente le corresponda*».

De este modo, si todas las hijas aceptan el gravamen, recibirán la nuda propiedad sobre toda la herencia, y la viuda el usufructo universal, y cuando esta muera, las hijas recuperarán la plena propiedad de todo. Si una no acepta el gravamen, recibirá solo el mínimo legal sin gravamen, y el usufructo del supérstite recaerá sobre las cuotas de las restantes. Si todas lo rechazan, el tercio de libre será para la viuda.

Cuando el testador impone a sus legitimarios un gravamen sin establecer expresamente una cautela sociniana, el Código regula una «**sociniana legal**» o «**sociniana implícita**» que permite al legitimario gravado elegir entre aceptar la atribución con el gravamen o quedarse con la legítima estricta (art. 820.3.º CC), cuyos efectos equivalen a la sociniana expresa (p. ej., STS de 3 de diciembre de 2001).

B) La disposición de la legítima de los hijos en favor de otro legitimario discapacitado

Desde 2021 el artículo 808.III CC establece que «cuando alguno o varios de los legitimarios se encontraren en una situación de discapacidad, el testador podrá disponer a su favor de la legítima estricta de los demás legitimarios sin discapacidad. En tal caso, salvo disposición contraria del testador, lo así recibido por el hijo beneficiado quedará gravado con sustitución fideicomisaria de residuo a favor de los que hubieren visto afectada su legítima estricta y no podrá aquel disponer de tales bienes ni a título gratuito ni *mortis causa*» (vid. tema 7-4).

C) Las prohibiciones de disponer

En ocasiones el testador impone al heredero o legatario menor de edad una prohibición de disponer o condiciona esa prohibición. Por ejemplo, «nombro heredero a mi hijo, pero hasta que alcance la mayoría de edad no podrá disponer de los bienes sin autorización de su madre». La legislación hipotecaria es tradicionalmente contraria a las limitaciones al tráfico, pero permite las incorporadas a una atribución gratuita (art. 26.3.º LH). Y aunque es un gravamen que pesa sobre la legítima (RDGRN de 12 de diciembre de 2016), la jurisprudencia no lo considera incompatible con el artículo 813.II CC y la admite, siempre que sea temporal y tenga una justificación racional (STS de 6 de octubre de 2005 y RDGRN de 1 de septiembre de 1976).

6. LEGÍTIMA FORMAL Y PRETERICIÓN

Los legitimarios deben ser mencionados expresamente en el testamento, y si no lo son el testamento incurre en **preterición** (art. 814 CC). En este sentido, se puede hablar de una **legítima formal** (al servicio de la legítima material). El causante puede pagar las legítimas en vida, pero si lo hace debe indicarlo expresamente en el testamento («A mi hijo C no le doy nada porque ya recibió suficiente en vida»).

La preterición puede afectar a todos los descendientes, a algunos, o a otros legitimarios no descendientes. La preterición puede ser **intencional** (si el testador fue consciente de ella al testar) o **no intencional** (en caso contrario). La segunda afecta más gravemente al testamento porque indica un defecto en la voluntad del causante, mientras que la intencional puede asimilarse a una desheredación injusta (arts. 815 y 851 CC). Los párrafos I y II del **artículo 814** CC dicen:

> La preterición de un heredero forzoso no perjudica la legítima. Se reducirá la institución de heredero antes que los legados, mejoras y demás disposiciones testamentarias.
>
> Sin embargo, la preterición no intencional de hijos o descendientes producirá los siguientes efectos:
>
> 1.° Si resultaren preteridos todos, se anularán las disposiciones testamentarias de contenido patrimonial.
>
> 2.° En otro caso, se anulará la institución de herederos, pero valdrán las mandas y mejoras ordenadas por cualquier título, en cuanto unas y otras no sean inoficiosas. No obstante, la institución de heredero a favor del cónyuge sólo se anulará en cuanto perjudique a las legítimas.

Es decir, hay tres posibilidades de preterición (ordenadas de más a menos grave):

i) **Preterición no intencional de todos los descendientes**: decaen todas las disposiciones patrimoniales testamentarias y se abre la intestada (art. 814.II.1.° CC).

ii) **Preterición no intencional de algunos descendientes**: decae la institución de heredero y se abre la intestada, pero se conservan los legados y mejoras (art. 814.II.2.° CC). Salvo que el heredero sea el cónyuge supérstite, en cuyo caso los preteridos solo tienen derecho a la legítima estricta (art. 814.II.2.° CC).

iii) **Cualquier otra preterición** (intencional de descendientes, o intencional o no intencional de cualquier otro legitimario): da al preterido derecho a su cuota legitimaria estricta (arts. 814.I y 815 CC).

El problema está en saber **cuándo una preterición es intencional o no intencional**. Según el Tribunal Supremo, la preterición de hijos matrimoniales en un testamento otorgado cuando el causante era soltero es no intencional (STS de 13 de septiembre de 2001), la de hijos extramatrimoniales nacidos con posteridad al testamento es no intencional (SSTS de 30 de enero de 1995 y 23 de enero de 2001), y la de hijos extramatrimoniales en un testamento posterior al reconocimiento de paternidad es intencional (SSTS de 13 de julio de 1985 y 10 de febrero de 1986).

Como en legítima hay derecho de representación, si el descendiente del causante premuere o es indigno o desheredado, sus descendientes serán entonces legitimarios del causante, pero no se consideran preteridos (art. 814.III CC) (tema 4-7).

7. PROTECCIÓN DEL LEGITIMARIO

La legítima es una institución imperativa. El Derecho protege al legitimario del causante que quiere privarle de ella (art. 813 CC). Cuando un legitimario ha recibido menos cantidad de la que corresponde a su cuota legitimaria, decimos que ha habido **inoficiosidad**. El legitimario dispone de varias acciones para defender su derecho (que veremos con más detalle en los temas 10-4 y 14-3):

i) **Acción de suplemento o complemento de legítima** (art. 815 CC). Acción personal del legitimario frente al heredero para que le pague la cuota legitimaria que le corresponde.

ii) **Acción de impugnación del testamento** cuando el testador ha incurrido en **preterición** (art. 814.II CC) (tema 5-6) o **desheredación injusta** (art. 851 CC) (tema 5-3).

iii) **Acción por cálculo incorrecto de la legítima** (art. 818 CC) cuando las operaciones liquidatorias de la legítima se han realizado erróneamente en perjuicio de un legitimario.

iv) **Acción de reducción de legados inoficiosos** (arts. 817, 820.1.° y 2 CC). Si no hay caudal relicto suficiente para pagar la legítima, el legitimario puede pedir que los legados se reduzcan a prorrata.

v) **Acción de reducción de donaciones inoficiosas** (arts. 817, 636, 654 CC), siguiendo un orden cronológico inverso (empezando por las más recientes) (art. 656 CC). Si hay tanto legados como donaciones inoficiosas, deberán reducirse primero los legados (art. 820.1.° CC).

vi) **Acción de nulidad de contrato simulado** (art. 1.261 CC).

vii) **Acción de rescisión de la partición inoficiosa** (art. 1.075 CC).

8. DERECHOS FORALES

A) Descendientes

Probablemente, la configuración de la legítima es el apartado donde se pone de manifiesto más claramente la gran diversidad existente entre las regulaciones forales. Todos los Derechos forales comparten con el Código una cierta estructura básica en la que el primer orden de llamados es el de los descendientes, el segundo el de los ascendentes, y el tercero el cónyuge. Pero aun en eso hay excepciones. Y a partir de ahí, la variedad es amplísima.

Todos los Derechos forales llaman en primer lugar a los descendientes. Y todos les otorgan una **cuota legitimaria inferior a la establecida en Derecho común**. Esto es coherente con sus raíces históricas. Los Derechos forales guardan mucha relación con la familia troncal, una de cuyas características es precisamente que el padre tiene más libertad para concentrar todo o la mayor parte del patrimonio familiar en uno solo de sus hijos (tema 1-4), empleando para ello muchas veces un pacto sucesorio (tema 8).

Ninguno de los Derechos forales replica la distribución tripartita característica del Código (legítima estricta/mejora/tercio de libre). Podríamos decir que unos Derechos solo tienen legítima estricta que es imperativo repartir por igual entre los descendientes legitimarios, pero carecen de mejora (Cataluña, Galicia, Baleares), mientras que otros solo tienen mejora, pero carecen de legítima estricta (Aragón y País Vasco).

Cataluña y Galicia tienen una cuota de legítima estricta de **un cuarto** de la base de cálculo (arts. 451-3 CCC y 243 LDCG). Como no hay mejora, el causante dispone de una libre elección de tres cuartos de la herencia.

Aragón y el País Vasco tienen **legítima colectiva**. Esto significa que el causante puede distribuir la cuota legitimaria libremente siempre que lo haga entre sus descendientes. Así, puede darla por entero a uno de los hijos, o a un nieto, sin dejar nada a los demás. Lo que no puede hacer es entregarla a un tercero (salvo desheredación). Por eso podemos decir que estos Derechos tienen algo parecido a una mejora, pero sin legítima estricta. La cuota de legítima colectiva **en Aragón es de la mitad** (lo que le deja una cuota de libre elección de otra mitad) (art. 486 CDFA) y **en el País Vasco de un tercio** (lo que deja al causante dos tercios de libre elección) (art. 49 LDCFPV).

En **Baleares** hay una legítima estricta cuya cuota varía según el número de hijos del causante (un tercio si tiene cuatro hijos o menos, la mitad si tiene más de cuatro) (arts. 42, 44 y 79 CDCIB).

La legítima navarra de los descendientes es **meramente formal** y carece de contenido patrimonial. Esto significa que el testador navarro puede **apartar** a uno, varios o todos sus descendientes con solo indicar que les deja «cinco sueldos "febles" o "carlines" por bienes muebles y una robada de tierra en los montes comunes por inmuebles» (ley 267 FNN) o, abreviadamente, «la legítima navarra» o «la legítima foral», de modo que no recibirán absolutamente nada. A diferencia de la desheredación, el apartamiento puede realizarse sin invocar ninguna causa (apartado 3). El apartamiento debe ser expreso para evitar la preterición. Navarra y el territorio vasco del Fuero de Ayala (art. 89 LDCFPV) son los únicos Derechos de España que permiten que el testador pueda apartar a todos sus legitimarios descendientes.

Un cuadro puede resumir los tres modos en que los distintos Derechos configuran la legítima de los descendientes:

Legítima de los descendientes

Código Civil	Baleares	Cataluña	Galicia	Aragón	País Vasco	Navarra	Ayala
Legítima individual				Legítima colectiva		Legítima formal	

B) ASCENDIENTES

En Cataluña, Mallorca y Menorca, solo son legitimarios **los padres** (pero no los abuelos ni los bisabuelos), y su cuota es de **un cuarto** (arts. 451-4 CCC y 43 CDCIB).

Ibiza y Formentera remiten su regulación al Código civil (art. 79 CDCIB).

En el resto de los Derechos forales (Navarra, Aragón, Galicia y País Vasco), los ascendientes **no son legitimarios**.

Legítima de los ascendientes

Código Civil	Ibiza y Formentera	Cataluña	Mallorca y Menorca	Aragón	País Vasco	Navarra	Galicia
Sí		Solo padres		No hay legítima de ascendientes			

C) CÓNYUGE SUPÉRSTITE

En cuanto a la legítima del **cónyuge**, los Derechos españoles se pueden ordenar en cuatro grupos: i) derecho al usufructo sobre una cuota de la herencia, cuota que varía dependiendo de con quién concurra, ii) derecho al usufructo universal, iii) el cónyuge no es usufructuario salvo que demuestre necesidad, o iv) el cónyuge solo es legitimario en la sucesión intestada.

Legítima del cónyuge

Aragón	Navarra	Código Civil	Galicia	País Vasco	Mallorca y Menorca	Cataluña	Ibiza y Formentera
Usufructo universal		Usufructo sobre una cuota variable sobre la herencia				No tiene (salvo necesidad)	Solo en intestada

Solo **País Vasco, Galicia, Mallorca/Menorca (e Ibiza/Formentera en intestada)** conceden al cónyuge el usufructo sobre una cuota de la herencia que varía dependiendo de con quién concurra, como hace el Código civil. Las cuotas son distintas en cada uno de los Derechos (arts. 52 LDCFPV, 253 LDCG, 45.III CDCIB).

Cuota usufructuaria que corresponde al cónyuge supérstite

	Código Civil	Baleares	Galicia	País Vasco
Cuota del Cónyuge supérstite	Usufructo sobre: + descendientes: 1/3 + ascendientes: 1/2 + extraños: 2/3	Usufructo sobre: **Mallorca-Menorca:** + descendientes: 1/2 + padres: 2/3 + Extraños: usufructo universal **Ibiza-Formentera** Solo en intestada + descendientes.: 1/2 + padres: 2/3	Usufructo sobre: + descendientes: 1/4 + ascendientes o extraños: 1/2	Usufructo sobre: + descendientes: 1/2 + extraños: 2/3

Navarra y Aragón atribuyen imperativamente al cónyuge supérstite el derecho al **usufructo universal** sobre todo el caudal relicto (menos sobre los bienes reservables y los fideicomitidos, temas 7 y 9) (ley 255 FNN y art. 283 CDFA). El supérstite tiene el deber de realizar inventario en seis meses (ley 257 FNN). El usufructo de viudedad se extingue por fallecimiento del supérstite, por su renuncia en escritura pública (que puede ser anterior a la apertura de la sucesión, ley 253 FNN), por contraer nuevo matrimonio o convivir en pareja estable, o por incumplimiento de sus deberes como usufructuario (leyes 261 y 262 FNN). Cataluña impone el usufructo universal en favor del cónyuge solo cuando la sucesión es intestada y concurre con hijos del causante (art. 442-3.1 CCC). En Mallorca/Menorca el cónyuge tiene derecho al usufructo universal solo en sucesión intestada si concurre con extraños (art. 45.III CDCIB).

En **Cataluña** en principio el cónyuge no tiene derecho a legítima, salvo que justifique que con los bienes propios y con los recibidos del premuerto carece de recursos económicos suficientes para satisfacer sus necesidades, en cuyo caso tiene derecho a la **cuarta vidual**, que consiste en una cantidad de bienes en propiedad fijada por el juez que sean suficientes para atender esas necesidades, con un máximo de un cuarto del caudal relicto neto (art. 452-1 CCC).

En Derecho común, Cataluña e Ibiza/Formentera, el testador que cuente con descendientes y quiera atribuir a su cónyuge supérstite el **usufructo universal**, deberá hacerlo empleando una cautela sociniana, y aun así se expondrá a que los descendientes puedan rechazarla (arts. 820.3.º CC, 451-9.2 CCC, 70 CDCIB) (apartado 5). Sin embargo, en Galicia, País Vasco y Mallorca/Menorca, la ley permite al **testador imponer** a sus descendientes el usufructo universal en favor del cónyuge supérstite (art. 228 LDCG, art. 57 LDCFPV y art. 18 CDCIB).

La **crisis conyugal afecta a la legítima del cónyuge supérstite**. En Derecho común, Cataluña, Galicia y Navarra, el supérstite no tiene derecho a la legítima si en el momento de la apertura de la sucesión estaba **separado legalmente** o **de hecho** (arts. 834 CC, 452-2 CCC, 238.2.º LDCG, 254.1 FNN). Por el contrario, en Aragón, País Vasco y Baleares, la mera separación de hecho no impide que el cónyuge tenga derecho a la legítima (arts. 276 CDFA, 55 LDCFPV, 45 CDCIB) (tema 13-8).

Si después del fallecimiento del cónyuge premuerto **el cónyuge supérstite vuelve a casarse o convive en unión marital**, en los Derechos forales pierde la legítima que le correspondía, cosa que no ocurre en Derecho común (tema 13-5).

El **conviviente en unión de hecho registrada** es legitimario en Baleares, Cataluña, Galicia y País Vasco, pero no en Derecho común, Aragón ni Navarra (tema 13-9).

El siguiente cuadro es un resumen de las cuotas legitimarias mencionadas en este apartado:

Cuadro resumen de cuotas legitimarias (Derechos forales)

	Código Civil	**Aragón**	**Baleares**	**Cataluña**	**Galicia**	**Navarra**	**País Vasco**
Descendientes	2/3 (1/3 legítima estricta, 1/3 mejora)	1/2 legítima colectiva	< = 4 hijos: 1/3 > 4 hijos: 1/2	1/4	1/4	Solo hay legítima formal	1/3 legítima colectiva
Ascendientes	+ cónyuge supérstite: 1/3 + extraños: 1/2	No hay	**Mallorca-Menorca** 1/4 (solo padres) **Ibiza-Formentera** = CC	1/4 (solo padres)	No hay	No hay	No hay
Cónyuge supérstite	Usufructo sobre: + descen.: 1/3 + ascen.: 1/2 + extraños: 2/3	Usufructo universal	Usufructo **Mallorca-Menorca:** + descen.: 1/2 + padres: 2/3 + Extraños: usufructo universal **Ibiza-Formentera** Solo en intestada	No tiene salvo necesidad (Cuarta vidual)	Usufructo + descen.: 1/4 + ascen. o extr.: 1/2	Usufructo universal	Usufructo + descen.: 1/2 + extr.: 2/3

D) Preterición

La regulación de **la preterición** en los Derechos forales es también muy variada.

En **Cataluña**, la preterición de un nacido después del testamento le da derecho a pedir la ineficacia del testamento por preterición errónea (con algunas excepciones) (art. 451-16.2 CCC).

En **Baleares**, la preterición no intencional de hijos o ascendientes da derecho a pedir la anulación del testamento (acción que caduca a los cuatro años) (art. 46.II CDCIB).

En **Galicia**, la preterición no intencional de algún descendiente anula la disposición de heredero, y la de todos anula todas las disposiciones patrimoniales (salvo el pacto de mejora, que solo se reduce si es necesario para pagar la legítima) (art. 259 LDCG).

En **Aragón**, la preterición intencional de un descendiente vale como apartamiento tácito, pero si es el único descendiente tiene derecho a toda la legítima (art. 507 CDFA). La no intencional de un descendiente le da derecho a una porción igual a la del legitimario menos favorecido (art. 508.1 CDFA), y la de todos lleva a abrir la intestada (art. 508.2 CDFA).

En el **País Vasco**, la intencionalidad o no de la preterición es irrelevante. La preterición de un descendiente vale como apartamiento tácito (art. 48.3 y 4 LDCPV), y la de todos los descendientes hace decaer todas las disposiciones patrimoniales (art. 51.2 LDCPV).

En **Navarra**, la preterición de un descendiente legitimario ocasiona la nulidad de la institución de heredero y la apertura de la intestada (conservando las demás disposiciones) (ley 271 FNN). La mención en testamento no es necesaria cuando las atribuciones se hicieron en vida (ley 270 FNN).

En **Ayala**, la preterición no intencional da derecho a la cuota legitimaria (art. 137 LDCFPV).

TEMA 6

LEGADOS

SUMARIO: 1. CONCEPTO.—2. SUJETOS, ADQUISICIÓN Y RÉGIMEN.—3. TIPOS DE LEGADOS.—A) *Legado de cosa específica del testador.*—B) *Legado de bienes genéricos.*—C) *Legado de cosa gravada.*—D) *Legado de alimentos y legado de educación.*—E) *Legado de crédito.*—F) *Legado de cosa ajena.*—G) *Legado de bien ganancial.*—H) *Legado en concepto de legítima.*—4. PAGO Y RESPONSABILIDAD.—5. INEFICACIA.

1. CONCEPTO

Legado es cualquier disposición patrimonial testamentaria autónoma que no sea la institución de heredero.

i) Es una **liberalidad**, porque ofrece una atribución patrimonial a título gratuito lucrativo, sin contraprestación, al igual que la donación.

ii) Es **voluntaria**, porque nadie se la impone al testador.

iii) Es **testamentaria**, porque debe instituirse en testamento o en otro instrumento sucesorio válido (p. ej., codicilo, pacto sucesorio allí donde se admita).

iv) Tiene **efectos *mortis causa*** (art. 881 CC), al contrario que las donaciones *inter vivos*.

v) Es **patrimonial**, lo que lo distingue del nombramiento de albacea, de tutor para un hijo, o el reconocimiento de hijo no matrimonial.

vi) Es un llamamiento **autónomo** en favor de alguien que tendrá *ius delationis*, y que si acepta se convertirá en titular del legado (**legatario**), a diferencia del **modo**, que carece de titular específico (tema 4-5).

vii) Es un **título sucesorio específico**, a diferencia de la sustitución, que se hace a título de heredero o de legatario.

Aparte de lo anterior, el concepto de legatario se ha definido siempre por oposición al de heredero (tema 1-2).

— El heredero es **llamado a título universal**, mientras que el legatario lo es **a título particular** (art. 660 CC). Por eso el heredero tiene carácter residual y el legatario no.

— El heredero responde de las deudas de la herencia *ultra vires* (art. 1.003 CC), y el legatario solo *cum viribus* (art. 858.II CC).

Todo lo anterior queda difuminado en varias instituciones fronterizas. El **legatario de cuota de herencia** (p. ej., «lego a mi hermano un tercio de mi herencia») se parece bastante a un heredero. Sobre todo en la **herencia distribuida íntegramente en legados** sin nombramiento de heredero (p. ej., «lego todo a mis tres hermanos a partes iguales»), pues entonces la ley atribuye a los legatarios funciones propias del heredero, como administrar y liquidar la herencia (art. 891 CC). No está claro si en estos casos los legatarios responden *cum viribus* (como los demás legatarios) o *ultra vires* (como si fueran herederos). El **heredero *ex re certa*** es alguien instituido heredero al que se adjudica únicamente un bien concreto (p. ej., «mi hermano recibirá mi coche en concepto de heredero»). Esto parece contradecir el carácter universal del llamamiento en concepto de heredero, por lo que el Código lo considera legatario (art. 768 CC). Quien recibe el **usufructo sobre una cuota de la herencia**, no es heredero, sino legatario, aunque el usufructo recaiga sobre toda la herencia (usufructo universal). En el País Vasco, el legatario que recibe 3/4 de la herencia o más es considerado a todos los efectos como un heredero (art. 20 LDCFPV).

Nada garantiza que el heredero reciba más que el legatario. Puede terminar recibiendo menos, si hay muchas deudas o muchos legados (o pocos bienes). Para evitar esto, en Roma el heredero tenía derecho a quedarse con una cuarta parte de la herencia neta (la **cuarta falcidia**). Esto no existe en Derecho común, pero sí en Cataluña y en Baleares (arts. 427-40 CCC, 38 CDCIB).

A **efectos fiscales**, Hacienda considera a todos los que reciben una cuota como si fueran herederos a partes iguales y liquida a cada uno por una parte igual, sin perjuicio de que entre ellos tengan que reembolsarse luego lo que le corresponde a cada uno según su cuota verdadera de herencia.

La institución del legatario tiene muchas similitudes con la del heredero. Se le puede nombrar sustituto, someter a condición o término (art. 790

CC), gravamen (art. 858 CC), etc. Se le aplican supletoriamente todas las normas de la institución de heredero (art. 789 CC).

2. SUJETOS, ADQUISICIÓN Y RÉGIMEN

Quien instituye el legado es siempre el **testador (A)**. El **legatario beneficiario (B)** es el titular del legado (o acreedor que tiene derecho a recibirlo).

El **gravado u obligado a prestar el legado** (C) suele ser el heredero (arts. 661 y 1.003 CC). Si son varios, en sus cuotas respectivas (art. 859 II), salvo que el testador lo atribuya a uno (art. 859.I CC). En el **sublegado** el gravado con el pago del legado es otro legatario, el **legatario obligado**, que recibe un legado gravado con la carga de pagar el sublegado al sublegatario beneficiario (art. 858.I CC). Si el legatario obligado repudia su legado, su legado se refundirá en la masa y la obligación recaerá directamente sobre el heredero.

El heredero puede ser también llamado como beneficiario de un legado (**prelegado**). En este caso, tiene dos llamamientos independientes, a los que puede responder aceptando uno y repudiando el otro (art. 890.II CC).

Si alguien es llamado a recibir varios legados del mismo causante, son llamamientos independientes a los que puede responder de modo distinto. Salvo que uno sea oneroso y otro gratuito, pues en este caso no puede repudiar el primero y aceptar el segundo (art. 890.I CC).

Se suele decir que el legatario adquiere el legado **automáticamente**, sin necesidad de aceptar, pero con posibilidad de repudiar posteriormente (arts. 881 y 882 CC). En realidad, esa afirmación se limita solo al legado de cosa cierta y determinada propiedad del testador (vid. apartado siguiente). Pero incluso en ese caso la cuestión es discutible. En nuestro sistema no hay legados vindicatorios (para adquirir la propiedad hacen falta título y modo); el legatario no puede adquirir la posesión por su propio derecho, sino que debe recibirlo de manos del heredero (arts. 885 y 1.025 CC); y el pago de los legados debe ser posterior al pago de las deudas (art. 1.026 CC) y las legítimas (art. 817 CC). Por eso parece más correcto afirmar que el legado se adquiere como la herencia misma: **mediante delación y aceptación expresa o tácita** (como defiende la RDGRN de 19 de septiembre de 2002). Pero es una opinión minoritaria.

Si el legatario repudia el legado y el testamento no prevé un sustituto vulgar o fideicomisario (tema 7), el objeto del legado **se refunde en la masa** (art. 888 CC), y el objeto del legado corresponde, por tanto, al heredero (art. 660 CC).

3. TIPOS DE LEGADOS

La mayoría de los artículos que el Código dedica a los legados se refiere a sus distintos tipos. Son normas dispositivas que presumen una voluntad del testador muchas veces discutible.

A) Legado de cosa específica del testador

El ejemplo más clásico y sencillo de legado es el **legado de cosa específica y determinada propiedad del testador**: «lego mi coche a mi hermano» (art. 882 CC). Si el testador enajena en vida la cosa por cualquier título, el legado decae (art. 869.2 CC).

A pesar del artículo 882 CC, el legatario no adquiere el bien legado automáticamente. Primero tiene que aceptar; antes debe comprobarse que el legado no es inoficioso; y finalmente debe recibir la posesión del heredero (art. 885 CC). Hasta ese momento, el legatario corre con el riesgo de pérdida de la cosa (arts. 882.II y 1.182 CC). Si el heredero no puede entregarla, puede dar al legatario su estimación (su valor) (art. 886.I CC). Si es necesario vender bienes de la herencia para pagar las deudas del causante, debe evitarse vender lo bienes sometidos a legado de cosa específica (art. 803.1 LEC).

B) Legado de bienes genéricos

Si los bienes legados son muebles genéricos, el heredero debe entregarlos aunque en el caudal relicto no haya ninguno de ese tipo, adquiriéndolos a su costa (art. 875.I CC). Si son inmuebles, el heredero los debe solo si existen en la herencia (art. 875.II CC). En ambos casos, el heredero elige y cumple entregando de la calidad media (arts. 875.III y 1.167 CC).

C) Legado de cosa gravada

Lógicamente, el hecho de que el legatario reciba la propiedad de la cosa no afecta a la subsistencia de una garantía real previa que recaiga sobre la cosa legada. La responsabilidad respecto al impago pesa sobre el legatario, porque si hay impago el acreedor podrá ejecutar la cosa y cobrarse con el producto obtenido. Pero el deudor principal de la deuda que pesa sobre la cosa legada no es el legatario, sino el heredero, pues es a él a quien le corresponde el pago de las deudas de la herencia (arts. 867.I y 1.003 CC). Por eso el legado de cosa gravada genera una situación similar a la del hipotecante no deudor: como el heredero-deudor tiene pocos incentivos para pagar, es posible que deje de hacerlo, y el legatario se verá obligado a pagar una deuda ajena para evitar la ejecución de un bien propio. Si lo hace, será un pago por un tercero con interés objetivo en el pago y se subrogará en el crédito contra el heredero-deudor (arts. 867.II y 1.210.3.º CC).

D) Legado de alimentos y legado de educación

El legado de alimentos se entiende vitalicio respecto a la vida del legatario (art. 879.II CC), y el de educación limitado hasta que el legatario alimentista alcance la mayoría de edad (art. 879.I CC). En ambos casos, la cuantía dependerá del valor de la herencia (arts. 142.II y 879.III CC).

E) Legado de crédito

En el **legado de crédito** el testador (A) lega al legatario (B) la titularidad de un crédito del primero contra un tercero (D), y el legatario se subroga en las acciones del testador contra el deudor relacionadas con el crédito legado (art. 870.II CC).

En el **legado de liberación o perdón de deuda**, A lega a B un crédito que tenía contra el mismo B, por lo que el crédito se extingue por confusión (arts. 870.III y 1.192 CC). Lo legado es la cantidad que B debía a A en el momento de testar (art. 872 CC), y si después de testar el testador demanda el pago a B, la reclamación se considera una revocación tácita del legado (art. 871 CC).

En el **legado al pignorante de cosa pignorada**, A (acreedor pignoraticio) lega a B (deudor pignorante) la posesión de la cosa pignorada. El Código entiende que A ha remitido el derecho de prenda, pero no el crédito garantizado, por lo que B tiene que pagar al heredero de todos modos (art. 871.II CC).

En el **legado al acreedor del causante**, A debe 1.000 a B y le lega 1.000. El Código interpreta que el legado no se ha hecho en concepto de pago, sino con carácter autónomo (art. 873 CC). Por lo tanto, B podrá reclamar al heredero de A que le pague 2.000: 1.000 como acreedor y 1.000 como legatario (arts. 661, 858 y 1.032 CC).

F) Legado de cosa ajena

De cosa totalmente ajena. Si el testador (A) legó un bien ajeno sin ser consciente de que no era suyo, el legado es nulo (se considera que incurrió en error al ordenarlo) (art. 862 CC). Si era consciente de ello, el legado vale, y el heredero debe adquirir la cosa y entregarla al legatario (o, si no es posible, su valor) (art. 861 CC).

De cosa propiedad del gravado por el legado (p. ej., «lego a B el coche de mi heredero C»). El legado vale, y el gravado tiene la carga de entregar al beneficiario la cosa de su propiedad (o su valor) (art. 863.I CC). Si el gravado es legitimario de A y el gravamen afecta a su legítima, podrá impugnarlo por inoficioso (arts. 813.II y 863.II CC).

De cosa propiedad del legatario beneficiario. Si la cosa legada era propiedad del beneficiario en el momento de redacción del testamento, el legado es nulo, como legado de cosa ajena sin saberlo el testador (arts. 862, 866.I y 878.I CC). Si la cosa ha pasado a ser del legatario porque este la compró después, tiene derecho a que el heredero le pague el precio que pagó por ella (art. 878.II CC).

De cosa de la que el testador es copropietario proindiviso. Se entiende que el testador solo quería legar su parte, por lo que es un legado de cuota propia (la cuota del testador) (art. 864 CC), en lugar de entenderlo como un legado de las cuotas ajenas, como resultaría de aplicar la regla del legado de cosa ajena (art. 861 CC).

G) Legado de bien ganancial

El cónyuge casado en gananciales es copropietario de los bienes gananciales, pero no es copropietario proindiviso y carece de cuota sobre el bien concreto. Pero, por otro lado, si el legado de cosa ajena es válido, también debería serlo el legado de cosa parcialmente propia.

Según los artículos 1.379 y 1.380 CC, cada cónyuge puede disponer en testamento de la mitad de los bienes gananciales. Si al liquidar la sociedad conyugal el bien del que el causante ha dispuesto se adjudica a su masa hereditaria, el legatario tiene derecho a recibirlo (art. 1.380 CC). Pero si el bien legado se adjudica al cónyuge supérstite, el heredero debe pagar el legatario el valor de la cosa legada entera al tiempo de fallecimiento (art. 1.380 CC).

En **Galicia**, al contrario que en el Código, ante un legado de cosa ganancial la ley presume que el testador lega la mitad del valor del bien o el derecho que corresponde al testador (arts. 205-207 LDCG). Aragón distingue si se legó el bien o sus derechos sobre el bien, y en este segundo caso la consecuencia es la misma que en Galicia (art. 238.3 DCFA).

En el caso frecuente de que ambos cónyuges establezcan en sus respectivos testamentos un legado de la misma cosa ganancial en favor de la misma persona (p. ej., del hijo común C), ambos legados deberán interpretarse de modo conjunto, y una vez cumplido uno de ellos debe entenderse que el otro ha decaído.

H) Legado en concepto de legítima

Como sabemos, el causante puede dejar la legítima «por cualquier título» (art. 815 CC). Puede hacerlo nombrándole heredero, o por medio de una donación *inter vivos* (art. 819 CC), o dejándole un legado (tema 5-1). Pero para que esta libertad del testador no se convierta en una vía de fraude a la legítima, para que el legado pueda imputarse a la legítima debe cumplir ciertos requisitos que el Código no especifica, pero que pueden encontrarse en Derecho catalán. El legado debe consistir en dinero, o en bienes en propiedad exclusiva, plena y libre del testador, salvo que no haya otros en la herencia o la atribución al legitimario vaya a producir su consolidación (art. 451-7 CCC). Si los bienes dejados como legado que el testador pretende imputar a la legítima no cumple estos mínimos, el legitimario podrá optar entre aceptar el legado (admitiendo con eso también la imputación), o renunciar al legado y reclamar que se le pague su legítima por otra vía (art. 451-7.3 CCC).

Cuando hay inoficiosidad de los legados y es necesario reducirlos a prorrata, deberá excluirse de la reducción los imputados a legítima (salvo que sean ellos mismos excesivos) (art. 452-5.2 CCC).

4. PAGO Y RESPONSABILIDAD

El legatario no puede ocupar por su propia autoridad la cosa legada, sino que debe pedir la entrega al albacea o al heredero (arts. 885, 886 y 902.2.º CC). Pero antes de hacerlo, el encargado de pagar los legados debe realizar las operaciones liquidatorias, teniendo en cuenta que hay otras personas que tienen prioridad para cobrar de la herencia.

En concreto, el **orden de pagos**, después de liquidada la sociedad conyugal, es: 1.º acreedores, 2.º legitimarios, 3.º legatarios, 4.º herederos (arts. 1.027 y 1.029 CC) (tema 11-2). Si no hay bienes suficientes para pagar a los acreedores de la herencia y a los legatarios, los acreedores deben cobrar primero (art. 1.027 CC). Si un acreedor aparece después de que se hayan pagado los legados y no hay bienes suficientes para él, tiene derecho a pedir la reducción de los legados (**partición adicional**) (art. 1.029 CC). Como los legitimarios también deben cobrar antes que los legatarios, si el pago de un legado afecta a los legitimarios, puede ser reducido por inoficioso (salvo que el legado sea imputable a la legítima, art. 5-2.2 CCC) (temas 10-4 y 11-2).

Si no hay dinero suficiente en la herencia para pagar todos los legados, el **heredero** que ha aceptado la herencia pura y simplemente responde del pago *ultra vires*, es decir, con su propio patrimonio (arts. 858.II y 1.003 CC) (aunque parte de la doctrina considera que no debería ser así). Por el contrario, el **legatario gravado** con un sublegado no responde del sublegado más que hasta el valor del legado recibido (art. 858.II CC). Si la herencia es distribuida íntegramente en legados (de cuota) (art. 891 CC), la doctrina discute si los legatarios tienen responsabilidad *ultra vires* o no.

En **Cataluña**, «si el valor de los legados excede de lo que la persona gravada obtiene por causa de muerte, esta los puede reducir o suprimir» (arts. 427-39 CCC), el heredero tiene derecho a la Cuarta Falcidia (arts. 427-40 CCC) y puede reducir los legados que le impidan recibirla (arts. 427-42 CCC).

Si no hay bienes suficientes para pagar todos los legados ni un heredero que asuma la carga de pagarlos, el artículo 887 CC establece un orden de **preferencias para el pago** de legados: 1.º remuneratorios, 2.º de cosa determinada propiedad del testador, 3.º legados declarados preferentes por el testador, 4.º legados de alimentos, 5.º legados de educación, 6.º el resto de los legados a prorrata.

5. INEFICACIA

Algunas causas de ineficacia de los legados son:

— Cualquiera de los casos de ineficacia total del testamento o de todas sus disposiciones patrimoniales (temas 4-7 y 5-7).

— Cualquiera de los casos de ineficacia de la institución del legado.

— Revocación del legado por revocación parcial del testamento disponiendo del bien legado de modo distinto en un testamento posterior (tema 4-7).

— Legado de cosa ajena ignorándolo el testador (arts. 862 y 866.I CC), perecimiento sobrevenido de la cosa legada (art. 869.3.° CC).

— Revocación tácita del legado cuando el testador transforma o enajena la cosa determinada propia legada (art. 869.1 y 2 CC) o demanda el pago de la deuda objeto de legado liberatorio (art. 871 CC).

— Reducción del legado por inoficioso (arts. 817 y 820 CC) (temas 5-7, 10-4, 11-2).

TEMA 7

SUSTITUCIONES

SUMARIO: 1. CONCEPTO.—2. SUSTITUCIÓN VULGAR.—3. SUSTITUCIONES PUPILAR Y EJEMPLAR.—4. SUSTITUCIÓN FIDEICOMISARIA PURA.—A) *Concepto y función.*—B) *Límites legales.*—C) *Posición del fiduciario.*—D) *Posición del fideicomisario.*—E) *Llamamientos sucesivos.*—5. SUSTITUCIÓN FIDEICOMISARIA CONDICIONAL.—6. FIDEICOMISO DE RESIDUO.—7. LA SUCESIÓN DE LOS TÍTULOS NOBILIARIOS.

1. CONCEPTO

La **sustitución** es una institución testamentaria en la que el testador establece un doble llamamiento en favor de un primer llamado (instituido) y de un segundo llamado (sustituto) o más. En todos los casos se entiende que el sustituto recibe la cosa directamente del sustituyente, aunque en ocasiones esto no es más que una ficción, pues quien la ha poseído «físicamente» inmediatamente antes es el sustituido.

Las sustituciones están entre las cláusulas testamentarias más frecuentes, más útiles, y en ocasiones más complicadas. Es necesariamente testamentaria. Puede recaer sobre toda la herencia, parte de ella, bienes determinados o un legado; sobre el derecho de propiedad o sobre algún otro derecho (p. ej., el usufructo, art. 787 CC).

Podemos decir que hay cinco tipos básicos de sustituciones. Son muy distintas entre sí y cumplen funciones muy variadas:

— Sustitución vulgar.
— Sustituciones pupilar y ejemplar.
— Sustitución fideicomisaria pura.
— Sustitución fideicomisaria condicional *si sine liberis*.
— Fideicomiso de residuo.

2. SUSTITUCIÓN VULGAR

La **sustitución vulgar** es una disposición testamentaria en virtud de la cual el testador (A) nombra un heredero o legatario (instituido o **sustituido**, B) y establece que si este no puede o no quiere heredar por premoriencia, indignidad, incumplimiento de la condición o repudiación, la herencia pase a un segundo llamado (**sustituto**, C) (art. 774.I CC).

Su **función** es preventiva o supletoria: indica quién quiere el causante que reciba los bienes si no lo hace el primer llamado. También tienen carácter preventivo las sustituciones pupilar y ejemplar (tema 7-3) y el fideicomiso preventivo de residuo (tema 7-6).

A →	B	C (A → C)
Causante	Instituido	Sustituto
sustituyente	1.er llamado	2.º llamado

El llamamiento al instituido no se ve afectado por la sustitución. Si acepta la herencia, se convierte en heredero o legatario, recibe los bienes, y la sustitución decae (queda purificada o purgada). Por el contrario, el sustituto solo recibirá la herencia si el instituido no puede o no quiere heredar.

La sustitución vulgar prevalece sobre el derecho de acrecer (el art. 774 CC desplaza al art. 986 CC, RDGRN de 22 de octubre de 2004) y sobre el derecho de representación en testada (art. 814.III CC) (tema 4-6).

Manteniendo el ejemplo en que A es testador, B instituido y C sustituto, la combinación de *ius delationis*, premoriencia y sustitución vulgar presenta diversas posibilidades:

— Muere A y B acepta su herencia. La sustitución decae.

— Muere B y luego muere A. Se cumple el supuesto de la sustitución. C hereda a A.

— Mueren B y C, y luego muere A. Como instituido y sustituto han premuerto al causante, la sustitución decae. Debe abrirse la intestada de A.

— Muere A, y muere B (antes de aceptar o repudiar su herencia). Hay un conflicto entre sustitución vulgar y derecho de transmisión (art. 1.006 CC) (tema 2-7-B). La mayoría de la doctrina considera que prevalece el segundo.

— Muere B, muere A, y muere C (antes de aceptar o repudiar). Hay derecho de transmisión, y C transmite su *ius delationis* sobre la herencia de A a sus propios herederos (art. 1.006 CC).

— Muere C, muere A, y B repudia. Los herederos de C no tienen ningún derecho porque C ha premuerto. Debe abrirse la intestada de A.

El sustituto está sometido a los mismos términos y condiciones impuestos por el testador al instituido, salvo que tengan carácter personal solo para el instituido (art. 780 CC).

Habitualmente, la cláusula de sustitución vulgar es muy sencilla: **«nombro herederos a mis hijos C, D y E, sustituidos vulgarmente por sus respectivos descendientes»**. Si el testador quiere limitar la sustitución solo a la premoriencia (con derecho de acrecer de sus hermanos en casos de indignidad o repudiación), la cláusula es: **«nombro herederos a mis hijos C, D y E, sustituidos vulgarmente por sus respectivos descendientes para el caso de premoriencia»**.

La cláusula de la sustitución vulgar **se puede complicar** notablemente. Por ejemplo: «nombro heredera a mi esposa B, con sustitución vulgar en favor de mis tres hijos C, D y E» (con esta cláusula, si B premuere, C, D y E heredarán en lugar de su madre a partes iguales, art. 765). «Nombro heredera a mi esposa B, con sustitución vulgar sucesiva en favor de mis tres hijos C, D y E por orden de edad» (con esta cláusula, si B premuere, le sustituirá C; si B y C premueren, el sustituto será D; si B, C y D premueren, el sustituto será E). «Nombro herederos a mis hijos C, D y E sustituidos recíprocamente entre sí», etc.

La sustitución solo será eficaz en la medida en que **respete las legítimas** (art. 814.V CC). Por eso, cabe sustitución vulgar de un legitimario cuando el sustituto también es legitimario (p. ej., un hijo puede ser sustituto vulgar de otro hijo), o cuando el hecho que genera la sustitución hace desaparecer la legítima (p. ej., «nombro a mi único legitimario C heredero universal, sustituido vulgarmente por mi amigo D»), o cuando hay otros legitimarios pero se respeta su legítima.

A efectos **tributarios**, las sustituciones vulgares (y la pupilar y ejemplar) tributan de acuerdo con el grupo y patrimonio preexistente del sustituto, no del sustituido.

3. SUSTITUCIONES PUPILAR Y EJEMPLAR

El Derecho romano reguló dos tipos de sustituciones muy similares: i) la **sustitución pupilar**, en la que un ascendiente (sustituyente) designa en su testamento un sustituto que debe heredar a su hijo menor (sustituido) en el caso en que muera él antes que el hijo y el hijo muera antes de cumplir los 14 años, y por tanto sin haber podido hacer testamento, y ii) la **sustitución ejemplar**, similar a la anterior, pero para el caso en que el hijo está aquejado de una discapacidad que le impide testar. Pese a su nombre, más que sustituciones, lo que hacían estas instituciones era permitir que el padre nombrara un heredero para su hijo, evitando así que este pudiera fallecer intestado después de haber heredado al padre.

La **sustitución pupilar**, regulada en el Código civil (art. 775 CC), en Navarra (227 FNN) y en Cataluña (art. 425-5 CCC), ha perdido gran parte de su interés y utilidad, gracias a la mejora en la esperanza de vida infantil.

La **sustitución ejemplar** es mucho más utilizada. En **Cataluña**, que sigue el modelo romano (o amplio), los ascendientes (sustituyentes) pueden designar al sustituto que recibirá todos los bienes del descendiente discapacitado (sustituido) (art. 425-10 CCC). Si varios ascendientes sustituyen en sus testamentos a un mismo descendiente, prevalece la sustitución establecida por el último ascendiente en fallecer (art. 425-6.2 CCC) (respetando el principio de troncalidad, art. 425-7 CCC) (tema 9-2). **Navarra**, por el contrario, sigue un modelo restringido, más cercano al concepto de sustitución, en el que el sustituto solo recibe los bienes que el sustituido había recibido del sustituyente, y la sustitución ejemplar se equipara totalmente a la sustitución fideicomisaria (ley 227 FNN) (vid. apartado 4).

En Derecho común, hasta 2021 la sustitución ejemplar estaba regulada por el artículo 776 CC, que la jurisprudencia venía interpretando de un modo muy similar al modelo catalán (SSTS de 7 de noviembre de 2008 y 14 de abril de 2011). Sin embargo, la reforma producida por la **Ley 8/2021 ha derogado la sustitución ejemplar**, en coherencia con la tendencia de favorecer que los discapacitados puedan otorgar testamento por sí mismos (art. 665 CC) (tema 4-3-A). Las sustituciones ejemplares otorgadas antes de la nueva regulación se considerarán fideicomisos de residuo (Disp. Trans. 4.ª Ley 8/2021) (vid. apartado 6).

Tanto la sustitución pupilar como la ejemplar **deben respetar la legítima** de los legitimarios del sustituido (art. 777 CC).

El testador puede lograr resultados similares a las sustituciones pupilar y ejemplar estableciendo en el testamento las reglas de administración y disposición sobre los bienes que atribuye al menor o discapacitado y designando a la persona que haya de ejercitarlas (para el menor, arts. 205, 164.II.1 y 162.II.3 CC; para el discapacitado, art. 252 CC) y combinándolas con una sustitución fideicomisaria (apartado 4) o un fideicomiso de residuo (apartado 6).

Otra institución *inter vivos* que busca objetivos similares a la sustitución ejemplar es el **patrimonio protegido constituido en favor de un discapacitado** (beneficiario) (Ley 41/2003). Puede constituirse a favor de un discapacitado psíquico con un grado de discapacidad de al menos el 33 por 100 o de un discapacitado físico o sensorial de al menos un 65 por 100 (art. 2 Ley 41/2003). El constituyente puede ser el mismo beneficiario (cuando todavía goza de capacidad suficiente), sus padres, su guardador de hecho, o cualquiera con interés legítimo. El patrimonio protegido se extingue con la muerte del beneficiario, momento en el que se incorpora a su herencia (art. 6.2). Las personas que hacen aportaciones al patrimonio pueden establecer el destino que debe darse a ellas cuando fallezca el beneficiario (arts. 4.3 y 6.1).

4. SUSTITUCIÓN FIDEICOMISARIA PURA

A) Concepto y función

La **sustitución fideicomisaria pura o normal** es una sustitución testamentaria con **llamamientos sucesivos** (RDGRN de 27 de octubre de 2004). El testador **fideicomitente** (A) adjudica la propiedad de su herencia o parte de ella **(bienes fideicomitidos)** al primer llamado o **fiduciario** (B), pero con el gravamen de conservarlos para que a su muerte pasen segundo llamado o **fideicomisario** (C), quien a su vez tendrá que conservarlos para los siguientes llamados (D, E, F…), que son fideicomisarios respecto al anterior y fiduciarios respecto al siguiente, hasta que lleguen al último fideicomisario de la cadena, que los recibirá libres por purificación del fideicomiso.

A →	B →	C
Causante	Fiduciario	Fideicomisario
fideicomitente	1.er llamado	2.º llamado

Durante siglos, la sustitución fideicomisaria ha sido el instrumento jurídico empleado para establecer **mayorazgos**. El instituyente (noble y terrateniente) nombraba a su hijo mayor heredero fiduciario, con prohibición absoluta de disponer, dividir o gravar el patrimonio recibido. Ese patrimonio se sometía a una sustitución fideicomisaria en favor de los mayorazgos, es decir, de los primogénitos sucesivos, con derecho de representación y preferencia del varón, sin límite de generaciones. De este modo se conseguía que las tierras fideicomitidas permanecieran indivisas y vinculadas a la familia a perpetuidad. Las revoluciones liberales del siglo XIX quisieron acabar con la propiedad vinculada y con los mayorazgos. En España los mayorazgos (y de paso las sustituciones fideicomisarias) fueron abolidos en 1820, 1836, y definitivamente en 1841. El proyecto de Código civil de 1851 no permitía las sustituciones fideicomisarias. El Código de 1889 sí lo hizo, pero con restricciones.

Hoy la pretensión de mantener unido el patrimonio familiar a través de generaciones sucesivas se intenta conseguir con otros modos (p. ej., los protocolos de las empresas familiares) y el fideicomiso se utiliza para cumplir otras **funciones**. Algunos ejemplos actuales: «Nombro heredera a mi esposa con sustitución fideicomisaria a favor de nuestros hijos pequeños, salvada la legítima» (como los hijos son pequeños, no tiene sentido nombrarles herederos directos a ellos; hereda la viuda, y cuando ella fallezca, la herencia irá a los hijos). «Nombro heredero fiduciario a mi hijo B, con sustitución fideicomisaria a favor de su hijo C» (el fideicomiso impide que el irresponsable de B dilapide la herencia y C se quede sin nada).

La sustitución fideicomisaria también puede llamarse simplemente **fideicomiso**. Pero no hay que confundirlo con el *fideicomiso romano*, que en Derecho romano nació como una disposición *mortis causa* liberada de las rigideces del testamento y los legados. El **«fideicomiso latino»** regulado en muchos países iberoamericanos es una institución *inter vivos* que traduce a categorías continentales el ***trust*** anglosajón (un patrimonio separado *inter vivos* adscrito a un fin, cuya posesión y administración se encomienda a un tercero).

B) LÍMITES LEGALES

a) **Presunción *contra fideicommissum*.** La sustitución fideicomisaria debe ser expresa (arts. 783.I y 785.1 CC). Si el testamento establece una sustitución y no queda claro de qué tipo es, debe interpretarse que es vulgar (STS de 20 de diciembre de 1957).

b) **Límite del segundo grado.** El Código establece un límite a la cadena de sustituciones: «serán válidas y surtirán efecto siempre **que no pasen del**

segundo grado» (art. 781 CC). Interpretado por la STS de 23 de julio de 1940, esto significa que, teniendo en cuenta el momento en que fallece el fiduciante, *a*) no hay límite a las sustituciones en favor de personas que ya han nacido, *b*) pero respecto a las todavía no nacidas (ni concebidas), solo se pueden establecer dos sustituciones. Las que se excedan del límite legal son nulas (art. 786 CC).

En Navarra las disposiciones en favor de no nacidos pueden extenderse hasta el 4.° grado (ley 224 FNN), y en Cataluña no pueden pasar del primer grado (art. 426-12.1 CCC).

c) **Límite al fiduciario persona jurídica**. Si el heredero fiduciario es una persona jurídica, se aplica por analogía el límite temporal de treinta años previsto para el usufructo en favor de personas jurídicas (art. 515 CC) (en Cataluña, 426-10.4 CCC).

d) **El fideicomiso debe respetar las legítimas**. Esto se manifiesta de tres modos: los bienes fideicomitidos se deben computar en la base de cálculo de la legítima (art. 777 CC), pero la legítima no puede ser gravada con un fideicomiso (art. 813.II CC), y por ello los bienes fideicomitidos no se imputan en la legítima del fiduciario legitimario (art. 782 CC). Esto tiene que ver con el modo en que debe computarse el fideicomiso para el cálculo de la legítima (tema 10-1).

Pero hay tres casos en que sí **se puede gravar** la legítima con un fideicomiso:

i) Cabe un fideicomiso sobre la **mejora** si el hijo es fiduciario y el nieto es fideicomisario (arts. 782 y 824 CC).

ii) La legítima se puede gravar con un fideicomiso empleando la **cautela sociniana** (arts. 787 y 820.3.° CC) (tema 5-5).

iii) Se puede gravar la legítima estricta de los descendientes con una sustitución fideicomisaria en favor de un **descendiente discapacitado** (arts. 808.III, 782 y 813 CC). Por ejemplo, A tiene dos hijos, de los que B está discapacitado y C no, y establece que la legítima estricta de C la reciba B como fiduciario y C como fideicomisario.

C) Posición del fiduciario

El fiduciario que acepta se convierte en un **propietario fiduciario** de los bienes fideicomitidos. Tiene derecho a poseer, y de uso y disfrute, por lo que son suyos los frutos, rentas e intereses. Pero la sustitución es un **gravamen** que limita sus posibilidades de actuación, es oponible a terceros y debe constar en el RP cuando se inscriba el título del fiduciario (art. 82 RH). Esto acerca su posición a la del usufructuario (art. 480 CC) y al administrador del ausente (arts. 185 y 804 CC).

Los **gravámenes** que afecten a los bienes fideicomitidos siguen las reglas habituales. La hipoteca o el embargo inscritos *antes* del fideicomiso prevalecen frente al fideicomiso y gravan tanto el derecho de fiduciario como el del fideicomisario, pero los gravámenes recaídos sobre los bienes *después* de la inscripción del fideicomiso están sujetos a reversión (arts. 82.II RH, 134 LH, 674.2 LEC y 480 CC).

Si el fiduciario vende a un tercero los bienes fideicomitidos, el tercero adquirirá la propiedad con el gravamen, y cuando el fiduciario fallezca, el fideicomisario podrá reclamar la **reversión** de los bienes fideicomitidos, que pasarán a él libres de toda enajenación o carga impuestas por el fiduciario o sus causahabientes (art. 480 CC analógicamente, STS de 19 de mayo de 1952). Si son bienes inmuebles y la carga está inscrita, el tercero adquirente no estará protegido por el artículo 34 LH. Pero si el fideicomisario no reclama la reversión, este podría completar la usucapión (extraordinaria), y a los treinta años desde el fallecimiento del fiduciario sin actividad del fideicomisario, el usucapiente puede pedir la cancelación del asiento (art. 82.V RH). Si los bienes vendidos son muebles fungibles no identificables, la posibilidad del fideicomisario de recuperarlos cuando acceda a la propiedad es mucho menor, y por eso se prevén el inventario y los medios de protección del derecho del fideicomisario (vid. apartado C).

La venta de bienes fideicomitidos a un tercero puede estar libre de posibilidad de reversión en dos casos: *a*) cuando se produce **con el consentimiento de todos los fideicomisarios**, incluido los futuros (cosa que no puede ocurrir si algunos no han nacido todavía); *b*) ante una situación de **«necesidad evidente»**, el fiduciario puede pedir al juez autorización para vender bienes fideicomitidos con liberación del fideicomiso (analógicamente art. 186 CC), y deberá emplear el precio para cubrir la necesidad.

El fiduciario no debe disponer de los bienes fideicomitidos **en su propio testamento**, porque, aunque sean de su propiedad, su destino ya está establecido en el testamento del fiduciante. Por eso los testamentos de los fideicomitentes siguen teniendo eficacia muchos años después de su fallecimiento.

Para evitar que el heredero fiduciario prefiera repudiar la herencia antes que recibirla gravada por el fideicomiso, el Derecho romano daba al heredero fiduciario el derecho a la cuarta parte neta del fideicomiso (**Cuarta Trebeliánica**) (paralela a la Cuarta Falcidia del heredero frente a los legatarios, tema 6-4). No existe en Derecho común, pero sí en Cataluña y Baleares (arts. 426-31 CCC y 29 CDCIB).

El fideicomiso **decae** (o queda purificado o purgado) por la repudiación, premoriencia o indignidad de *todos* los fideicomisarios. Si eso ocurre, el fiduciario pasa a ser un propietario pleno de los bienes y puede pedir la cancelación del fideicomiso en el RP.

D) Posición del fideicomisario

El fideicomisario (C) es el llamado por el fideicomitente a recibir el fideicomiso cuando fallezca el fiduciario.

Es muy frecuente que C sea a la vez fideicomisario de A y heredero de B (p. ej., A era padre de B y B padre de C). En este caso, C recibe dos llamamientos distintos e independientes, y puede aceptar uno y repudiar otro. El fideicomisario es llamado desde la apertura de la sucesión de A, y desde ese momento puede aceptar o repudiar, porque su derecho está sometido a término y no a condición (temas 2-7 y 4-5).

Para proteger su derecho mientras los bienes fideicomitidos se encuentran en poder del fiduciario, el fideicomisario puede exigirle que lo inscriba y que elabore un inventario (art. 481 analógicamente y ley 231 FNN). La liquidación de la posesión del fiduciario es similar a la del usufructuario: puede deducir las mejoras útiles, pero no los gastos de uso ni los gastos necesarios (art. 783.II CC), y responde de la pérdida de la cosa por culpa (art. 457 CC). Cuando B fallece, C será respecto a los bienes fideicomitidos un acreedor de dominio: no es dueño, pero tiene derecho a exigir los bienes a los herederos de B. El Derecho opera con la ficción de que el fideicomisario es heredero directo de A y recibe los bienes fideicomitidos directamente de él (art. 784 CC), aunque en realidad es B quien ha estado poseyéndolos desde la muerte de A.

A efectos tributarios, en la sustitución fideicomisaria todos los herederos fiduciarios (es decir, todos menos el último y definitivo) tributan como usufructuarios, y solo el último fideicomisario tributa como propietario pleno. Cada fallecimiento de un llamado sucesivo genera un nuevo hecho imponible: el primer fiduciario genera una liquidación por su adquisición, cuando él fallezca se generará otra para el segundo llamado, y así sucesivamente.

E) Llamamientos sucesivos

Fiduciario y fideicomisario tienen **llamamientos independientes**. Pueden aceptar o repudiar la herencia sin que eso afecte al llamamiento del otro (art. 1.007 CC). Si el fiduciario repudia la herencia de A, el fideicomisario le sustituye, porque **la sustitución fideicomisaria implica la vulgar** (como el llamamiento es a término, se aplica el art. 799 CC y no el art. 759 CC) (igual en Cataluña, art. 426-8 CCC) (tema 2-7).

Veamos cómo quedan las posibilidades de llamamientos sucesivos en un supuesto simple en el que solo hay fideicomitente (A), fiduciario (B) y un fideicomisario (C):

— Fallece A, acepta B, fallece B: C sustituye a B (es el supuesto básico de la sustitución fideicomisaria) (art. 781 CC).

— Fallece B, fallece A: el primer llamado es C (porque la fideicomisaria implica la vulgar).

— C fallece antes que A: la sustitución decae y B hereda libre del gravamen (para suceder hay que sobrevivir).

— Fallece B, fallece C, fallece A: la sustitución no tiene efecto por premoriencia de todos los llamados. Hay que abrir la intestada de A.

— Fallece A, fallece B antes de aceptar o repudiar: le sucede C (prevalece la sustitución frente al derecho de transmisión de los herederos de B).

— Fallece A, acepta B, acepta C, fallece C, fallece B: heredan los herederos de C porque es el último fideicomisario (arts. 784 y 799 CC).

— Fallece A, fallece C (antes de aceptar), fallece B: los herederos de C tienen derecho de transmisión (arts. 784, 799 y 1.006 CC).

5. SUSTITUCIÓN FIDEICOMISARIA CONDICIONAL

La sustitución fideicomisaria siempre está sometida a término, pero también puede estar sometida, además, a una condición. La más frecuente es la cláusula ***si sine liberis decesserit*** (en lo sucesivo, SSL): «Dejo todo a mi hijo B, pero si muere sin hijos, todo pasará a mi hermano C». En este ejemplo, C es sustituto fideicomisario *si sine liberis*, sometido a un término (solo heredará *cuando* fallezca B), y a la vez a una condición suspensiva negativa (solo heredará *si* B ha fallecido sin hijos).

A →	B →	C
Causante fideicomitente	Instituido 1.er llamado	2.º llamado fideicomisario instituido bajo condición suspensiva negativa de que B fallezca sin hijos

A quiere que los bienes queden en sus descendientes directos (B y sus hijos), pero, a falta de ellos, prefiere que pasen a su hermano C, y de paso incentiva a B para que tenga hijos. La SSL ha sido siempre especialmente usada en Cataluña.

La jurisprudencia conserva ciertas **presunciones**:

— La SSL **no implica la sustitución vulgar**. Como está sometida a condición suspensiva, se aplica el artículo 759 CC en lugar del artículo 799 CC. Si el testador quiere lo contrario, lo mejor es que combine la SSL con una sustitución vulgar expresa (p. ej., «nombro heredero fiduciario a mi único hijo B, y a mi hermano C su sustituto vulgar y su sustituto para el caso de que fallezca sin hijos»).

— Cuando el fiduciario es descendiente sin descendientes y el sustituto no, se presume la SSL aunque el testamento no lo diga (en Cataluña, 426-15 CCC).

— Cuando el fiduciario tenía descendientes pero todos premueren, opera la sustitución (en Cataluña, art. 426-16 CCC).

— Los hijos puestos en condición no se entienden puestos en sustitución (ley 230 FNN, arts. 426-17 CCC y 28 CDCIB). Si B muere sin hijos, los bienes irán a C. Pero si B muere con hijos, el fideicomiso queda purificado y B puede disponer de ellos como quiera (no necesariamente en favor de sus propios hijos). Si el testador quiere lo contrario, debería incluir una sustitución fideicomisaria pura.

¿Se cumple la condición SSL cuando el fiduciario no tiene hijos biológicos, pero sí **adoptivos**? Tradicionalmente la respuesta era que no. Desde 1987, el Derecho español equipara el hijo adoptado al biológico (art. 108.I CC). Aplicando las reglas interpretativas habituales, debería negarse la equiparación si el testamento es anterior a 1987 (así STS de 23 de mayo de 1991, SSTSJ Cataluña de 19 de julio de 1993 y 22 de enero de 2004). Pero la tendencia actual de TS, TEDH y TC es la contraria: equiparación absoluta por efecto directo del artículo 14 CE (SSTS de 6 de febrero de 1997, 28 de junio de 2002, 15 de diciembre de 2005 y 29 de septiembre de 2006, y STEDH de 13 de septiembre de 2004, STC de 27 de abril de 2010) (tema 2-2).

6. FIDEICOMISO DE RESIDUO

El **fideicomiso de residuo** es una sustitución fideicomisaria en la que el fiduciario **no tiene deber de conservar los bienes fideicomitidos** (o ese deber queda muy reducido).

A →	B	C
Causante fideicomitente	Fiduciario 1.er llamado	Fideicomisario 2.º llamado

Su función típica es dejar los bienes a alguien (fiduciario) con amplísimo poder de disposición, para que a su muerte todo lo que no haya gastado (**el residuo**) sea para otra persona (fideicomisario de residuo). Probablemente, hoy en día el fideicomiso de residuo sea la sustitución fideicomisaria más empleada. El fideicomiso de residuo no es condicional y por tanto **implica la vulgar** (es lo más sensato y lo que hoy afirman doctrina y RDGRN de 17 de septiembre de 2003 y 27 de octubre de 2004).

Está sometido al **límite del artículo 781 CC** [apartado 4-B)] y debe respetar la prohibición de gravar la **legítima** (arts. 782 y 813 CC). No habrá problemas si recae sobre la mejora y tanto fiduciario como fideicomisario son descendientes del causante. Pero si se quiere instituir al cónyuge como fiduciario y a los hijos como fideicomisarios, el fideicomiso no puede recaer más que sobre el tercio de libre, porque la legítima larga solo puede darse a descendientes (art. 808.II CC) y no puede ser gravada (art. 813.II CC). Naturalmente, salvo que se haga mediante cautela sociniana aceptada por los legitimarios (tema 5-5).

En la redacción o en la interpretación de un fideicomiso de residuo es importante identificar **qué límites** quiso poner el fideicomitente a la facultad de disponer del fiduciario. Esto se obtiene combinando: *a*) la mayor o menor libertad de disponer, *b*) el mayor o menor deber de conservar los bienes a favor del fideicomisario, *c*) la presencia o no de subrogación real, y *d*) el mayor o menor deber de justificar sus actos de disposición ante el fideicomisario.

La siguiente tabla indica los grados de libertad de disponer y deber de conservar:

– Libertad + Deber de conservar + Deber de justificar			+ Libertad – Deber de conservar – Deber de justificar
1 Solo si hay necesidad	2 Oneroso i.v.	3 Gratuita *inter vivos*	4 *Mortis causa*

El cuadro debe leerse como un *continuum* en el que el extremo izquierdo indica la mínima libertad de disposición y el extremo derecho la máxima libertad. Cuando al fiduciario se le atribuye un poder de disposición determinado, puede hacer también todo lo indicado en los niveles situados a la izquierda de ese nivel (no los situados a su derecha).

El nivel 1 indica el grado mínimo de disposición para el fiduciario, similar al fideicomiso puro (apartado 4).

En el nivel 2 el fiduciario puede disponer de bienes fideicomitidos a título oneroso *inter vivos* **para gastos** personales y familiares. Si a su muerte no queda nada porque se lo ha gastado todo, el fideicomisario no recibirá nada. Sin embargo, si el fiduciario dispone de los bienes **para adquirir** otros bienes o como inversión, el dinero obtenido de la venta o los bienes adquiridos con él se incorporan al fideicomiso por **subrogación real**. Este es el nivel que más frecuentemente quiere instituir el fideicomitente, y el que hay que presumir salvo indicación en contrario (SSTS de 6 de febrero de 2002, 12 de febrero de 2002 y 7 de noviembre de 2008).

En el nivel 3 el fiduciario puede disponer por acto *inter vivos* a título oneroso o a título gratuito, pero no *mortis causa* (p. ej., «nombro heredera a mi esposa, que podrá disponer de los bienes por acto oneroso o gratuito *inter vivos* sin ningún límite, y será sustituida en el residuo por nuestros hijos comunes»).

En el nivel 4 el fiduciario también puede disponer de los bienes fideicomitidos en el propio testamento. Su función es impedir que vayan a los herederos intestados del fiduciario, por lo que también se llama **disposición** o **sustitución preventiva de residuo**. La facultad de disponer *mortis causa* no se presume y debe ser indicada expresamente. En Navarra, por el contrario, si se autoriza la disposición a título gratuito *inter vivos*, también se entiende autorizada la *mortis causa* (ley 239 FNN).

Fideicomiso de residuo en Derechos forales

	CÓDIGO CIVIL	BALEARES	CATALUÑA	NAVARRA
Implica la vulgar	(SÍ)	SÍ	SÍ	SÍ
Alcance de la facultad de disponer por fiduciario	ONEROSOS *INTER VIVOS* (STS 7-11-2008)	ONEROSO *INTER VIVOS* SOLO SOBRE 3/4 DE HERENCIA (37 CDCIB)	ONEROSOS *INTER VIVOS* (426-52 CCC)	ONEROSOS *INTER VIVOS* (239 FNN)
Si el testador permite disposiciones gratuitas	SOLO *INTER VIVOS*		SOLO *INTER VIVOS* (426-5 CCC)	TAMBIÉN PERMITE DISPOSICIONES *MORTIS CAUSA* (239 FNN)

7. LA SUCESIÓN DE LOS TÍTULOS NOBILIARIOS

Los títulos nobiliarios nacieron unidos a los **mayorazgos**. El Rey donaba un patrimonio territorial (p. ej., un pueblo con todo su territorio urbano y rural) a un hombre que le había ayudado en tareas de guerra o de gobierno, y el documento de donación indicaba que en lo sucesivo ese conjunto patrimonial estaría sometido al régimen de indivisibilidad, inalienabilidad, inconfiscabilidad, y a un **régimen sucesorio específico** sustraído a la autonomía de la voluntad de su titular, de titular único, conforme a las reglas de preferencia de la línea anterior frente a la posterior (principio de propincuidad), del grado más próximo frente al más remoto (principio de proximidad), del varón antes que la mujer (principio de masculinidad) y de la persona de más edad frente a la de menos edad (principio de primogenitura) (con derecho de representación). Su regulación legal estaba contenida en la carta de creación de cada mayorazgo, y supletoriamente en las Partidas y en las Leyes de Toro (leyes 40-45), que eran también las reglas de sucesión de la Corona (art. 57.1 CE).

A los mayorazgos más importantes se les atribuyó también un **título nobiliario** (duque, marqués, conde, barón, etc.), y a los títulos más importantes la cualidad de llevar aparejada grandeza (ser «grandes de España»). Tener un título conllevaba la titularidad de los bienes que el título llevaba consigo, y en ocasiones también ejercer ciertas funciones públicas en sus tierras como representante de la Corona, como impartir justicia, recaudar impuestos, organizar y dirigir la defensa y el regimiento que tocara aportar al Ejército, etc. («señorío jurisdiccional»). Las ramas secundarias de los herederos del título (segundones) y la nobleza menor sin título (los «hidalgos») también tenían un estatuto jurídico especial (p. ej., exención de tributos, fuero judicial especial, etc.).

La revolución liberal terminó con los mayorazgos, los señoríos, la atribución de funciones públicas y las diferencias de estatuto jurídico de la nobleza, aplicando una de sus ideas básicas, la **igualdad ante la ley** (definitivamente en 1841). Pero no eliminó la nobleza, sino que la mantuvo como algo ligado históricamente a la Corona.

El régimen nacido de la Constitución de 1978 **ha conservado la nobleza** y la ha **vaciado de consecuencias jurídicas**. Hoy, ser titular de un título nobiliario solo da derecho a «adquirirlo, a usarlo y a protegerlo frente a terceros de modo semejante a lo que sucede con el derecho al nombre» (STC de 24 de mayo de 1982), incluido impedir que lo utilice cualquier otro (STS de 26 de enero de 1990), pero no lleva aparejada ninguna consecuencia jurídica. Hoy en día en España existen unos 2.800 títulos nobiliarios, y si juzgamos por la litigiosidad que producen, son importantes para mucha gente.

Algunos títulos tienen carácter vitalicio y se extinguen cuando muere su primer titular. Pero lo más habitual es que sean **hereditarios**. En este caso, el título no forma parte del caudal relicto del titular causante, sino que sigue sus propias reglas de sucesión. Dado su carácter **indivisible**, solo puede haber un titular a la vez (el **poseedor del título**) y no cabe cotitularidad. Cuando el poseedor del título fallece, el que se considere sucesor tiene un año para solicitar la transmisión. Si nadie lo solicita, el siguiente en la línea sucesoria tiene otro año para pedirlo. Si nadie reclama, se abre un plazo de tres años para que lo solicite cualquiera que se considere con derecho. Para saber quién es el legítimo sucesor, se atiende a la carta de creación. Si la carta carece de reglas especiales, se aplica la «preferencia absoluta de la línea recta descendente sobre la colateral y ascendente, o dentro de la misma línea, se elegirá el grado más próximo al más remoto y, dentro del mismo grado, el de mayor edad sobre el menor, combinando con los principios de primogenitura y representación». Cuando el último poseedor carece de descendientes, prevalece el principio de propincuidad respecto al último poseedor (P. 2, 15, 2) y no el principio de representación que resultaría de la Ley de Toro 40 (STS de 21 de julio de 2016). Los títulos nobiliarios castellanos pueden adquirirse por **usucapión** de cuarenta años (art. 41 LdT) (STS de 7 de marzo de 1985). En Cataluña y Aragón la usucapión es de treinta años.

El **ámbito de la autonomía de la voluntad** en la transmisión de títulos nobiliarios es reducido y está regulado por el RD de 27 de mayo de 1912. El poseedor cedente puede **ceder el título** a un cesionario que se encuentre en la línea sucesoria, pero para ello es necesario que todos los llamados a suceder con preferencia al cesionario consientan la cesión expresamente en escritura notarial (y este consentimiento no altera el orden respecto a los descendientes de los llamados intermedios). Si el titular tiene dos o más títulos, puede **distribuirlos** entre sus descendientes dando el principal al primogénito, pero para ello debe respetar los derechos de los llamados intermedios, y necesita autorización de la Corona.

El TC ha afirmado que la existencia de títulos nobiliarios **no es discriminatoria**, precisamente debido a su carácter meramente simbólico (SSTC de 3 de abril 1997 y 24 de mayo de 1982). La tradicional preferencia del varón fue considerada discriminatoria por la STS de 7 de julio de 1986 y no discriminatoria por la STC de 3 de julio de 1997, pero posteriormente **ha sido derogada** por vía legal (Ley 33/2006) (sin efectos retroactivos para sucesiones anteriores a su entrada en vigor, STS Pleno de 3 de abril de 2008). La jurisprudencia no considera discriminatorio que el título constitutivo exija al titular contraer matrimonio con persona noble (STS de 28 de noviembre de 1981 y STC de 24 de mayo de 1982), que el título se transmita solo a los hijos matrimoniales excluyendo a los no matrimoniales (STS de 19 de junio de 2000), ni que se transmita solo a los consanguíneos excluyendo a los adoptivos (STS Pleno de 12 de enero de 2015).

TEMA 8

SUCESIÓN VOLUNTARIA NO TESTAMENTARIA

SUMARIO: 1. LA SUCESIÓN VOLUNTARIA NO TESTAMENTARIA.—2. ACTOS *INTER VIVOS* CON FINALIDAD SUCESORIA.—A) *Donación*.—B) *Usufructo*.—3. PACTOS SUCESORIOS.—A) *Concepto y contenido*.—B) *Extinción*.—C) *Pactos sucesorios en el Código civil*.—4. INSTITUCIONES FIDUCIARIAS *MORTIS CAUSA*.—A) *Concepto*.—B) *Sucesión por comisario*.—C) *Herencia de confianza*.

1. LA SUCESIÓN VOLUNTARIA NO TESTAMENTARIA

Todos los negocios *mortis causa* tienen **finalidad sucesoria**, porque están dirigidos a ordenar la sucesión del causante, es decir, a decidir el destino que tendrán sus bienes cuando él fallezca.

En la tradición jurídica romana recogida por el Derecho castellano y por el CC, la diferencia entre los actos *mortis causa* y los actos *inter vivos* es clara y terminante. Para el codificador liberal, el causante debe poder cambiar su voluntad cuantas veces quiera hasta el momento de su fallecimiento, y nada de lo que haga antes debe limitar su libertad sobre sus bienes. Por eso, para el CC el **testamento unipersonal revocable**, que no tiene eficacia de presente ni despliega sus efectos hasta el fallecimiento del causante (art. 657 CC), es y debe ser el único modo de ordenar el destino de los bienes a su muerte (tema 4-1).

Sin embargo, hay ocasiones en que el causante preferiría **ordenar su sucesión en vida** mediante un acto *inter vivos*. Cuando aún vive puede asegurarse de que le hacen caso. Puede tener objetivos a largo plazo que requieran la conjunción de varias voluntades, como unir los patrimonios de dos familias, mantener indivisa una explotación agrícola, conservar el control de la familia sobre la empresa, etc. Estos objetivos no pueden lograrse plenamente mediante el testamento individual. Hace falta un instrumento que pueda vincular a varios otorgantes y que no sea libremente revocable, algo más parecido a los contratos onerosos *inter vivos*.

Otros instrumentos sucesorios distintos del testamento unipersonal revocable

	Código Civil	Cataluña	Baleares	Aragón	Navarra	Galicia	País Vasco
Codicilo	SÍ 672	SÍ 421-20 CCC	SÍ 17 CDCIB		SÍ 194 FNN		
Memoria testamentaria	SÍ 672	SÍ 421-21 CCC			SÍ 196 FNN		
Testamento mancomunado	NO 669 CC			SÍ 417 CDFA	SÍ 199 FNN	SÍ 187 LDCG	SÍ 24 LDCFPV
Donaciones mortis causa	SÍ 620 CC	SÍ 432-1 CCC			SÍ 165 FNN		
Donación universal	NO 634, 635, 636 CC		SÍ 8 CDCIB		SÍ 160 FNN		
Pactos sucesorios	NO 737, 991 CC (SALVO 826, 827, 1.341.II CC)	SÍ 431-1 CCC	SÍ 50, 66, 72 CDCIB	SÍ 377 CDFA	SÍ 172 FNN	SÍ 209 LDCG	SÍ 100 LDCFPV
Testamento por comisario	NO 670 CC (SALVO 830 CC)	SÍ 424-1 CCC	SÍ 18 y 71 CDCIB	SÍ 439 CDFA	SÍ 236 FNN	SÍ 196 LDCG	SÍ (30 LDCFPV)
Herencia de confianza		SÍ 424-11 CCC			SÍ 289 y 293 FNN		

En este tema veremos tres tipos de instituciones sucesorias distintas del testamento unipersonal revocable: los **actos *inter vivos* empleados con finalidad sucesoria**, los **pactos sucesorios**, y las **instituciones fiduciarias *mortis causa*** (aunque estas últimas suelen contenerse en un testamento).

2. ACTOS *INTER VIVOS* CON FINALIDAD SUCESORIA

A) Donación

La donación ha estado siempre muy unida a las disposiciones *mortis causa*. Para el Derecho, la persona que entrega sus bienes en vida pero en contemplación de su próxima muerte, en el fondo, está adelantando su herencia, utilizando un instrumento *inter vivos* con finalidad sucesoria. Por eso, las donaciones *inter vivos* deben respetar las legítimas (art. 636 CC), se computan para obtener la base para calcular la cuota legitimaria (art. 818.II CC), deben imputarse a la legítima, mejora o parte de libre (tema 10-3), y si se exceden deben ser reducidas (arts. 654-656 CC). Pero aceptar o repudiar una donación imputable a legítima no es aceptar o repudiar la herencia o la legítima futura, algo prohibido por el artículo 816 CC (RDGRN de 12 de diciembre de 2016).

Las **donaciones *inter vivos*** deben ser aceptadas por el donatario en vida del donante, van seguidas de entrega de presente, y solo pueden ser revocadas en los supuestos legalmente previstos (superveniencia, supervivencia, incumplimiento de cargas o ingratitud, arts. 644-650 CC). Por el contrario, en las **donaciones con efectos diferidos al fallecimiento del donante** no hay entrega de presente y se deben aplicar las normas de las sucesiones *mortis causa* (art. 620 CC), por lo que deben considerarse libremente revocables por el donante hasta el momento de su fallecimiento (art. 737 CC) (SSTS de 25 de julio de 1996, 30 de diciembre de 2003 y 20 de noviembre de 2007).

Los **Derechos forales** regulan como categoría específica las **donaciones *mortis causa***. En Aragón y País Vasco se consideran un pacto sucesorio (arts. 383 CDFA y 102 LDCFPV). En Cataluña y Navarra no transmiten la propiedad hasta el fallecimiento del causante, son libremente revocables y están sometidas a condición de premoriencia del donante (Cataluña, art. 432-1 a 432-5 CCC; Navarra, ley 170 FNN). Cuando el donante realizó la donación **en previsión de su muerte próxima**, la donación se entiende sometida a condición resolutoria si la muerte no llega a producirse (Cataluña, art. 432-5 CCC; Navarra, ley 170 FNN).

La DGSJFP considera que las donaciones *inter vivos* con efectos diferidos al fallecimiento del causante son **inscribibles en el Registro de la Propiedad en vida del donante** (RRDGSJFP de 20 de febrero de 2017 y 25 de abril de 2022), pero que las donaciones *mortis causa* no lo son, salvo cuando el donante tiene vecindad catalana o navarra, en cuyo caso se pueden inscribir todas, ya que están admitidas expresamente por su ley aplicable (RRDGSJFP de 27 de marzo de 2019 y 29 de octubre de 2020).

La **donación universal**, prohibida por el Código (arts. 634 y 635 CC), es en realidad una institución de heredero contenida en un pacto sucesorio (Aragón, «donación de bienes habidos y por haber», art. 383 CDFA; Navarra, ley 160 FNN; País Vasco, art. 102 LDCFPV; Baleares, art. 8 CDCIB) (apartado 3).

A efectos fiscales, el **Impuesto de Donaciones** (ID) tiene una regulación muy similar al impuesto de sucesiones (IS), pues el legislador los considera dos modalidades de una realidad equivalente (tema 1-6). El hecho imponible es la adquisición de bienes o derechos por donación o cualquier otro negocio jurídico *inter vivos* realizado *animus donandi*. Esto incluye: renuncia en favor de persona determinada, condonación de deuda, asunción liberatoria de deuda ajena, allanamiento en juicio o arbitraje, cesión gratuita de local. Las donaciones con causa onerosa lo son en cuanto al valor de la diferencia entre lo donado y la carga. Se presume que una adquisición onerosa realizada por un padre en nombre de un hijo suyo que carece de bienes propios es una donación del padre al hijo, y que un depósito de dinero realizado por el hijo menor que carece de bienes propios tiene su origen en una donación del padre. También la consolidación de una propiedad por extinción del usufructo es un acto sujeto a ID. Un pacto sucesorio con entrega de presente (en vida del causante) será, en principio, un acto sujeto al ID y no al IS. No están sujetas a ID algunas operaciones entre cónyuges casados en gananciales que en ocasiones pueden tener también esa finalidad (como la confesión de privatividad, atribución de ganancialidad, adjudicación de bienes al liquidar la sociedad).

B) Usufructo

El usufructo es un derecho real **esencialmente vitalicio**, es decir, se extingue siempre que fallece su titular (art. 513.1.º CC) (el último de ellos, si son varios, art. 521 CC) (el usufructo sometido a plazo se extingue con lo primero que ocurra, fallecimiento o transcurso del plazo, art. 513.2.º CC). Esta relación estructural con la muerte de su titular hace que, de hecho, la mayor parte de los usufructos nazcan en un contexto sucesorio.

El supuesto más frecuente es el **usufructo legal previsto como legítima del cónyuge viudo**. Es un usufructo sobre cuota de herencia (arts. 508.III y

510 CC) que en Derecho común recae sobre 1/3 de la herencia si concurre con descendientes (art. 834 CC), sobre 1/2 si concurre con ascendientes (art. 837 CC) o sobre 2/3 si concurre con extraños (art. 838 CC) [tema 5-2-C)]. En todos los Derechos forales salvo Cataluña la legítima del cónyuge consiste en una cuota legitimaria (tema 5-8).

El testador puede instituir un **derecho de usufructo testamentario**, dejando el usufructo a una persona y la nuda propiedad a otra. Si no se indica en quién recae la nuda propiedad, será en el heredero (art. 661 CC). Puede haber **usufructos sucesivos** a través de sustituciones fideicomisarias (art. 787 CC) (siempre sometidas al límite del art. 781 CC) (tema 7-4).

Es muy frecuente instituir el **usufructo universal** sobre el total de la herencia en favor del cónyuge supérstite. Si el causante tiene descendientes legitimarios, el respeto a la intangibilidad cualitativa de la legítima (art. 813.II CC) exige hacerlo a través de la cautela sociniana (tema 5-5). En Navarra y Aragón el usufructo universal es imperativo, y en Galicia y País Vasco está expresamente permitido sin necesidad de la cautela. El legatario de usufructo universal no es heredero y no responde *ultra vires* de las deudas del causante (tema 6-1).

Por su carácter vitalicio, muchas veces también hay **intención sucesoria en usufructos constituidos *inter vivos***. Por ejemplo, cuando A dona a su hijo C (y C acepta) un inmueble de su propiedad **reservándose el usufructo y la facultad de disponer** y dispensándose a sí mismo de inventario, fianza y rendición de cuentas. De este modo, A puede vender sin autorización de C el bien donado y quedarse el dinero, y si lo hace extingue la nuda propiedad de C (art. 639 CC). Pese a su nombre, esto no es una auténtica donación, pues falta la voluntad abdicativa del donante, sino más bien una **donación *mortis causa* con efectos diferidos**, y por tanto revocable *ad nutum* por el donante (art. 620 CC) (p. ej., STS de 9 de junio de 1995) [apartado 2-A)]. El **usufructo poderoso** del Fuero de Ayala (art. 91 LDCFPV) es de este tipo.

Para la **valoración del usufructo** es frecuente emplear las reglas de la ley tributaria. El valor total del bien (VT) es igual al valor del usufructo (Vu) más el valor de la nuda propiedad (Vnp) (o sea, VT = Vu + Vnp). Como el usufructo es naturalmente vitalicio, su valor será mayor cuanto más joven sea el usufructuario (y al revés, la nuda propiedad valdrá más cuanto mayor sea la edad del usufructuario). La ley establece que el usufructo vale como máximo el 70 por 100 del valor de la cosa cuando el usufructuario tiene menos de veinte años, y como mínimo el 10 por 100 cuando tiene al menos ochenta años. Esto nos da la fórmula: Vu = 89 – e (siendo e la edad del usufructuario, y con un mínimo de 20).

Los valores de los **derechos de uso y habitación** se calculan igual que el usufructo, pero aplicados sobre el 75 por 100 del valor total del bien.

Fiscalmente, la consolidación de una propiedad por extinción del usufructo solo está sujeto a ID cuando antes del momento de la desmembración el nudo propietario no tenía el título. Cuando **el supérstite renuncia al usufructo** que le corresponde como legitimario, fiscalmente esto se considera una donación del usufructo a los herederos nudos propietarios. Cuando el cónyuge pacta con los herederos la **conmutación** del usufructo por la entrega de bienes en pleno dominio (arts. 839 y 840 CC) (tema 5-2), se tributa por el valor coincidente del valor comprobado de los bienes entregados y el valor del usufructo. La donación de **usufructo con reserva de la facultad de disponer** tributa como si fuera una donación del pleno dominio (y, por tanto, el que recibe la nuda propiedad no tributa).

3. PACTOS SUCESORIOS

A) Concepto y contenido

Los **pactos sucesorios** (o sucesión contractual, o sucesión paccionada) son definidos por el artículo 2.*c*) del Reglamento UE/650/2012 (tema 12-1) como «todo acuerdo por el que se confieran, modifiquen o revoquen, con o sin contraprestación, derechos relativos a la sucesión futura de una o más personas que sean partes en dicho acuerdo». Son **instrumentos sucesorios** (están dirigidos a ordenar la sucesión pensando en la muerte de al menos alguno de los otorgantes), **pluripersonales** (son otorgados por más de una persona), dirigidos a ordenar el destino futuro de los bienes de una o varias personas, que tienen **efectos de presente** en vida de los otorgantes, contienen disposiciones recíprocamente condicionadas o correspectivas, y **no son revocables** unilateralmente *ad nutum*.

Los pactos sucesorios proceden de la tradición jurídica germánica, donde se desconocía el testamento unipersonal (al contrario que en Roma, donde no había pactos sucesorios y sí testamento). El codificador del siglo XIX era especialmente contrario a los pactos sucesorios, que chocan con muchas normas de su orden público sucesorio, como la prohibición de aceptar, repudiar o negociar sobre la herencia o la legítima antes de la apertura de la sucesión (arts. 816, 991 y 1.271.II CC), el carácter unipersonal del testamento (art. 669 CC), la prohibición de las instituciones condicionadas recíprocamente (art. 794 CC) y la revocabilidad de los instrumentos sucesorios (art. 737 CC).

Sin embargo, **todos los territorios forales regulan y mantienen diversos tipos de pactos sucesorios**. Y hoy los pactos sucesorios vuelven a gozar de cierto auge, como instrumentos al servicio del mantenimiento indiviso de las explotaciones familiares agrarias, industriales o comerciales.

Para poder otorgar un pacto sucesorio es necesario que lo permita la **ley personal de todos los otorgantes** (aunque cada uno tenga distinta vecindad civil).

El documento que contiene el pacto sucesorio puede recibir muchos nombres distintos, pero siempre requiere otorgamiento en **escritura pública** (art. 1.280.1.° y 4.° CC). Pueden estar contenidos en una escritura de capitulaciones matrimoniales (art. 1.327 CC), donaciones antenupciales (art. 1.341 CC), ***espòlits*** (Ibiza y Formentera). Atendiendo a su contenido, son también pactos sucesorios los pactos de institución y los heredamientos (Cataluña), la **definición** (Baleares), los pactos de mejora, mejora de labrar y poseer y apartación (Galicia), los acogimientos y dotaciones (Navarra).

Aunque hay pactos sucesorios muy variados y cada Derecho foral los regula de un modo distinto, podemos mencionar algunas de las cláusulas más frecuentes que pueden combinarse en la elaboración de un pacto sucesorio:

a) Los pactos que incluyen el **nombramiento de heredero** del instituyente a favor del instituido son los **pactos institutorios**. Son de este tipo las **donaciones universales** (Aragón, Baleares, Navarra, Cataluña), el **heredamiento** en Cataluña (art. 431-18 CCC), la institución de heredero en favor de contratante en Aragón (art. 385 CDFA), el pacto de institución universal en Navarra (ley 177 FNN), los pactos de institución o designación sucesoria vasca (art. 104 LDCFPV). El instituido acepta la herencia en vida del causante, y por tanto después de la muerte de este ya no puede repudiar. El otorgante conserva el patrimonio hasta su muerte y no ve limitada su capacidad para disponer de sus bienes presentes y futuros a título oneroso *inter vivos*, pero para hacerlo por cualquier otro título necesita autorización del heredero, y no puede revocar el nombramiento (salvo en los casos legalmente previstos).

b) La institución en favor del instituido puede ser otra distinta del nombramiento de heredero, como la **promesa de mejorar** (muy tradicional en Galicia) o una **institución en bienes concretos**. En Aragón, Navarra, País Vasco y Cataluña la promesa de mejorar tiene derecho de representación.

c) Los pactos sucesorios pueden establecer que los bienes se entreguen de presente o en el futuro. Los **pactos sobre bienes concretos con entrega de presente** suelen contener limitaciones a la facultad de disponer del instituyente (Cataluña, art. 431-30 CCC). Esas limitaciones son menores en los pactos con entrega de futuro.

En Galicia, en el **pacto de mejora sin entrega de presente**, el disponente tiene plena libertad para disponer a título oneroso *inter vivos* de los bienes que ha prometido dar, pero si dispone de ellos a título *mortis causa* o gratuito *inter vivos*, a su muerte el mejorado podrá recuperarlos (art. 217 LDCG). Por tanto, en vida del causante este pacto no otorga ningún derecho real, y no es inscribible (RDGRN de 5 de abril de 2016). Si el descendiente al que se prometió la mejora premuere al otorgante, la promesa decae (art. 218.2.º LDCG).

d) Son frecuentes también las **renuncias** (en vida del causante) a la herencia o a la legítima futura por parte de los legitimarios. Esto es necesario para que el instituyente pueda darle al instituido más de lo que le correspondería legalmente. En la **apartación gallega** un legitimario acepta quedar excluido él y todo su linaje de la herencia del causante a cambio de recibir determinados bienes (art. 224 LDCG). También son de este tipo la **definición** balear (art. 50 CDCIB) y el **finiquito** en Ibiza y Formentera (art. 72 CDCIB). Las promesas y las renuncias de unos y otros tienen **carácter correspectivo**, porque uno renuncia a algo a cambio de que otro renuncie o prometa otra cosa (p. ej., «renuncio a mi legítima en la herencia futura de mi padre a cambio de que me pague los estudios en Harvard»).

e) Es frecuente que los pactos institutorios contenidos en pactos sucesorios contengan **instituciones (de heredero) recíprocas** (art. 395 CDFA) o heredamientos mutuales (art. 431-20 CCC) y usufructos universales, como el **usufructo universal capitular pactado en *espòlits***, propio de Ibiza y Formentera (art. 68 CDCIB). La institución recíproca es muy frecuente en el **testamento de hermandad**. Este se diferencia de los pactos sucesorios en que no tiene efectos de presente y es revocable unilateralmente en vida de los otros otorgantes (tema 4-8).

f) Las **dotaciones** son cantidades o derechos asignados a persona distinta del heredero o legatario (ley 138 FNN) (p. ej., «renuncio a mi legítima en la herencia futura de mi padre, a cambio de que él mejore a mi hijo»).

g) Es frecuente que el heredero se obligue a **acoger, cuidar y mantener** a los instituyentes o a otras personas, lo que lo asemeja al pacto de vitalicio. Mediante el **acogimiento** navarro se establece a favor de una persona el derecho a vivir en la casa y ser alimentado y atendido en ella (ley 137 FNN). El deber de alimentar al heredero es una cláusula típica en el **usufructo universal capitular pactado en *espòlits*** de Ibiza y Formentera (art. 68 CDCIB).

B) Extinción

Al ser pluripersonales, los pactos sucesorios **no pueden ser libremente revocados ni modificados sin el consentimiento de todos los otorgantes** (ley 182 FNN).

En la sucesión de un causante concreto, **sucesión paccionada y sucesión testamentaria son mutuamente excluyentes**. Esto significa que el pacto sucesorio revoca el testamento anterior del otorgante (p. ej., art. 10 CDCIB), y el causante que otorga un pacto sucesorio no puede otorgar luego otro testamento (salvo que el pacto haya decaído o para disponer de bienes no incluidos en el pacto). Por el contrario, el que ya ha testado sí puede otorgar un pacto sucesorio que revoque su testamento anterior.

El instituyente puede **revocar** un pacto sucesorio cuando el instituido incurre en causa de indignidad o desheredación, a lo que los Derechos forales añaden otras causas similares: conducta gravemente injuriosa o vejatoria (Galicia, art. 218 LDCG), conducta que impida la normal convivencia familiar (País Vasco, art. 108.4 LDCFPV), incumplir las obligaciones de acoger y mantener a los donantes o a otras personas, de forma similar a la revocación de la donación por incumplimiento de cargas (art. 647 CC) o ingratitud (art. 648.3.º CC).

Cuando el pacto sucesorio está fundado en un instrumento de naturaleza matrimonial, cosa muy frecuente (p. ej., capitulaciones matrimoniales, donaciones antenupciales), **la crisis matrimonial** hace decaer la institución en favor del cónyuge, pero el resto de su contenido permanece (arts. 431-17 CCC, leyes 83 y 182.III FNN, STSJ Navarra de 19 de mayo de 2011) (tema 13-8).

Si el instituido premuere y era descendiente del testador, sus propios descendientes tienen derecho de representación. Si carece de ellos, la institución decae salvo pacto en contrario (Cataluña, art. 431-24 CCC; Navarra, ley 180 FNN; País Vasco, art. 106 LDCFPV) (en Galicia, por el contrario, cuando hubo entrega de presente, no decae, art. 218.2 LDCG).

C) Pactos sucesorios en el Código civil

No son pactos sucesorios instituciones reguladas en el Código como la facultad concedida al cónyuge de distribuir bienes entre descendientes comunes (art. 831 CC) (tema 8-4) o la partición testamentaria hecha por el testador (art. 1.056 CC) (tema 11-4), porque son unipersonales y pueden ser libremente revocados por el testador.

Sin embargo, y a pesar de la oposición del codificador a los pactos sucesorios, el texto originario del CC incorporó dos pequeñas modalidades de pacto sucesorio, en un intento de acercar posturas con las provincias forales: la **promesa irrevocable de mejorar** y las **donaciones antenupciales de bienes futuros**. Solo permiten institución a título singular en favor de alguno de los otorgantes y se utilizan muy poco.

a) *Promesa irrevocable de mejorar*

«La promesa de mejorar o no mejorar, hecha por escritura pública en capitulaciones matrimoniales», vincula al otorgante, y si luego este cambia de opinión y otorga testamento en favor de otra persona, prevalecerá la promesa de mejorar frente al testamento (art. 826 CC).

Igualmente, la imputación del carácter de mejora a una donación *inter vivos* con entrega de presente, que en general es revocable, se convierte en irrevocable cuando es pactada en capitulaciones matrimoniales o en contrato oneroso con un tercero (art. 827 CC).

b) *Donaciones antenupciales en capitulaciones matrimoniales*

Los esposos podrán donarse antes del matrimonio bienes futuros para el caso de muerte en capitulaciones matrimoniales (art. 1.341.II

CC). Es una donación de bienes futuros que de otro modo sería ineficaz (art. 635 CC) que el causante se obliga a dar a su (futuro) cónyuge. Decaen si el matrimonio no se celebra en un año (art. 1.342 CC). La crisis conyugal pude ser causa para revocar las atribuciones al cónyuge (art. 1.343.II y III CC).

El cuadro de pactos sucesorios queda así:

	Pactos sucesorios en general	Institución de heredero	Instituciones parciales	Con entrega de presente	Institución recíproca	Institución a favor de tercero	Pactos de renuncia
Código Civil	No (arts. 737, 816, 991)	No	Promesa de mejorar (art. 826) Donaciones antenupciales (art. 1.341.II)	Sí (art. 826)	No (art. 794)	No	No (art. 816, 991)
Aragón	Sucesión paccionada (art. 377)	Sí (arts. 383, 385)	Sí (art. 381)	Sí (art. 339)	Sí (art. 395)	Sí (art. 397)	Sí (art. 399)
Baleares	MALLORCA Y MENORCA Definición (art. 50) I&F *Espòlits* (art. 66)	Donación universal (art. 8) Heredamiento (arts. 66, 73)	IBIZA Y FORMENTERA Escreix (art. 66)	Sí (arts. 8, 13, 50, 73)	Sí	IBIZA Y FORMENTERA Sí [arts. 6, 8.*d*)]	MALLORCA Y MENORCA Definición (art. 50) I&F Finiquito (art. 72)
Cataluña	Sí (art. 431-1)	Heredamiento (art. 431-18)	Sí (art. 431-29)	Sí (art. 431-19)	Sí (art. 431-20)	—	—
Galicia	Sí (art. 209)	Promesa de mejora de labrar y poseer (art. 219.2)	Pacto de mejora (art. 214)	Sí (art. 217.1)	—	—	Apartación (art. 224)
Navarra	Sí (ley 172)	Sí (leyes 160, 177)	Institución a título singular (ley 177) Acogimiento (ley 137) Dotaciones (ley 138)	Sí (leyes 177, 179)	Sí (ley 177)	Sí (leyes 172, 177)	Sí (ley 172)
País Vasco	Sí (art. 100)	Sí (arts. 102, 103)	Sí (art. 103)	Sí (art. 104)	Sí (art. 103)	Sí (art. 100)	Sí (arts. 100, 103)

4. INSTITUCIONES FIDUCIARIAS *MORTIS CAUSA*

A) Concepto

Las **instituciones fiduciarias** en general se caracterizan porque el otorgante **(fiduciante)** confiere al **fiduciario** un derecho (p. ej., la propiedad sobre un bien) con una finalidad distinta de la que sería propia del otorgamiento. El fiduciario es un **titular formal** porque, aunque figura como titular, ha recibido esa titularidad solo para cumplir una finalidad concreta, no para su propio interés. Los negocios fiduciarios *inter vivos* más frecuentes son la ***fiducia cum amico*** (el dueño transfiere a un amigo la propiedad de un bien para que lo gestione o guarde) y la ***fiducia cum creditore*** (el dueño transmite la propiedad de un bien a su acreedor con el fin de garantizar la devolución del préstamo).

A pesar de su nombre, las sustituciones fideicomisarias puras y las de residuo (tema 7) no son propiamente instituciones fiduciarias *mortis causa*, porque el heredero fiduciario es heredero en sentido material y en su propio interés. Pero sí existen instituciones fiduciarias *mortis causa*. Aunque los nombres son variados y a veces engañosos, podemos hablar de dos tipos principales: **el testamento por comisario** y **la herencia de confianza**.

En general, el Código civil se opuso a ellas porque son contrarias al carácter personalísimo del testamento (art. 670 CC), resulta difícil controlar si el fiduciario es fiel a las instrucciones del causante, y pueden usarse para defraudar legítimas o establecer vinculaciones prohibidas. Los artículos 785.3.º y 4.º y 830 CC están dirigidos directamente a impedirlas. A pesar de todo, el Código regula algunas instituciones que se les asemejan.

A efectos tributarios, las instituciones fiduciarias en las que una persona recibe el bien con el encargo de entregarlo a otro y sin disfrutarlo él mismo, tienen como sujeto pasivo al que recibe los bienes efectivamente, no al fiduciario.

B) Sucesión por comisario

Esta figura permite que mediante testamento, escritura pública o pacto sucesorio, el causante otorgue **poder testatorio**, es decir, que encargue a una persona de su confianza (**el comisario**) la tarea de decidir quién será su heredero (o distribuir su herencia) entre un grupo previo. En la mayoría de los casos, pretende nombrar comisario a su cónyuge para que elija como heredero a uno de los hijos comunes, que todavía son pequeños. En este sentido, el testamento por comisario forma parte de las instituciones que pretenden la concentración y continuidad de la unidad productiva familiar.

De este tipo son la designación de heredero por comisario (art. 424-1 CCC) y la designación de heredero por los parientes en Cataluña (art. 424-5 CCC); la fiducia sucesoria aragonesa (art. 439-463 CDFA); el testamento por comisario gallego (que solo puede ser en favor del cónyuge) (art. 196 LDCG); el fiduciario-comisario navarro (ley 281 FNN) y la designación de fideicomisario por fiduciario navarra (ley 236 FNN); la sucesión por comisario vasca (arts. 30-46 LDCFPV); el usufructo poderoso de Ayala (art. 91 LDCFPV); el fideicomiso de distribución de Mallorca y Menorca (que solo puede realizarse en favor del cónyuge y para distribuir entre hijos comunes) (arts. 18-23 CDCIB); y la fiducia sucesoria en Ibiza y Formentera (solo en favor del cónyuge) (art. 71 CDCIB).

El Código regula algunas figuras que recuerdan al testamento por comisario. Puede atribuir al cónyuge la **facultad de distribuir la mejora**, el tercio de libre y los bienes procedentes de la sociedad de gananciales no disuelta entre los hijos comunes (art. 831 CC). O puede elegir un **contador-partidor testamentario** para que realice la partición entre los coherederos (art. 1.057.I CC) (tema 11-4).

C) Herencia de confianza

En la **herencia de confianza**, regulada únicamente en Cataluña y Navarra (arts. 424-11 a 424-15 CCC y leyes 150 y 289-294 FNN), el causante nombra un **heredero de confianza (o confidenciario)** para que dé a toda o parte de su herencia un destino determinado según instrucciones secretas que le ha entregado aparte. Mientras las instrucciones sean secretas, el confidenciario es como un heredero. En el momento en que las revela, su posición pasa a ser más parecida a la de un albacea.

En Cataluña la figura del confidenciario es compatible con el nombramiento de otro heredero «residual», al que el confidenciario deberá entregar el sobrante de la herencia después de haber realizado los encargos que le hizo.

En Navarra, por el contrario, el confidenciario no está obligado a revelar las instrucciones ni a rendir cuentas de su gestión (ley 290 FNN), y se le considera heredero residual salvo que el causante haya dicho lo contrario.

La **fiducia continuada navarra** permite al testador conservar la unidad de los bienes a lo largo del tiempo, pues la titularidad no corresponde a una persona concreta, sino a la herencia misma (ley 293 FNN).

El Código civil regula otras figuras en las que el causante también atribuye cierto margen de actuación a una persona de su confianza para que realice operaciones en interés de otros. El causante puede establecer un legado con cargo al heredero o a otro legatario (art. 858 CC), dar instrucciones al albacea testamentario, cuya función es precisamente cumplirlas (art. 902 CC), encargar ciertas obras benéficas dando margen de decisión al encargado de hacerlo (art. 788 CC), completar las instrucciones al heredero o al legatario con un codicilo que cumpla los requisitos de forma del testamento ológrafo (art. 672 CC). Pero ninguna de ellas concede tantas facultades como la herencia de confianza. Y cuando un testamento sometido a Derecho común pretende establecer una herencia de confianza, el Tribunal Supremo la declara nula con base en el artículo 785.4.° CC (p. ej., STS de 19 de mayo de 2004).

	Código Civil	**Aragón**	**Baleares**	**Cataluña**	**Galicia**	**Navarra**	**País Vasco**
Testamento por comisario	Facultad de distribuir entre hijos comunes atribuida al cónyuge (art. 831 CC)	Fiducia sucesoria (art. 439 CDFA)	Fideicomiso de distribución Mallorca y Menorca (arts. 18-23 CDCIB) Fiducia sucesoria Ibiza y Formentera Sí (art. 71 CDCIB)	Designación de heredero por fiduciario (arts. 424-1 a 424-10 CCC)	Sí (art. 196 LDCG)	Fiduciario-comisario (ley 281 FNN) Designación de Fideicomisario por fiduciario) (ley 236 FNN)	Testamento por comisario (arts. 30-46 LDCFPV) Usufructo poderoso (Ayala) (art. 91 LDCFPV)
Herencia de confianza	No (art. 785.4.° CC)			Herencia de confianza (art. 424-11 a 424-15 CCC)		Herencia de confianza (leyes 289-295 FNN) Fiducia continuada (ley 293 FNN)	

TEMA 9

RESERVAS Y TRONCALIDAD

SUMARIO: 1. RESERVAS.—A) *Reserva ordinaria o binupcial.*—B) *Reserva lineal troncal.*—C) *Derechos forales.*—2. TRONCALIDAD (VIZCAYA, NAVARRA, ARAGÓN Y CATALUÑA).—3. REVERSIÓN DE LIBERALIDADES A DESCENDIENTES.

1. RESERVAS

Las reservas responden a una lógica distinta (y en ocasiones opuesta) a la de propiedad individual liberal que preside la regulación sucesoria del Código. Están vigentes, pero tienen carácter excepcional, y deben aplicarse restrictivamente (STS de 13 de marzo de 2008).

A) RESERVA ORDINARIA O BINUPCIAL

La **reserva ordinaria** (llamada también **vidual o binupcial)** pretende asegurar que los bienes que una persona que queda viuda y vuelve a casarse había recibido a título lucrativo de su cónyuge o su familia, pasen a su muerte a los hijos del primer matrimonio. De alguna manera, el Derecho asume que el bínubo va a querer más a su nueva familia y que esto va a repercutir en perjuicio de los hijos del primer matrimonio y quiere proteger a estos. En este sentido, guarda relación con otras instituciones que tienen un mal concepto de las segundas nupcias (como la antigua regla navarra a favor de los hijos del primer matrimonio de la ley 272 FNN, derogada en 2019). Se aplica tanto en testada como en intestada (arts. 968 y 969 CC).

El supuesto de hecho es el siguiente:

— Hay un primer matrimonio formado por A y B;
— B fallece (**cónyuge premuerto**) dejando al menos un descendiente (**reservatario**);
— A (**reservista**) ha recibido de B o de su familia bienes a título lucrativo, *inter vivos* o *mortis causa* (**bienes reservables**); y
— A contrae segundas nupcias (con D).

La consecuencia jurídica es que A **está obligado a «reservar»** la propiedad o el valor de los bienes reservables a favor de los reservatarios. Es decir, debe tomar medidas para asegurar que, cuando él fallezca, los bienes reservables (o su valor) irán a parar a los hijos del primer matrimonio.

El régimen de los bienes en las distintas **fases** por las que atraviesa la reserva está detallado en los artículos 974-978 CC.

a) **Desde el fallecimiento** del cónyuge premuerto hasta el segundo matrimonio, el reservista no tiene obligación legal de reservar. Puede disponer de los bienes reservables, pero si vuelve a casarse tendrá que reservar el dinero obtenido por ellos (arts. 974 y 976 CC).

b) Cuando el reservista **contrae el segundo matrimonio** (fase de reserva pendiente) nace la obligación de reservar los bienes reservables. Debe inventariarlos, tasarlos y anotar su cualidad de reservables en el RP (arts. 977 CC, 259 y 265.III RH y 187 LH). Los reservatarios pueden exigir que asegure con hipoteca el valor de los muebles reservables (tanto si los conserva como si dispuso de ellos) y el de los inmuebles de los que dispuso antes del segundo matrimonio (art. 978 CC). Puede disponer sobre ellos por cualquier título *inter vivos*, oneroso o lucrativo, pero esos actos estarán sometidos a reversión cuando la reserva se consolide.

c) Cuando **fallece el reservista**, la reserva se consolida y los reservatarios tienen derecho a recibir los bienes reservables o su valor.

Si el reservista fallece **intestado**, el reparto se hará conforme a las reglas de la sucesión intestada (art. 973.I CC). Si fallece **testado**, el reservista puede distribuir los bienes reservables entre los reservatarios como quiera (art. 972 CC), siempre respetando la legítima (STS de 17 de marzo de 1975).

Si el reservista dispuso de bienes reservables inmuebles y la cualidad de reservable está anotada, los reservatarios harán valer la **reversión,** resolviendo cualquier negocio posterior a la anotación (como en la sustitución fideicomisaria, art. 480 CC, tema 7-4). Si enajenó bienes no anotados, los reservatarios tienen contra la herencia del reservista derecho al precio recibido por ellos, con la garantía de la hipoteca del artículo 978 CC.

Los bienes reservables se computan para el **cálculo de la legítima** de los legitimarios reservatarios, pero no para el de los legitimarios no reservatarios (tema 10-1).

La reserva se extingue: *a*) cuando no hay reservatarios o no sobreviven al reservista (arts. 971 y 975 CC), *b*) por dispensa del cónyuge premuerto (STS de 23 de marzo de 1992) (en Navarra es indispensable, ley 274.III FNN), *c*) por dispensa de los familiares transmitentes (se presume cuando la transmisión es posterior al segundo matrimonio, art. 970 CC), *d*) por renuncia de los reservatarios después del segundo matrimonio (art. 970 CC y STS de 5 de mayo de 1989), *e*) cuando los reservatarios son desheredados justamente (arts. 857 y 973.II CC).

La institución histórica de la reserva solo pensaba en unas segundas nupcias a consecuencia del fallecimiento del cónyuge premuerto, pero no preveía el supuesto del **divorcio**. Después de 1981 una parte de la doctrina defendió que también procede la reserva en caso de divorcio. Otros autores piensan que la reserva solo tiene sentido cuando el primer matrimonio se ha extinguido por fallecimiento. En Navarra la respuesta es clara, porque la obligación de reservar no requiere el fallecimiento del reservatario, sino el hecho de que el cónyuge supérstite contraiga matrimonio o constituya pareja estable (ley 273 FNN).

Una modalidad de la reserva binupcial es la reserva del **supérstite con hijos de alguien distinto al cónyuge premuerto,** ya sean hijos anteriores al matrimonio con el premuerto, tenidos constante el matrimonio (extramatrimoniales), o después de fallecido el premuerto, incluyendo a los adoptivos (art. 980 CC). La *ratio* de esta reserva es similar: proteger a los hijos del primer matrimonio frente a la posible predilección que pueda sentir el cónyuge supérstite por los hijos habidos antes o al margen de él. En este caso, la obligación de reservar nace con el nacimiento del hijo (o con el acto de la adopción) (art. 980 CC).

Como puede verse, hay deber de reservar si el supérstite vuelve a casarse (aunque no tenga más hijos), y hay deber de reservar si tiene más hijos (aunque no vuelva a casarse), pero no lo hay si vive formando una unión de hecho y no tiene más hijos (salvo en País Vasco y Navarra, donde también en este caso hay que reservar).

B) Reserva lineal o troncal

La reserva lineal está regulada en un único artículo, el artículo 811 CC:

> El ascendiente que heredare de su descendiente bienes que éste hubiese adquirido por título lucrativo de otro ascendiente, o de un hermano, se halla obligado a reservar los que hubiere adquirido por ministerio de la ley a favor de los parientes que estén dentro del tercer grado y pertenezcan a la línea de donde los bienes proceden.

El **supuesto de hecho** es:

— Uno de los cónyuges (cónyuge premuerto) (B) fallece, dejando bienes (bienes reservables) a título lucrativo (*inter vivos* o *mortis causa*) en favor de un descendiente común (**descendiente origen**) (C) (bienes que han podido llegar a C también a través de un hermano) (*primera transmisión*).
— El descendiente origen (C) fallece, y los bienes reservables son heredados «por ministerio de la ley» (intestada o legítima) por A, cónyuge supérstite de B y ascendiente de C (reservista) (*segunda transmisión*).

El reservista (A) tiene el deber de reservar los bienes reservables (o su valor) para asegurar que a su muerte pasen a ser propiedad de los **reservatarios**, que en este caso son *los parientes del cónyuge premuerto que se encuentren dentro del 3.er grado contando desde el descendiente origen* (STS de 16 de diciembre de 1892). Si el reservista fallece intestado, los bienes se distribuirán entre ellos según las reglas de la intestada. Si fallece testado, puede distribuirlos como quiera entre ellos (art. 972 CC, STS de 13 de marzo de 2008). La *ratio* es «evitar el peligro de que los bienes poseídos secularmente por una familia pasen bruscamente a título gratuito a manos extrañas por el azar de los enlaces y muertes prematuras» (STS de 19 de noviembre de 1910).

Las lagunas y dudas que genera la reserva lineal deben completarse acudiendo a la binupcial. En general, deben aplicarse a la lineal los artículos 970-973 y 975-978 CC (pero no los arts. 968-969 ni 979-980 CC). Aunque si la *ratio* es evitar la imprevisión, el ascendiente premuerto debería poder impedir que opere la reserva si lo indica en testamento (instituyendo sustitutos, nombrando heredera directamente a A, etc.).

No es necesario que los bienes reservables procedan de la familia del ascendiente premuerto: también hay sucesión lineal para los bienes que el ascendiente premuerto consiguió con su trabajo (STS de 22 de marzo de 1986).

Se pueden cumplir a la vez los supuestos de hecho de las reservas binupcial y lineal. Concretamente, esto ocurrirá siempre que quedan hijos del primer matrimonio y el supérstite se vuelve a casar. En tal caso, **prevalece la binupcial sobre la lineal**, porque cumpliendo la primera se satisface también la *ratio* de la segunda (SSTS de 4 de enero de 1911 y 5 de junio de 2008).

C) DERECHOS FORALES

Pese a que las reservas tienen un origen claramente foral y fueron introducidas en el Código como una concesión a los foralistas, paradójicamente su presencia ha ido creciendo en Derecho común y disminuyendo en los Derechos forales (salvo en el País Vasco, donde sigue siendo muy importante).

En País Vasco y Navarra, la reserva binupcial nace también cuando entre premuerto y reservista había una relación de pareja estable (en lugar de matrimonio), y cuando el reservista constituye una pareja estable (en lugar de contraer nuevas nupcias).

	Código Civil	**País Vasco**	**Navarra**	**Baleares**	**Aragón**	**Cataluña**	**Galicia**
Reservas	Sí	Sí	Sí	Sí	No (salvo expresas) (art. 464.3 CDFA)	No (art. 411-8 CCC)	No (art. 182 LDCG)
Reserva de bienes donados al matrimonio		Sí (art. 119 LDCFPV)					
Reserva binupcial	Sí (arts. 968-979 CC)	Sí (art. 120 LDCFPV)	Sí (leyes 273-276 FNN)				
Reserva por otros hijos	Sí (art. 980 CC)	Sí (art. 120 LDCFPV)					
Reserva lineal	Sí (art. 811 CC)	Sí (art. 118 LDCFPV)		Sí (art. 43.III CDCIB)			

2. TRONCALIDAD (VIZCAYA, NAVARRA, ARAGÓN Y CATALUÑA)

La **troncalidad** es un principio que se concreta en varias instituciones dirigidas a un mismo fin: facilitar que los bienes que una persona ha recibido a título lucrativo (por herencia o donación) de su familia, cuando dejen de ser suyos, vuelvan a ser propiedad de algún miembro de la rama de la familia de la que proceden (la de su padre o la de su madre). Por tanto, la troncalidad puede resumirse en el principio ***paterna***, ***paternis***, ***materna***, ***maternis*** (es decir, los bienes que proceden de la familia paterna deben volver a la familia paterna, y los que proceden de la familia materna deben volver a la familia materna).

Durante siglos, la troncalidad fue un principio más o menos presente en toda España. La revolución liberal se opuso a ella por considerarla contraria a la libertad de disposición del propietario y al mercado. Sin embargo, ha perdurado en algunas instituciones que siguen plenamente vigentes en Derecho común (como las reservas), y, sobre todo, en algunos Derechos forales, especialmente en Vizcaya, Navarra y Aragón.

La troncalidad tiene cuatro manifestaciones principales: *a*) las reservas; *b*) la sucesión intestada sin descendientes (Aragón, Vizcaya y Navarra); *c*) la limitación de disposiciones lucrativas (Vizcaya); y *d*) ciertos derechos de adquisición preferente *inter vivos* (Navarra y Vizcaya).

a) Las **reservas** binupcial y lineal son las únicas manifestaciones de la troncalidad que perduran en Derecho común (además de en el País Vasco, Navarra y Baleares) (vid. apartado anterior).

b) La **sucesión troncal en intestada** tiene lugar únicamente en Aragón, Navarra y Vizcaya (y con carácter muy reducido en Cataluña). Ampliaremos ahora la explicación adelantada en el tema 3-7.

El supuesto de hecho de la sucesión troncal en intestada es: i) que el causante haya fallecido **intestado** y **sin dejar descendientes** (y en Cataluña, además, que el causante sea menor de 14 años y sus padres no hayan previsto sustitución pupilar para él); ii) que en su patrimonio relicto haya **bienes troncales**, y iii) que le sobrevivan **parientes tronqueros** por el lado de la familia del que proceden los bienes.

Si se cumplen estas condiciones, la sucesión del causante se divide en dos grupos de bienes: i) por un lado, los bienes troncales se repartirán entre los parientes tronqueros de la línea de la que proceden, siguiendo las reglas de orden, grado y exclusión; ii) por otro, los bienes no troncales restantes se repartirán de acuerdo con las reglas normales de la intestada (no troncal). Si falla alguna de esas condiciones, no habrá sucesión troncal, y todos los bienes se distribuirán de acuerdo con la sucesión intestada no troncal.

Son bienes troncales:

Aragón (arts. 527-528, 589 CDFA)	**Navarra** (ley 306 FNN)	**Vizcaya** (arts. 61-71 LDCFPV)	**Cataluña** (art. 444-1 CCC)
BIENES TRONCALES SIMPLES: Recibidos de ascendientes o colaterales (h. 6.° gr.) a título gratuito. BIENES TRONCALES DE ABOLORIO: Inmuebles sitos en Aragón, que han permanecido en la familia dos generaciones, recibidos de cualquier pariente, por cualquier título.	**Inmuebles** recibidos de parientes (h. 4.° gr.) a título gratuito, por permuta de otro bien troncal o por retracto gentilicio.	**Inmuebles sitos en el Infanzonado**, que hayan pertenecido al tronco común de sucesor y causante, adquiridos por cualquier título o por permuta de otro bien troncal.	**Bienes del impúber**, recibidos de parientes de un progenitor (h. 4.° gr. de este) a título gratuito.

Los órdenes de la sucesión en bienes troncales previstos en los Derechos forales que conservan la sucesión troncal son los siguientes:

	Aragón (arts. 526-528 CDFA)	**Navarra** (ley 307 FNN)	**Vizcaya** (arts. 66 y 111 LDCFPV)	**Cataluña** (art. 444-1 CCC)
1	HERMANOS E HIJOS Y NIETOS DE HERMANOS de la línea de la que proceden bienes.	ASCENDIENTES de la línea de la que proceden los bienes.	ASCENDIENTES de la línea de la que proceden los bienes.	PADRES de la línea de la que proceden los bienes.
2	PADRE O MADRE de la línea de la que proceden los bienes.	HERMANOS de la línea de la que proceden los bienes con vecindad navarra (sin distinción de vínculo, con ddR).	COLATERALES de la línea de la que proceden los bienes.	COLATERALES de la línea de la que proceden los bienes (h. 4.° gr.)

	Aragón (arts. 526-528 CDFA)	**Navarra** (ley 307 FNN)	**Vizcaya** (arts. 66 y 111 LDCFPV)	**Cataluña** (art. 444-1 CCC)
3	COLATERALES de la línea de la que proceden los bienes. Bienes simples h. 4.° gr. Bienes de abolorio h. 6.° gr.	COLATERALES de la línea de la que proceden los bienes con vecindad navarra (h. 4.° gr.)		

c) **Limitación de la atribución lucrativa de bienes troncales en Vizcaya**. En Vizcaya, el titular de bienes troncales solo puede disponer de ellos a título lucrativo (tanto *inter vivos* como *mortis causa*) en favor de sus parientes tronqueros, y dentro de ellos siguiendo el orden de prelación legal: 1.°, todos los descendientes en línea recta; 2.°, todos los ascendentes de la línea de la que proceden los bienes; 3.°, el cónyuge o pareja de hecho respecto a los bienes adquiridos por cualquiera durante el matrimonio o la convivencia; 4.°, los colaterales de la rama de la que proceden los bienes hasta el 4.° grado (art. 66 LDCFPV). Si un vizcaíno dispone de bienes troncales incumpliendo esta regla, el tronquero pospuesto puede pedir la anulación de la disposición en un plazo de cuatro años (art. 69 LDCFPV). Los bienes recibidos por troncalidad por un legitimario se imputan a su legítima, y en caso de conflicto entre troncalidad y legítima, prevalece la troncalidad (art. 70 LDCFPV).

d) En Vizcaya y Navarra los parientes tronqueros disponen de un **derecho de adquisición preferente** legal en caso de transmisión *inter vivos* a título oneroso, materia que, por tanto, queda fuera de las sucesiones *mortis causa*.

En Vizcaya, si el dueño de bienes inmuebles sitos en el Infanzonado que tienen carácter troncal los transmite por título oneroso *inter vivos* a alguien distinto de un pariente tronquero que goce de preferencia legal, debe comunicar notarialmente o por edicto la venta a los parientes que gozan de dicha preferencia, que disponen de un derecho de adquisición preferente similar al tanteo durante un plazo de un mes (o quince días si se notificó por edicto) (arts. 72-82 LDCFPV). Si se incumple la notificación, disponen de un derecho similar al retracto llamado **saca foral**, que debe ejercitarse judicialmente en el plazo de tres meses (art. 83 LDCFPV).

En Navarra, la institución equivalente recibe el nombre de **retracto gentilicio**, y da al pariente tronquero el derecho a retraer en 9 días si la venta le ha sido comunicada, o si no se le ha notificado, en dos meses desde la inscripción en el Registro (leyes 452-459 FNN).

3. REVERSIÓN DE LIBERALIDADES A DESCENDIENTES

Los bienes donados por un ascendiente a un descendiente vuelven al ascendiente donante a la muerte del donatario si este le premuere sin haber dejado a su vez descendientes (art. 812 CC).

Este derecho de reversión se aplica en intestada, que es donde tiene más sentido, pero también en testada (salvo que al hacer la donación el ascendiente-donante hubiera establecido una cláusula de reversión a favor de otra persona, o el descendiente-donatario haya previsto otra cosa en testamento). Si el descendiente-donatario premuerto enajenó los bienes donados a título oneroso, el ascendiente tiene derecho a recuperar su precio o los bienes obtenidos con él. Si los regaló, el ascendiente no tiene derecho a recibir nada (art. 812 CC). Los bienes sometidos a este derecho no se incluyen en la base de cálculo para el cómputo de la legítima (ni la que corresponde al ascendiente que los recupera, ni la del cónyuge supérstite) (SAP Álava de 23 de septiembre de 1992) (temas 2-3 y 10-1).

Navarra (ley 279 FNN), País Vasco (art. 123 LDCFPV) y Baleares (art. 43.III CDCIB) reconocen la reversión de forma similar al Código.

En **Aragón** se llama **derecho de recobro** y se aplica a las donaciones realizadas por ascendientes o por hermanos del causante en dos casos: *a*) si el causante muere intestado y sin descendientes (art. 524 CDFA), o *b*) si los bienes han recaído en descendientes del causante que fallecen sin descendientes y sin haber dispuesto de los bienes antes que la persona con derecho al recobro (art. 525 CDFA).

No existe este derecho de reversión en Cataluña (art. 411-8 CCC) ni en Galicia (art. 182 LDCG).

TEMA 10

LIQUIDACIÓN DE LA CUOTA LEGITIMARIA

SUMARIO: 1. BASE DE CÁLCULO.—2. CUOTAS TEÓRICAS.—3. IMPUTACIÓN.—4. CONTROL DE INOFICIOSIDAD.—5. CUOTAS INDIVIDUALES Y PAGOS.—6. CASOS.

El presente tema pretende aplicar lo estudiado anteriormente para calcular (liquidar) la cuota legitimaria. Explicaremos sobre todo el supuesto en que hay descendientes legitimarios y empleando un ejemplo bastante sencillo.

1. BASE DE CÁLCULO

El cálculo de la legítima no se hace sobre la masa relicta, sino sobre una **base de cálculo virtual**, formada por:

— **El *relictum***, es decir, la masa relicta o el caudal relicto (los bienes y derechos patrimoniales transmisibles existentes realmente en el patrimonio del causante en el momento de su fallecimiento) (tema 2-3).

— **Menos el *debitum***, es decir, las deudas del causante. Los derechos de legitimarios, legatarios y herederos corresponden a una herencia neta, o lo que es lo mismo, los primeros en cobrar son los acreedores del causante.

— **Más el *donatum*** (art. 818.II CC), es decir, las donaciones que el causante hizo a lo largo de toda su vida (sin límite temporal) a favor de cualquier persona (incluidos legitimarios, amigos, ONG...). No significa que las donaciones hechas en vida no sean válidas, sino que su valor debe ser tenido en cuenta a la hora de obtener la base de la que se obtendrá la cuota legitimaria (art. 1.045.I CC). Habitualmente solo se tienen en cuenta las especialmente significativas. Probablemente sería más conveniente introducir un límite temporal (en Alemania y en Cataluña se tienen en cuenta solo los últimos diez años de la vida del causante, en Francia los últimos cinco años y en Austria los últimos dos).

La tarea de decidir qué bienes donados por el causante deben ser contabilizados en esta base virtual se llama **computación**. Es una operación meramente contable.

Los bienes donados computables deben evaluarse según su **valor en el momento de la valoración** una vez abierta la sucesión (arts. 847 y 1.045.I CC). Como a largo plazo los inmuebles aumentan de valor, este criterio favorece a los legitimarios frente al donatario (p. ej., STS de 19 de julio de 1982). Antes de 1981 se empleaba como momento de valoración el momento en que tuvo lugar la donación, como sigue ocurriendo con la revocación de donaciones (arts. 645.III y 654 CC).

Deben computarse:

— Las operaciones equivalentes a una donación, como la *venta mixta cum donatione*. Por ejemplo, si el causante vendió unas acciones cotizadas por el 20 por 100 de su valor, debe computarse como donación el 80 por 100 del valor (STS de 19 de junio de 1978).

— Los regalos de boda y el «equipo ordinario» se computan salvo que resulten excesivos, especialmente con respecto a los demás legitimarios (art. 1.044 CC).

— El dinero empleado por el causante para pagar deudas del legitimario (art. 1.043 CC).

No se deben computar:

— Los gastos para dar **sustento, habitación, vestido, asistencia médica y educación (obligatoria) a los hijos** (art. 1.041 CC), pues son el cumplimiento de un deber legal (arts. 142, 143 y 154.2.° CC).

— Los **regalos de costumbre** (art. 1041.I CC).

— Cuando un **legitimario es discapacitado**, no se computan los gastos realizados por sus ascendientes para cubrir sus necesidades especiales (art. 1.041.II CC). Además, el Código atribuye *ex lege* al legitimario discapacitado que convive con el causante un derecho de habitación, siempre que lo necesite y el causante no lo haya excluido expresamente (art. 822.II CC), derecho que tampoco es computable (art. 822.I CC).

— Los **bienes atribuidos al supérstite en la liquidación de gananciales** (art. 1.404 CC), pues no forman parte del caudal relicto (tema 2-3).

— Los bienes sujetos a **predetracción,** como el derecho de reversión (tema 9-4) o el ajuar doméstico (tema 13-6).

Los bienes sometidos a **sustitución fideicomisaria** se computan en la herencia del instituyente y en la del fideicomisario final, pero no en las herencias de los fiduciarios (art. 782 CC), porque la legítima no puede ser gravada con un fideicomiso (arts. 782 y 813.II CC) (tema 7-4).

Los **bienes reservables** se computan para el cálculo de la legítima de los legitimarios reservatarios, pero no para el de los no reservatarios. Por ejemplo, si A tiene dos hijos de su primer matrimonio (reservatarios) y dos del segundo matrimonio (no reservatarios), para calcular las legítimas deberán hacerse dos computaciones distintas, una contando los bienes reservables y los no reservables (para la legítima de los reservatarios), y otra solo con los bienes no reservables (para la legítima de los no reservatarios) (tema 9-1).

Caso 1

El causante A tiene vecindad civil común, es viudo y fallece testado dejando dos hijos (B y C) y un caudal relicto neto de 200. En su testamento nombra herederos universales a sus hijos, establece que su coche (valorado en 30) sea para el hijo C, y ordena un legado de 40 en favor de F. En vida hizo una donación de 20 a B y otra de 30 a E.

La computación será en este caso así:

— *Relictum* neto: 200.
— *Donatum*: 50 (= 30 + 20) (la donación a B es computable).
— Base de cálculo: 250.

2. CUOTAS TEÓRICAS

Una vez se tiene la base de cálculo, hay que hallar la cuota teórica que nos indica el mínimo que el causante debería haber dado a sus legitimarios (lo que nos dará también la cuota de libre designación). Si hay descendientes, habrá que dividir la base en 3/3. Dos tercios de la base son la legítima larga, y el tercero la parte de libre.

Como la legítima estricta son 2/3 menos las mejoras y la mejora no se presume, si no hay mejoras la legítima estricta serán 2/3. Si hay mejoras, la estricta serán 2/3 menos la mejora. Una vez obtenida la legítima estricta, se divide entre el número de legitimarios y de ahí sale la cuota teórica de legítima estricta individual.

En el ejemplo del caso 1, hay descendientes, por lo que habrá que dividir la herencia en tercios. Los legitimarios descendientes son dos. Por tanto:

— Base de cálculo: 250.
— Tercio de libre: 83,3.
— Legítima larga: 166,6.
— Mejora: 0.
— Legítima estricta: 166,6.
— Legítima estricta individual: 83,3.

3. IMPUTACIÓN

La imputación puede entenderse mejor si pensamos en la base de cálculo en términos espaciales, como un «espacio» o «cabida» que hay que «llenar». Los tercios (estricta, mejora, libre) son como «cajones» con determinada cabida (la cuantía). Las atribuciones patrimoniales del causante son como «objetos» que tenemos que «meter» o «encajar» en esos cajones. Los criterios de imputación son las instrucciones que nos da el Derecho sobre dónde debemos intentar encajar cada uno.

El causante goza de cierto margen para indicar el carácter de lo que dona o lega a sus descendientes, pero solo a ellos. Puede imputarlo a la mejora, o a la libre elección (eso es lo que significa «donación no colacionable, art. 1.036 CC). Pero es conveniente que lo diga expresamente en el testamento o en la escritura de donación. Si no lo hace así, será necesario atenerse a las reglas legales de imputación. Para que donaciones y legados a legitimarios puedan imputarse a la legítima deben consistir en dinero o bienes en propiedad exclusiva, plena y libre del testador, salvo que no haya otros en la herencia o la atribución al legitimario vaya a producir su consolidación (en Cataluña, arts. 451-7 y 452-5.2 CCC) (tema 6-3-H). Las atribuciones a descendientes legitimarios se imputan a su legítima estricta, y la mejora no se presume. En detalle, esto queda así:

	Debe imputarse a	**Fundamento legal**
Donación o legado en favor de no legitimario no descendientes	Libre	art. 819.II
Donación o legado en favor de descendiente legitimario	Estricta	arts. 819.I, 825, 828
Donación o legado en favor de descendiente indicando expresamente que es mejora	Mejora	arts. 825, 828
Donación a descendiente legitimario indicando que es no colacionable	Libre	art. 1.036
Donación o legado en favor de cónyuge	Libre	art. 819.II
Donación o legado en favor de ascendiente legitimario	Legítima	

Si el testador ha hecho más atribuciones de las que podía y hay inoficiosidad, el orden en que se haga cada imputación resulta muy relevante, porque las que se queden fuera serán las últimas que se intente imputar. Esto exige aplicar las imputaciones en un orden determinado que permita ver cuál de las atribuciones «se queda fuera» por inoficiosa de un modo lógico y coherente.

La clave para conocer este orden nos la da el orden en que debe pagarse a cada interesado con los bienes de la herencia (**orden de pagos**) (tema 11-2), que es: 1.º créditos de acreedores de la herencia, 2.º legítimas, 3.º legados, 4.º herencia. La imputación se encuentra en relación directa con el orden de pagos (es decir, debe seguir su mismo orden), mientras que la reducción se encuentra en relación inversa al orden de pagos (es decir, debe seguir un orden estrictamente inverso).

Por lo tanto, **el orden en que deben hacerse las imputaciones** es el siguiente:

1.º imputaciones a mejora (porque solo después de saber si las hay y cuál es su cuantía se puede obtener la legítima estricta);

2.º imputaciones a legítima estricta;

3.º imputaciones a tercio de libre. Dentro de éstas, debe utilizarse el orden inverso al de reducción: primero, se imputan las donaciones, empezando por las más antiguas (art. 656 CC); segundo, los legados; en último lugar, la cuota hereditaria, al ser residual.

Las atribuciones que no «quepan» en el apartado correspondiente, deberán considerarse inoficiosas.

En el ejemplo del caso 1:

— Donaciones y legados a extraños (no legitimarios) se imputan al tercio de libre:

- Donación de 30 a E.
- Legado de 40 a F.

— Donaciones y legados a descendientes legitimarios (que no indican su carácter de mejora) se imputan a legítima estricta:

- Donación de 20 a B.
- Legado de 30 a C.

4. CONTROL DE INOFICIOSIDAD

Si mediante la imputación intentábamos «encajar» cada atribución en un «espacio» que indica la ley, mediante el control de inoficiosidad comprobamos si las atribuciones «caben» en los tercios correspondientes. Cuando no cabe en la parte que corresponde, la atribución (o el exceso que no cabe) resulta **inoficiosa**.

Pero antes de declarar la inoficiosidad de una atribución a favor de legitimario descendiente, el Código establece dos posibles **«reajustes»**:

i) Si un **legado** no «cabe» en la legítima estricta, el artículo 828 CC indica que el exceso debe ser «recolocado» en el tercio de libre; si tampoco «cabe» allí, el exceso deberá considerarse una mejora (lo que obligará a recalcular la cuota de legítima estricta); y lo que tampoco quepa allí, será inoficioso.

ii) Por el contrario, para las **donaciones** rige el artículo 825 CC: el exceso debe colocarse en el tercio de libre, y la parte que no quepa será inoficiosa (sin considerarla mejora).

iii) Si la donación que se excede es un regalo de bodas, solo se reduce si la parte que excede supera el 10 por 100 del tercio de libre (art. 1.044 CC).

Solo después de haber realizado las operaciones anteriores estamos en condiciones de saber cuál es la cuota legitimaria, y solo ahora podemos saber si hay o no inoficiosidad. Por tanto, no puede ejercitarse ninguna acción de reclamación de la legítima antes de haber realizado estas operaciones (STS de 11 de octubre de 2005).

Si el causante ha realizado atribuciones patrimoniales inoficiosas, es decir, que vulneran el derecho de los legitimarios, tanto *mortis causa* (institución de heredero, legados) como *inter vivos* (donaciones), el legitimario que ha recibido menos de lo que le correspondía tiene derecho a pedir su **reducción** (arts. 817 y 819.III CC). La reducción puede ser total o parcial.

El **orden** que debe seguirse en las reducciones es **inverso al orden en que deben realizarse los pagos** (tema 11-2):

1.º Lo primero que debe reducirse para pagar a los legitimarios es la **cuota hereditaria, dado su carácter residual** (art. 1.032.I CC). Esto no debería ser necesario si las cosas se han hecho bien, pero, si no ha sido así, los legitimarios deben dirigirse en primer lugar contra los herederos (art. 815 CC).

2.º Si lo anterior no ha sido suficiente, deben reducirse los **legados** inoficiosos (art. 820.1.º CC). Lógicamente, solo pueden ser inoficiosos, y por tanto reductibles, los legados que no sean lícitamente imputables a legítima ni a mejora. Si una parte del legado es imputable a legítima, pero la cuantía del legado resulta excesivo, será inoficiosa y reductible solo la parte excesiva del legado, y procederá una **reducción parcial**. Todos los legados inoficiosos deberán ser reducidos **a prorrata** (art. 820.2.º CC). Por ejemplo, si hay una inoficiosidad de 100 que obliga a reducir dos legados, uno de 1.000 y otro de 500, se reducirá el primero en una cantidad que sea el doble a la del segundo (66,6 y 33,3, respectivamente).

3.º Si no basta con reducir los legados, habrá que reducir las **donaciones** no imputables a legítima ni mejora que resulten inoficiosas (art. 819.III CC). El criterio para reducir las donaciones es distinto del empleado para reducir los legados: se reducen **según su fecha, empezando por las más recientes** (art. 656 CC).

Cuando deba reducirse parcialmente un legado o una donación de cosa **que no admita cómoda división** (p. ej., un inmueble), se quedará con la cosa legada o donada la persona (legitimario o legatario) a la que corresponda la mayor parte de su valor, y el otro pagará la diferencia en dinero (art. 821.I CC), pero si alguno de los dos lo solicita, se venderá la cosa en pública subasta (art. 821.II CC).

Aplicando esto al ejemplo del caso 1:

— Las donaciones y legados a extraños suman 70, por lo que todas caben en el tercio de libre (83,3), y todavía sobra algo (83,3 – 70 = 13,3).
— Las donaciones y legados a legitimarios caben en la cuota de legítima estricta de cada uno (83,3).
— Por tanto, no hay donaciones ni legados inoficiosos. Hay caudal suficiente para satisfacer las legítimas y pagar todas las disposiciones testamentarias.

5. CUOTAS INDIVIDUALES Y PAGOS

La **cuota individual** nos indica cuánto debe recibir cada uno por todos los conceptos (legítima, mejora o legado).

De lo que tiene derecho a recibir cada legitimario habrá que restar las donaciones colacionables que ya ha recibido en vida. Esto es lo que significa en sentido estricto el término **colación** o **colacionar** («tomar de menos», art. 1.047 CC). Por tanto, solo hay colación en sentido estricto cuando hay varios legitimarios que han recibido donaciones en vida. Todo lo computado debe también colacionarse (salvo que se haya imputado al tercio de libre, art. 1.036 CC).

El **residuo**, es decir, lo que sobra después de pagar a acreedores, legitimarios y legatarios, será para el heredero (art. 1.032.I CC). Si son varios y el causante no ha indicado otra cosa, se repartirá entre ellos a partes iguales (art. 765 CC).

La suma de los pagos que hay que hacer tiene que ser igual al *relictum neto*, no a la base de cálculo, ya que esta incluía las donaciones, que solo se han tenido en cuenta para comprobar si son inoficiosas o no. Si no hay inoficiosidad, las donaciones se conservan sin problema. Si hay inoficiosidad y no hay suficiente caudal para pagar la legítima aun después de haber reducido los legados, deberá pagar el heredero que no ha aceptado a beneficio de inventario, o los legitimarios perjudicados tendrán que pedir la reducción de donaciones.

Aplicando esto al ejemplo del caso 1:

Cuotas individuales:

— B tiene derecho a su cuota legitimaria de 83,3. Pero tiene que colacionar la cantidad que recibió por donación (20). Como legitimario recibirá 63,3 (= 83,3 – 20).

— C tiene derecho a su cuota legitimaria de 83,3. Ahí está incluido el legado del coche valorado en 30 (se presume *pro legítima* y no prelegado) (tema 11-2). Como legitimario recibirá 83,3, coche incluido (53,3 más el coche).

— F recibe 40 como legatario (con cargo al tercio de libre).

— E no recibe nada (pero conserva su donación de 30 porque no es inoficiosa).

— Después de pagar legítimas y legados queda un residuo de la herencia sin disponer: los 13,3 que han sobrado del tercio de libre (83,3 – 40 – 30 = 13,3). El residuo corresponde a los herederos, B y C, que heredarán por mitades (13,3 / 2 = 6,63).

Sumando todo lo anterior, los pagos que debe hacer el contador-partidor son:

— a B: 63,3 (como legitimario) + 6,63 (como heredero) = 69,93 (= 70);
— a C: 83,3 (como legitimario) + 6,63 (como heredero) = 89,93 (= 90);
— a F: 40 (como legatario);
— a E: nada.
— Total pagos: 40 + 70 + 90 = 200 (= caudal relicto).

6. CASOS

Caso 1

A continuación vamos a volver a reproducir el mismo ejemplo, pero todo seguido.

El causante A tiene vecindad civil común, es viudo y fallece testado dejando dos hijos (B y C) y un caudal relicto neto de 200. En su testamento nombra herederos universales a sus hijos, establece que su coche (valorado en 30) sea para el hijo C y ordena un legado de 40 en favor de F. En vida hizo una donación de 20 a B y otra de 30 a E.

1. Computación

— *Relictum*: 200.
— *Donatum*: 50 (= 30 + 20) (la donación a B es colacionable).
— Base de cálculo: 250.

2. Cuotas teóricas

Hay dos legitimarios: B y C. Son descendientes, por lo que habrá que dividir la herencia en tercios de 83,3 cada uno (250 / 3 = 83,3):

— Tercio de libre: 83,3.
— Legítima larga: 166,6.
— No hay mejora.

La cuota de legítima estricta individual es también 83,3 (166,6 / 2 = 83,3).

3. Imputación

— Donaciones y legados a extraños se imputan al tercio de libre.
— Donación de 30 a E.
— Legado de 40 a F.
— Donaciones y legados a legitimarios que no indican su carácter de mejora se imputan a legítima estricta.
— Donación de 20 a B.
— Legado de 30 a C.

4. Control de inoficiosidad

— Las donaciones y legados a extraños suman 70 (30 + 40 = 70), por lo que caben en el tercio de libre (83,3), en el que todavía sobra algo (83,3 – 70 = 13,3).
— Las donaciones y legados a legitimarios caben en la legítima estricta de cada uno (83,3).

— Por tanto, hay caudal suficiente para pagar todas las disposiciones y satisfacer las legítimas. No hay donaciones ni legados inoficiosos.

5. Cuotas individuales

— B tiene derecho a su cuota legitimaria de 83,3. Pero tiene que colacionar la cantidad que recibió por donación (20). Como legitimario recibirá 63,3 (= 83,3 – 20).

— C tiene derecho a su cuota legitimaria de 83,3. Ahí está incluido el legado del coche valorado en 30. Como legitimario recibirá 83,3, coche incluido (53,3 más el coche).

— F recibe 40 como legatario (con cargo al tercio de libre).

— E no recibe nada (pero conserva su donación de 30 porque no es inoficiosa).

— Después de pagar legítimas y legados queda un residuo de la herencia sin disponer: los 13,3 que han sobrado del tercio de libre (83,3 – 40 – 30 = 13,3). Corresponde a los herederos B y C, que lo recibirán por mitades (13,3 / 2 = 6,63).

6. Pagos

Sumando todo lo anterior, los pagos que debe hacer el contador-partidor son:

— a B: 63,3 (como legitimario) + 6,63 (como heredero) = 69,93 (= 70);
— a C: 83,3 (como legitimario) + 6,63 (como heredero) = 89,93 (= 90);
— a F: 40 (como legatario);
— E: no tiene que recibir nada (su atribución fue *inter vivos* y ya la recibió en su momento).
— Total pagos: 40 + 70 + 90 = 200 (= caudal relicto).

Añadimos el enunciado de otros casos:

Caso 2

— El causante A tiene vecindad civil común y muere testado. Es viudo de su esposa premuerta (B) y deja cuatro hijos (C, D, E y F). Tiene un caudal relicto neto de 1.000.

— En vida hizo las siguientes donaciones: 500 a C indicando expresamente que era en concepto de mejora; 100 a B; 100 a D; y 100 a su amigo G.

— En el testamento deja varios legados: 100 a E; 100 a F y 100 a G.

— Nombra herederos universales a sus cuatro hijos. Los hijos aceptan la herencia.

Caso 3

— El causante A tiene vecindad civil común y muere testado. Deja viuda (B) y cuatro hijos (C, D, E y F). Tiene un caudal relicto neto de 1.000.

— En vida hizo las siguientes donaciones: 100 a C (indicando expresamente su carácter de no colacionable); 100 a B; 100 para gastos de la boda a su hija D; y 100 a su amigo G.

— En el testamento deja varios legados: 100 a E; 100 a F y 100 a G.

— Nombra herederos universales a sus cuatro hijos, gravados con un usufructo universal en favor de la viuda. Los hijos aceptan la herencia con su gravamen.

Caso 4

— El causante A tiene vecindad civil común y muere testado. Deja viuda (B) y cuatro hijos (C, D, E y F). Tiene un caudal relicto neto de 1.000.

— En vida hizo las siguientes donaciones: hace diez años, 200 a B; hace un año, 200 a C.

— En el testamento deja varios legados: 200 a E; 200 a F y 200 a G.

— Nombra heredera universal a su viuda, salvadas las legítimas.

Caso 5

— A, viudo, fallece intestado con tres hijas (C, D y E), que aceptan la herencia.

— En vida A había regalado 100.000 euros a C, su hija favorita.

— El relicto neto son otros 100.000 euros.

TEMA 11

COMUNIDAD HEREDITARIA, LIQUIDACIÓN, RESPONSABILIDAD Y PARTICIÓN

SUMARIO: 1. COMUNIDAD HEREDITARIA.—2. LIQUIDACIÓN DE LA HERENCIA Y ORDEN DE PAGOS.—3. RESPONSABILIDAD DEL HEREDERO POR DEUDAS DE LA HERENCIA.—4. LA PARTICIÓN DE HERENCIA.—A) *Partición.*—B) *Adjudicación.*—C) *Los acreedores en la partición.*—D) *Impugnación.*

1. COMUNIDAD HEREDITARIA

Si en la masa relicta hay varios bienes y varios coherederos, se produce una situación de **comunidad hereditaria, patrimonio indiviso o indivisión**. Si solo hay un bien, lo que hay es una comunidad proindiviso ordinaria sobre ese bien. En un supuesto muy frecuente, el causante muere intestado con varios hijos que aceptan, en el caudal relicto hay una casa y dinero, y los hijos se reparten el dinero (partición parcial) y se quedan como copropietarios proindiviso sobre la casa, por lo que no hay comunidad hereditaria.

Son **copartícipes** o **cotitulares de la comunidad hereditaria** los coherederos, los legatarios de cuota y el cónyuge supérstite (que también es legatario de cuota, pues como legitimario tiene derecho al usufructo sobre una cuota). El legitimario que no es heredero es copartícipe: *a*) si el testamento le deja «su cuota legitimaria» sin concretarla más (legado de cuota), *b*) si ha recibido menos de lo que le corresponde, o *c*) si ha sido preterido o desheredado injustamente. Pero no es copartícipe si: *a*) recibe su cuota en testamento mediante legado de cosa determinada o *b*) ya lo había recibido en vida del causante. Los acreedores de la herencia no son copartícipes. En adelante, lo que se diga de los coherederos es aplicable también al resto de copartícipes.

En Derecho romano los coherederos eran cotitulares de una comunidad proindiviso (ordinaria por cuotas) *sobre cada uno* de los bienes relictos. En Derecho español el **régimen** de la comunidad hereditaria empezó siendo así, pero ha terminado convirtiéndose en un régimen distinto: **la comunidad hereditaria**.

a) Mientras dure la fase de indivisión, **todos los copartícipes son cotitulares de la masa** relicta. Actuando por unanimidad pueden vender, dividir o gravar cualquier bien relicto o cuota sobre él, conservando la comunidad sobre el resto.

b) Cada coheredero es titular único de una **cuota sobre el total de la masa**. Esta cuota es **libremente disponible** por su titular. Recordemos que antes de la apertura de la sucesión los herederos ni tienen *ius delationis* ni pueden disponer de él (arts. 816, 991 y 1.271.II CC) (tema 2-2). Pero desde el fallecimiento del causante sí pueden (**venta de herencia o venta de cuota de herencia)** (arts. 1.271.II y 1.531 CC, 42.6 y 46.3 LH). Si un coheredero vende su cuota de herencia a un extraño, los demás coherederos tienen derecho de **retracto de coherederos** por un plazo de **treinta días** desde que se les comunique (art. 1.067 CC).

c) La cuota de cada copartícipe recae **sobre la masa, pero no sobre cada uno de los bienes concretos** que la componen. Tampoco tienen acción de división sobre cada uno de los bienes que forman la masa. Esto impide que ninguno pueda disponer de un bien concreto (o de una cuota sobre uno), y les obliga a todos a realizar la partición conjuntamente. Por ejemplo, A falleció intestado dejando tres casas (X, Y y Z) y tres hijos (B, C y D) que aceptan. B, C y D son copropietarios de X, Y y Z, y cada uno tiene 1/3 sobre el total, pero B no tiene 1/3 de X.

d) La **legitimación para realizar actos sobre los bienes relictos concretos** se parece bastante a la propia de la comunidad proindiviso:

— **Actos de disposición: unanimidad** (arts. 46, 397, 399 y 1.067 LH y 209.1 RH).
— Actos de uso: individual (arts. 394 y 1.063 CC).
— Actos de posesión: todos poseen en favor de la comunidad.
— Actos de conservación: individual (arts. 395 y 1.695.3.° CC).
— Frutos y gastos: se distribuyen según cuotas (arts. 393 y 395 CC).
— Actos de administración: mayoría de cuotas (arts. 398.II y 1.086 CC).
— Actos de modificación: mayoría de cuotas (*ex* art. 1.086 CC).
— Acciones en beneficio de la comunidad: individual (Jurisprudencia).

e) Durante la fase de indivisión, la **usucapión** corre a favor y en contra de la herencia (art. 1.934 CC, STS de 27 de octubre de 2004). Si un coheredero es el único poseedor inmediato, su posesión es en favor de la comunidad hereditaria, por lo que es difícil que pueda usucapir en contra de los demás copartícipes (salvo **interversión)** (art. 1.965 CC, STS de 6 de noviembre de 1998).

f) La comunidad hereditaria termina con la **partición y adjudicación**. Todos los copartícipes tienen derecho a exigirla mediante la **acción de partición de herencia** (con algunas excepciones) (art. 1.051 CC) (apartado 4).

Si los coherederos se llevan bien y quieren prolongar la indivisión, es frecuente que constituyan una **sociedad civil** (por unanimidad) a la que aporten los bienes relictos recibidos. De este modo pueden redactar unos estatutos con un régimen más funcional que el legal (p. ej., con nombramiento de administradores, régimen de mayorías, abandono de la comunidad sin partición, etc.).

Algunos Derechos forales regulan otras **modalidades especiales de comunidad hereditaria** que favorecen la permanencia de la indivisión.

— El **consorcio foral aragonés** (arts. 373-376 CDFA) se aplica a los inmuebles entre los descendientes coherederos salvo que el testador diga otra cosa. Cada **consorte** (miembro del consorcio) puede disponer de su cuota sobre el total o de su cuota sobre bienes concretos, pero solo a favor de sus propios descendientes. Si un consorte muere sin descendientes, su cuota acrece a la de los demás. Un consorte puede separarse del consorcio unilateralmente en escritura pública. Para extinguir el consorcio hace falta unanimidad (art. 376 CDFA).

— El **pacto de comunidad vasco** se aplica solo si es acordado en pacto sucesorio (art. 107 LDCFPV).

— La **compañía familiar gallega** es una comunidad sobre la explotación agropecuaria familiar, sin derecho de división y con cuotas desiguales, nacida del acuerdo (que puede ser tácito), en la que los coherederos siguen viviendo y trabajando en la explotación. La administración corresponde al ***patrucio***, el comunero dueño de una cuota mayor, generalmente el descendiente *millorado* (arts. 157-170 LDCG). También puede darse en el contexto matrimonial cuando un hijo o hija «se casa en casa» (tema 1-4).

2. LIQUIDACIÓN DE LA HERENCIA Y ORDEN DE PAGOS

El artículo 1.026 CC dice que «hasta que resulten pagados todos los acreedores conocidos y los legatarios, se entenderá que se halla **la herencia en administración**». Esta es la clave para entender lo que sigue.

Desde el momento de la aceptación, el heredero (o coherederos) es titular del patrimonio relicto, pero **no hay confusión** de patrimonios (RDGRN de 1 de septiembre de 1976). Por tanto, hasta el final de las operaciones liquidatorias (y en su caso partición y adjudicación), **el heredero es titular de dos patrimonios** que no se mezclan: el suyo personal y el patrimonio relicto.

Si el causante estaba casado en **régimen matrimonial** comunitario (gananciales, conquistas, comunidad conyugal o comunicación foral), la primera operación liquidatoria será liquidar la sociedad conyugal. Solo entonces se conoce el caudal relicto, pues será su patrimonio privativo, más la parte del patrimonio ganancial que resulte de la liquidación interna de deudas y la adjudicación del remanente (tema 2-3).

En cuanto al **orden de pagos**, los artículos del Código (arts. 818.I, 820, 1.026, 1.027, 1.029, 1.032.I, 1.034 y 1.084 CC) ofrecen un conjunto coherente con la liquidación de la sociedad de gananciales (arts. 1.396-1.405 CC):

1) **acreedores de la herencia** (los del causante y los de la herencia yacente);
2) **legitimarios**;
3) **legatarios**;
4) **herederos** (y sus acreedores).

Aunque no siempre se pague conjuntamente y por ese orden, si no hay bienes suficientes para pagar al que tenga un derecho mejor, este podrá reclamar al que ha cobrado antes (arts. 1.028.II y 1.029 CC).

En coherencia, el orden de las reducciones es estrictamente inverso al orden de pagos. Por tanto, un legitimario que reclame su derecho tendrá que actuar: 1.º contra los herederos, 2.º contra los legatarios, y 3.º contra los donatarios (tema 10-4).

a) Los que tienen mejor derecho a cobrar con los bienes relictos son los **acreedores del causante**, es decir, aquellos cuyo deudor era el causante y cuyo título existía antes de la apertura de la sucesión, pues ***nemo liberalis nisi liberatus*** (nadie puede ser generoso con sus propios bienes sin estar liberado antes de sus propias deudas) y ***primero es pagar que heredar***. Tienen preferencia frente a los legitimarios (porque la base de cálculo de la legítima es la herencia *neta*, art. 818 CC) (tema 10-1), frente a los legatarios (arts. 1.027 y 1.029 CC), frente a los herederos (arts. 1.032.I y 1.082 CC y 782.4 LEC) y frente a los acreedores particulares de los herederos (arts. 1.026.I y 1.034 CC).

b) Los **legitimarios** son los segundos en el orden de pago. Están por detrás de los acreedores del causante porque la legítima se obtiene de una base neta, y si hay más deudas que bienes no hay legítima (art. 818 CC). Están por delante de los legatarios porque la base de cálculo no incluye los legados (art. 818.I CC) y porque los legados inoficiosos pueden reducirse (arts. 817 y 820.1.° CC) (tema 10-4). También están por delante de los herederos (arts. 817, 814.II.2.° y 851 CC), porque estos son residuales (art. 1.032.I CC). Por eso el legitimario que ha recibido menos puede reclamar al heredero que le pague mediante la acción de complemento de legítima (art. 815 CC).

c) Los **legatarios** cobran después de los acreedores del causante (arts. 1.027 y 1.029) y los legitimarios (arts. 817, 818.I y 820.1.° CC), pero tienen mejor derecho que los herederos (art. 1.032.I CC). Por eso, siempre que el Código establece un orden de reducción, reduce la cuota hereditaria antes que los legados (p. ej., arts. 814.II.2.°, 851 CC).

d) El **heredero** tiene carácter universal y residual (art. 660 CC), es decir, recibe lo que queda después de que hayan cobrado los demás (art. 1.032.I CC).

Si el heredero es también acreedor del causante y/o legatario, tendrá derecho a cobrar antes lo que se le deba por esos conceptos (art. 1.187 CC). Si es legitimario, no tiene otro título específico distinto al de heredero que le permita cobrar, porque la legítima no es una delación autónoma, sino el derecho a que lo que reciba por todos los conceptos no sea inferior a su cuota legitimaria (temas 5-1 y 10-4).

e) Si hay varios **coherederos**, salvo que el causante haya indicado otra cosa les corresponden **cuotas iguales** de los bienes relictos y de las deudas (arts. 765 y 1.084.II CC). **Hasta el momento de la partición** los coherederos son **deudores en mano común**: a cada uno le toca asumir la parte de deudas correspondiente a su cuota hereditaria, pero para reclamarle judicialmente el pago es necesario demandar a todos los herederos conjuntamente (obligaciones conjuntas). Con la **partición** los herederos se convierten en **deudores solidarios** (art. 1.084.I CC) [apartado 4-C)].

En ocasiones, el testador asigna a uno de los coherederos unos bienes concretos con el **encargo de pagar todas sus deudas**. Esta atribución puede ser ***pro solvendo*** (el coheredero encargado es titular fiduciario de los bienes y debe venderlos, pagar las deudas y restituir a la masa lo que sobre) o ***pro soluto*** (el encargado se hace propietario pleno de los bienes recibidos, pero deberá pagar las deudas sea cual sea su cuantía) (se presume que es *pro solvendo*, art. 1.175 CC).

Cuando hay **varios coherederos que son a la vez legitimarios**, cosa muy frecuente, puede haber problemas para interpretar cómo quería el causante imputar las atribuciones que hace a uno de ellos. Por ejemplo, «Quiero que mi hijo D se quede con las acciones» puede ser la concreción de su cuota hereditaria (**atribución *pro herede***) o un **prelegado** (que se le debe abonar antes y al margen de su cuota hereditaria), y en este caso la concreción de su legítima (***pro legítima***), una mejora (***pro mejora***) o con cargo al tercio de libre (**no colacionable**, art. 1.036 CC). Salvo indicación en contrario, **se presumen *pro legítima* estricta** (arts. 819.I, 825 y 828 CC) (temas 5-2 y 10-3).

f) En cuanto a los **acreedores particulares del heredero**:

— Si el heredero se muestra remiso a aceptar o repudiar la herencia, sus acreedores pueden **instarle a aceptar o repudiar** haciendo un requerimiento notarial de que lo haga en treinta días (art. 1.005 CC) [tema 2-7-C)].

— Si el heredero repudia la herencia en perjuicio de sus acreedores, estos pueden **aceptar la herencia en nombre del heredero e interés propio** (art. 1.001 CC). Esta curiosa posibilidad, que parece contradecir el carácter personalísimo e irrevocable de la aceptación y de la repudiación (arts. 997 y 1.007 CC) (tema 2-7), no es propiamente un ejemplo de acción subrogatoria (art. 1.111 CC) ni una acción pauliana (art. 1.291.3 CC), sino más bien un efecto de la regla según la cual la renuncia en perjuicio de terceros no afecta a esos terceros (art. 6.2 CC). La aceptación será solo en la cuantía necesaria para el pago de la deuda y tiene carácter *pro solvendo*.

— Una vez aceptada la herencia, y antes de la confusión de patrimonios, pueden embargar el derecho del heredero (art. 166.1 RH) e intervenir en la partición (art. 1.083 CC).

— No tienen acción contra el caudal relicto hasta la confusión de patrimonios (art. 1.034 CC).

3. RESPONSABILIDAD DEL HEREDERO POR DEUDAS DE LA HERENCIA

Son **deudas de la herencia**: *a*) las deudas del causante (las que tenía el causante antes de fallecer), más *b*) las derivadas de su fallecimiento (gastos de última enfermedad, entierro, sufragios, etc.), más *c*) las **deudas testamentarias** (pago de legados y otros establecidos en el testamento).

Si la **herencia era positiva** y la persona encargada de administrar y liquidar lo ha hecho bien, lo habitual es que después de pagar todas las deudas de la herencia quede todavía un remanente para los herederos. Pero en ocasiones la **herencia es negativa** porque son más las deudas que los bienes, y no basta con vender todo el caudal relicto activo para pagar su pasivo. En ese caso surge la pregunta sobre si el heredero debe responder también con su patrimonio personal.

Se suele decir que existen **dos sistemas o modelos de responsabilidad**: el romano y el británico.

I) En los **sistemas de continuación o continuidad (modelo romano)**, existe la ficción de que el heredero continúa la personalidad del causante, es el encargado de ejecutar el testamento y pagar a acreedores y legatarios, y responde de ellas *ultra vires* (con su propio patrimonio), aunque puede evitarlo mediante el beneficio de inventario. Los acreedores del causante pueden pedir la *separatio bonorum* (para que se les pague con los bienes relictos antes que a los acreedores del heredero) o la *cautio suspecti heredis* (para que se les garantice el pago).

II) En los **sistemas de liquidación (modelo anglosajón)**, la herencia se entrega a un tercero distinto del heredero (el *executor, administrator* o *personal representative*) encargado de liquidar el patrimonio relicto, pagar a los acreedores y legatarios y entregar el remanente al heredero, que no responde *ultra vires*. El beneficio de inventario y la *separatio bonorum* no existen ni hacen falta.

¿Cuál es el modelo vigente en nuestro Derecho? Según la explicación más simple y más generalizada, todo viene regulado en dos artículos y depende del modo en que se acepte: el que acepta pura y simplemente (**aceptante o heredero simple**) responde *ultra vires* (art. 1.003 CC), y el que acepta a beneficio de inventario (**aceptante o heredero beneficiario**) responde *cum viribus* (art. 1.023 CC) (si hay varios llamados, unos pueden aceptar de un modo y otros de otro, art. 1.084 CC).

Artículo 1.003 CC. Por la aceptación pura y simple, o sin beneficio de inventario, quedará el heredero responsable de todas las cargas de la herencia, no sólo con los bienes de ésta, sino también con los suyos propios.

Artículo 1.023 CC. El beneficio de inventario produce en favor del heredero los efectos siguientes:

1.º El heredero no queda obligado a pagar las deudas y demás cargas de la herencia sino hasta donde alcancen los bienes de la misma.

2.º Conserva contra el caudal hereditario todos los derechos y acciones que tuviera contra el difunto.

3.º No se confunden para ningún efecto, en daño del heredero, sus bienes particulares con los que pertenezcan a la herencia.

El heredero beneficiario debe aceptar **ante notario** (art. 1.011 CC), pedir la formación del inventario en el plazo de treinta días (art. 1.014 CC), completar el inventario en otros sesenta (ampliables hasta un año, art. 1.017 CC), y no apropiarse de nada del caudal relicto hasta el pago a los acreedores del causante (art. 1.024 CC).

Pero la cosa es un poco más complicada. En 1967 Manuel Peña publicó *La herencia y las deudas del causante*, donde planteó que nuestro sistema tiene elementos del romano (el heredero, no hay liquidación inmediata, beneficio de inventario, no hay *executor*), pero también del modelo de liquidación (el orden de pagos, el momento de confusión de patrimonios, la ausencia de *separatio bonorum*). En ocasiones la responsabilidad *ultra vires* es una sanción al heredero negligente (arts. 1.002, 1.018, 1.019, 1.024.1.º y 2.º CC), y la responsabilidad *cum viribus* un premio al que lo ha hecho bien, aunque no haya pedido el inventario (arts. 1015, 1.016 y 1.022 CC).

En **Navarra, Aragón** y **País Vasco**, la responsabilidad de cualquier heredero es siempre ***cum viribus*** (ley 318 FNN, arts. 355 CDFA y 21.2 LDCFPV) (en Navarra, con *solutis retentio:* «si se excediere en el pago a los acreedores, éstos no estarán obligados a restituir», ley 318 FNN).

El heredero simple responde *ultra vires* también del pago de los **legados** (arts. 858.II y 1.003 CC, SAP Barcelona de 17 de mayo de 2005) (aunque algunos autores piensan que no debería ser así). En Cataluña, «si el valor de los legados excede de lo que la persona gravada obtiene por causa de muerte, ésta los puede reducir o suprimir» (art. 427-39 CCC). Recordemos que allí el heredero tiene también derecho a la Cuarta Falcidia (art. 427-40 CCC) y puede reducir los legados que le impidan recibirla (art. 427-42 CCC) (tema 6-4).

4. LA PARTICIÓN DE HERENCIA

A) PARTICIÓN

a) La **partición** es el acto jurídico por el que se pone fin a la comunidad hereditaria. La **adjudicación** es el acto jurídico mediante el que se atribuye a un copartícipe la titularidad exclusiva sobre unos bienes relictos concretos como concreción de su cuota hereditaria. La partición está regulada en los artículos 1.051-1.081 CC, que deben combinarse con las reglas para la división de cosa común (arts. 400-405 CC) y de la partición judicial (arts. 782-789 LEC). Lo normal es que partición y adjudicación terminen con un documento llamado **cuaderno particional**, frecuentemente elevado a escritura pública (aunque esto solo es imprescindible para inscribir el cambio de titularidad de inmuebles, art. 80 RH).

Es frecuente la **indivisión prolongada** durante años cuando fallece el padre y los hijos herederos esperan a que fallezca la viuda-madre para hacer la partición. A la muerte de la madre habrá que liquidar la sociedad de gananciales, la herencia del padre, la herencia de la madre, y partir ambas herencias, por ese orden.

b) Cualquiera de los miembros de la comunidad hereditaria tiene **derecho a exigir en cualquier momento la partición** de la comunidad hereditaria (arts. 1.051 y 1.052 CC), con dos excepciones:

Cuando **el testador ha impuesto la indivisión en testamento**, cosa que puede hacer siempre que indique un plazo determinado (p. ej., «por diez años», «hasta que muera mi viuda», «hasta que mi hijo menor alcance la mayoría de edad») (art. 1.051.I CC).

Cuando **los coherederos han pactado la indivisión**. Es válido el pacto unánime de conservar la indivisión por tiempo determinado **hasta diez años**, plazo que puede prorrogarse por nuevo acuerdo unánime (art. 400.II CC). En Navarra y en Cataluña el máximo de diez años se aplica también a la indivisión impuesta por testador (ley 331 FNN y art. 463-2 CCC).

Incluso en estas dos excepciones, un coheredero siempre puede pedir la partición judicial «por justo motivo» (ley 1.051.II y art. 1.707 CC), y si todos los copartícipes quieren poner fin a la indivisión unánimemente, pueden hacerlo (*ex* art. 1.058 CC).

c) **¿Quién** realiza la partición? Hay varias posibilidades:

i) El mismo causante, en partición testamentaria o por acto *inter vivos* (art. 1.056 CC).

ii) Un **contador-partidor testamentario** nombrado por el causante en testamento (puede ser el albacea, pero no uno de los coherederos) (art. 1.057.I CC).

iii) El **cónyuge supérstite**, cuando el testador le atribuyó la facultad de distribuir la mejora y el tercio de libre conforme al artículo 831.1 CC [tema 8-4-B)].

iv) «Cuando el testador no hubiese hecho la partición, ni encomendado a otro esta facultad... **los herederos podrán distribuir la herencia de manera que tengan por conveniente**» (art. 1.058 CC), o elegir entre ellos un contador-partidor **por unanimidad** (STS de 18 de marzo de 1999). Los interesados «pueden de común acuerdo prescindir de las disposiciones testamentarias y crear una situación jurídica de plena y absoluta eficacia» (STS de 14 de julio de 1995 y RDGRN de 10 de mayo de 1950).

v) Cuando no hay acuerdo, los herederos y legatarios que representen al menos la mitad del haber hereditario pueden solicitar al notario o al LAJ que nombre un **contador-partidor dativo** (art. 1.057.II CC).

vi) También se puede acudir al procedimiento judicial de división de patrimonios. Tradicionalmente era el llamado **juicio de testamentaría**, un procedimiento judicial especial sumario que desde 2015 se realiza notarialmente.

Cuando alguno de los coherederos tiene **capacidad de obrar limitada**, el contador-partidor debe inventariar los bienes (art. 1.056.III), tiene que ser citado el representante (titular de la patria potestad, tutor o defensor judicial) para intervenir en la partición, y para la validez de la partición se necesita la posterior aprobación judicial (arts. 272 y 1.060 CC y 61 LJV).

La partición realizada por contador testamentario no requiere ser aprobada por los coherederos. La realizada por contador dativo, por el contrario, sí requiere aprobación unánime de los coherederos y legatarios o, en su defecto, del notario o el secretario judicial (arts. 1.057.II CC y 787.2 LEC). Deberá ser protocolizada para acceder al Registro (RDGRN de 1 de febrero de 2018).

d) El **procedimiento** para realizar la partición es similar al previsto legalmente para la partición judicial (arts. 782-789 LEC):

— Formación de **inventario**. Incluye determinar el activo relicto (en el que deben excluirse o computarse aparte los bienes sometidos a predetracción, reservas, sustituciones fideicomisarias, etc.).

— **Avalúo** o valoración de los bienes (conforme al valor en el momento de la partición, art. 1.045.I CC).

— Liquidación o deducción del pasivo (deudas del causante, de la herencia, de la administración hereditaria, etc.).

— Liquidación de las cuotas hereditarias y legitimarias (incluyendo computación, imputación y colación) (tema 10).

— **Adjudicación** propiamente dicha.

e) El **usufructo en favor del cónyuge supérstite,** tanto si es impuesto por la ley como si ha sido establecido por el testador, supone un frecuente e importante gravamen sobre el caudal relicto. Con frecuencia es conveniente **conmutar el usufructo** por una cantidad de dinero, la propiedad de bienes determinados, un usufructo que recaiga sobre bienes determinados o una pensión vitalicia. Aparte de la conmutación que libremente acuerden el supérstite usufructuario y los coherederos, la ley prevé dos supuestos en que uno de ellos puede imponerla a la otra: *a*) si los herederos quieren (art. 839 CC), *b*) aunque los herederos no quieran, si el cónyuge quiere y concurre con hijos solo del causante (art. 840 CC) (temas 5-2 y 8-2).

f) **La regla fundamental que rige la partición es que, si todos los copartícipes están de acuerdo, pueden hacer lo que quieran** (art. 1.058 CC) (siempre y cuando con ello no estén defraudando a menores o discapacitados, art. 1.060 CC).

B) ADJUDICACIÓN

La **adjudicación** forma parte de la partición. Concretamente, es el acto que «confiere a cada heredero la propiedad exclusiva de los bienes que le hayan sido adjudicados» (art. 1.068 CC). Lo que hasta ese momento era de todos, pasa a ser solo de uno con exclusión de los demás.

Hay varias teorías sobre la **naturaleza jurídica** de la adjudicación:

— *Teoría traslativa o atributiva.* Cada coheredero era titular de una cuota proindiviso sobre cada bien, y mediante la adjudicación todos se permutan recíprocamente sus cuotas (Derecho romano).

— *Teoría declarativa.* Los coherederos ya eran condueños de los bienes relictos, y la adjudicación no hace más que declarar un derecho que ya tenían (Derecho francés).

— ***Teoría especificativa**, determinativa o sustitutiva.* La adjudicación sustituye la cuota que cada coheredero tenía sobre la masa total por una titularidad exclusiva sobre uno de los bienes que formaban parte de ella. Es la que mejor explica nuestro sistema (STS de 21 de julio de 1986) (arts. 399.II, 440, 442, 661, 1.068 y 1.380 CC). La adjudicación altera el régimen de propiedad de la cosa, pero no genera derecho al retracto de los demás coherederos.

A falta de unanimidad, se formarán tantos **lotes (o hijuelas o partijas)** como coherederos, con bienes del mismo tipo y valor similar, lotes que luego **se sortean** entre los coherederos (art. 1.061 CC).

Un problema práctico son los **bienes indivisibles** (inmuebles, industrias, establecimientos comerciales). Hay varias posibilidades:

i) **Partición parcial** (lotes con los bienes divisibles y mantener la comunidad con los indivisibles).

ii) Transformar la comunidad hereditaria en una **comunidad proindiviso ordinaria** adjudicando a los coherederos cuotas de copropiedad proindiviso sobre el bien indivisible (STS de 12 de julio de 1996). La LEC aconseja evitar esta solución (art. 786.1 LEC).

iii) Si el inmueble lo permite, se le puede aplicar el régimen de propiedad horizontal y adjudicar los elementos privativos resultantes (art. 401.II CC).

iv) **Subasta restringida** (entre los coherederos) (art. 1.062.I CC). El coheredero que más dinero ofrezca, se queda con el bien, y los demás se reparten el precio. La prefieren el artículo 404 CC y SSTS de 16 de febrero de 1991 y 7 de julio de 2006.

v) **Subasta con extraños** (abierta) (art. 1.062.II CC). Proporciona más dinero que la restringida, pero hace que los bienes salgan de la familia. Basta con que lo pida uno de los coherederos para que se deba acudir a ella (art. 1.062.II CC) (SSTS de 30 de julio de 1999 y 10 de febrero de 2006).

C) Los acreedores en la partición

a) En el momento de la partición los **acreedores del causante** ya deberían haber cobrado, dado que según el orden de pagos previsto por la ley son los primeros en cobrar (arts. 1.026, 1.027 y 1.032 CC) (apartado 2).

Pero los herederos pueden tener la tentación de hacer una partición entre ellos sin avisar ni pagar a los acreedores. Por eso la Ley concede a estos una protección especial. Los acreedores del causante:

i) No son copartícipes de la comunidad hereditaria y tampoco pueden instar la partición (art. 782.3 LEC).

ii) Pueden **oponerse a la adjudicación** hasta que sus créditos se paguen o garanticen (arts. 1.082 CC y 782.4 LEC).

iii) La partición realizada cuando todavía quedan pendientes créditos del causante **convierte a los coherederos en deudores solidarios** (art. 1.084.I CC). Es decir, desde el momento de la partición un acreedor del causante puede reclamar el total de los créditos que tenía contra el causante a cualquiera de los coherederos. Con tres peculiaridades: *a*) el coheredero demandado puede citar en juicio a los demás coherederos (art. 1.084.II CC), al contrario de lo propio en la solidaridad (arts. 1.137 y 1.144 CC); *b*) el coheredero beneficiario responde *cum viribus* (arts. 1.023.1 y 1.084.I CC); y *c*) no hay solidaridad cuando el acreedor es uno de los coherederos (arts. 1.087 y 1.194 CC, STS de 1 de marzo de 1999). Por lo demás, el coheredero *solvens* tiene acción de regreso frente a los otros por la parte que corresponde a cada uno (arts. 1.085.I y 1.145.II CC), y los demás coherederos pueden oponerle las excepciones del causante y las personales propias (art. 1.148 CC).

iv) Si la partición les perjudica, los acreedores del causante pueden pedir la **rescisión de la partición por fraude de acreedores** (arts. 1.073, 1.291.3, 1.111 CC) en un plazo de cuatro años (arts. 1.076 y 1.299 CC).

b) Los **acreedores de los coherederos** también pueden estar interesados en la partición (p. ej., para evitar que un coheredero insolvente acepte una partición que le perjudica). Pueden intervenir en la partición a su costa (arts. 1.083 CC y 782.5 LEC) o pedir luego la rescisión por fraude de acreedores (arts. 1.073, 1.111 y 1.291.3 CC).

D) IMPUGNACIÓN

Como en la partición se atribuye a los coherederos bienes en pago de cuotas de valor, en la práctica hay muchos casos en que es difícil conseguir la igualdad total de los lotes, y por tanto al final de las adjudicaciones no hay una correlación total entre el valor de los bienes adjudicados y el valor de las cuotas ideales que correspondían a cada heredero. Cuando esto ocurre, alguno o algunos de los coherederos pueden quedar insatisfechos con las partes que les han correspondido. Sin embargo, esta insatisfacción no es por sí misma causa suficiente para que puedan impugnar la partición con éxito. Ni la aprobación de todos era necesaria para la validez de la partición (salvo la realizada por ellos mismos), ni la insatisfacción de alguno es causa para impugnarla. Como todos los actos jurídicos, la partición está sujeta al **principio general de conservación de actos jurídicos** (art. 1.284 CC), y se considera que es en principio válida.

Aparte de las causas generales (nulidad, anulación por vicios del consentimiento, etc.), los motivos por los que un coheredero puede impugnar la partición son los siguientes:

i) **Rescisión por lesión en más de un cuarto** (art. 1.074 CC). El hecho de que los valores de los bienes que reciben los coherederos como resultado de la partición no sean exactamente iguales no es causa para impugnar la partición, salvo que esa diferencia sea muy significativa, hasta el punto de que uno de los coherederos haya terminado recibiendo bienes cuyo valor es inferior en una cuarta parte al valor de lo que le correspondía haber recibido (p. ej., le correspondía recibir una cuota de 1.000, y en la partición se le adjudican bienes cuyo valor objetivo es de 700). En estos casos, el coheredero desfavorecido puede demandar a los demás coherederos pidiendo la rescisión por lesión en más de un cuarto. Si su petición resulta estimada, los otros coherederos pueden optar entre pagarle lo que recibió de menos o volver a hacer una nueva partición (art. 1.077.I CC). La acción caduca a los cuatro años desde la partición (art. 1.076 CC). Si la partición fue realizada por el mismo testador, el coheredero lesionado no puede pedir la rescisión por lesión salvo que sea legitimario y haya recibido menos de lo que le correspondía por cuota de legítima estricta (arts. 815, 851, 1.075 y 1.056.I CC).

ii) Si la partición se realizó sin tener en cuenta un bien que debía haberse incluido, se puede pedir el **complemento de partición,** sin necesidad de anular la partición ya realizada (art. 1.079 CC).

iii) La partición puede ser impugnada si la partición incluía bienes que no eran del testador (p. ej., bienes gananciales no liquidados cuando falleció el cónyuge premuerto) (STS de 12 de diciembre de 1959).

iv) Otro motivo para impugnar la partición es pedir su nulidad por haber incluido en ella a un heredero que en realidad no lo era (art. 1.081 CC).

TEMA 12

DERECHO INTERNACIONAL E INTERREGIONAL

SUMARIO: 1. INTRODUCCIÓN.—2. COMPETENCIA JUDICIAL.—3. LEY APLICABLE.—4. CASUÍSTICA.

1. INTRODUCCIÓN

Son sucesiones internacionales o **sucesiones con conflicto internacional** aquellas en las que hay un elemento extranjero que puede plantear la duda sobre cuál es el país cuyos tribunales son competentes para entender de ella (**competencia internacional**) o cuál es la ley que se debe aplicar para resolver el fondo del asunto (**ley aplicable**).

Llamamos **sucesiones con conflicto interregional** a aquellas en que hay un «elemento interregional» que puede plantear la duda sobre cuál de los Derechos civiles españoles (el Derecho común o alguno de los Derechos forales) debe aplicarse. Los conflictos interregionales solo plantean problemas de ley aplicable, no de competencia.

En materia de ley aplicable, el Código establece unas reglas para los conflictos internacionales (art. 9 CC), y se remite a ellas para resolver los interregionales (art. 16.1 CC).

Los principios básicos que rigen el Derecho internacional privado español son:

— **Personalidad**. Lo relevante es el causante y sus conexiones vitales, y no el lugar en que estén situados sus bienes (como opuesto al principio de territorialidad).

— **Universalidad**. Toda la sucesión debe someterse a una única ley y un único proceso (al contrario que la fragmentación, que conduce a tratar el destino de los bienes muebles y los inmuebles bajo leyes y jurisdicciones distintas).

Las **fuentes legales** básicas en materia sucesoria son:

— **Reglamento UE 650/2012 (RUE 650/2012)**. Regula tanto la competencia judicial como la ley aplicable **para las sucesiones abiertas a partir del 17 de agosto de 2015.**
— **Normativa interna en competencia judicial**. Para la competencia judicial internacional, la LOPJ. Para la competencia territorial interna, la LEC.
— **Normativa interna en ley aplicable**. El artículo fundamental es el artículo 9.8 CC.

La **competencia territorial tributaria** es totalmente distinta. El criterio delimitador de la competencia normativa y de la Comunidad Autónoma beneficiaria del impuesto viene delimitado por estas reglas:

— **Impuesto de sucesiones: residencia habitual del causante.**
— **Impuesto de donaciones (de muebles): residencia habitual del donatario.**
— **Impuesto de donaciones (de inmuebles): lugar donde esté situado el inmueble.**

El concepto tributario de residencia habitual también es distinto del de vecindad civil: es el lugar donde el sujeto ha residido efectivamente durante los **cinco años anteriores** al momento del devengo (fallecimiento en sucesiones, donación en donaciones). Si no ofrece ningún lugar, se tiene en cuenta el principal centro de imputación de sus intereses (donde obtiene la mayor parte de sus ingresos por IRPF). A falta de este criterio, la última residencia declarada para el IRPF.

2. COMPETENCIA JUDICIAL

Para las sucesiones abiertas a partir del 17 de agosto de 2015, es aplicable el **Reglamento UE 650/2012**, que establece una competencia tasada:

i) La regla general supletoria es que tienen competencia exclusiva los tribunales del país donde el causante tenía la **residencia habitual en el momento de su fallecimiento** (art. 4 RUE 650/2012).

ii) Si no tenía residencia habitual en la UE, son competentes los tribunales del país donde están sus bienes (si el causante es nacional o residente en los últimos cinco años) (art. 10.1 RUE 650/2012).

iii) Si no son competentes los de ningún Estado miembro, pueden entender los del Estado en que están sus bienes, pero solo respecto a esos bienes (art. 10.2 RUE 650/2012).

iv) Si no son competentes los de ningún Estado miembro y los del Estado competente no parece que vayan a encargarse (p. ej., hay guerra civil, etc.), son competentes los de los Estados miembros con alguna vinculación con el asunto (*forum necessitatis*) (art. 11 RUE 650/2012).

En cuanto a la normativa interna, son competentes los tribunales españoles para entender de una sucesión cuando:

i) Hay sumisión expresa o tácita del demandado (art. 22.2 LOPJ).

ii) El domicilio del demandado está en España (foro general, art. 22.2 LOPJ).

iii) Hay dos foros especiales: si el causante tenía su último domicilio en España, o si tenía algún inmueble en España (art. 22.3 LOPJ) (basta con uno solo, STS de 25 de junio de 2008).

Si los tribunales españoles son competentes, la determinación de cuál de ellos debe conocer del asunto (**competencia territorial interna**) no está sujeta a sumisión expresa ni tácita (art. 54 LEC), sino a uno de los dos foros posibles (a elección del demandante): el tribunal del último domicilio del causante en España, o el del lugar donde tenga la mayor cantidad de bienes (art. 52.1.4.° LEC) (y la sumisión expresa o tácita si hay competencia internacional y no se cumple ninguna de las dos).

3. LEY APLICABLE

El juez (español) competente para entender de una sucesión debe atender a la ley de su propio Derecho (**ley del foro**) para decidir qué ley debe aplicar a la sucesión que se le plantea (**ley aplicable**) (art. 12.1 y 6 CC).

La norma que indica la ley aplicable a la sucesión es una **norma de conflicto**, cuya consecuencia jurídica no indica una regulación material, sino un ordenamiento, que puede ser el del foro o el de otro país. Por lo tanto, el tribunal español puede tener que resolver la sucesión aplicando un Derecho extranjero.

El punto de conexión que indica la ***lex causae*** **o** ***lex successionis*** (la ley que deberá aplicarse al fondo de la sucesión) en Derecho internacional (e interregional) interno es «**la ley nacional del causante en el momento de su fallecimiento**» (art. 9.1 y 8 CC); en el conflicto internacional, la nacionalidad (art. 9.1 CC), y en el interregional la vecindad civil (art. 16.1.1.ª CC).

Para los conflictos **internacionales** en sucesiones abiertas **después del 17 de agosto de 2015**, la norma aplicable es el **Reglamento 650/2012.**

i) El punto de conexión residual es la **residencia habitual del causante en el momento de su fallecimiento** (art. 21 RUE 650/2012).

ii) El causante puede elegir en un acto *mortis causa* que se le aplique la ley de su nacionalidad (en el momento del otorgamiento o en el de su fallecimiento) (art. 22.1 RUE 650/2012).

iii) La ley resultante de aplicar el punto de conexión puede ser la de un Estado no miembro de la UE (art. 20 RUE 650/2012).

La norma interna ha quedado desplazada para las sucesiones en las que es aplicable el Reglamento 650/2012, pero sigue vigente para los conflictos interregionales y para los internacionales anteriores a su entrada en vigor (art. 38 RUE 650/2012).

Ley aplicable: punto de conexión supletorio

	Conflicto internacional	**Conflicto interregional**
Sucesión anterior a 2015	Nacionalidad (9.8 CC)	Vecindad civil (9.8 CC)
Sucesión posterior a 2015	Residencia habitual (21 RUE 650)	

Todas las cuestiones sobre la sucesión del causante para las que no haya una norma más específica, y especialmente las legítimas, deberán regularse conforme a la ***lex causae***. Esas materias incluyen (art. 23 RUE 650/2012): *a*) las causas, el momento y el lugar de apertura de la sucesión;

b) la determinación de los beneficiarios, de sus partes alícuotas respectivas y de las obligaciones que pueda haberles impuesto el causante, así como la determinación de otros derechos sucesorios, incluidos los derechos sucesorios del cónyuge o la pareja supérstites; *c*) la capacidad para suceder; *d*) la desheredación y la incapacidad de suceder por causa de indignidad; *e*) la transmisión a los herederos y, en su caso, a los legatarios, de los bienes, derechos y obligaciones que integren la herencia, incluidas las condiciones y los efectos de la aceptación o renuncia de la herencia o del legado; *f*) las facultades de los herederos, de los ejecutores testamentarios y otros administradores de la herencia, en particular en orden a la venta de los bienes y al pago de los acreedores; *g*) la responsabilidad por las deudas y cargas de la herencia; *h*) la parte de libre disposición, las legítimas y las demás restricciones a la libertad de disposición *mortis causa*, así como las reclamaciones que personas próximas al causante puedan tener contra la herencia o los herederos; *i*) la obligación de reintegrar o computar las donaciones o liberalidades, adelantos o legados a fin de determinar las cuotas sucesorias de los distintos beneficiarios, y *j*) la partición de la herencia.

La aplicación del Derecho extranjero tiene un límite en el **orden público** español (art. 12.3 CC). Por ejemplo, las reglas de la *sharía* musulmana de que las mujeres hereden la mitad que los hombres (RDGRN de 20 de julio de 2016) o que un no musulmán no pueda heredar de un causante musulmán (SAP Barcelona de 20 de octubre de 2008). Pero las cuotas legitimarias del Código no son materia de orden público, pues los mismos Derechos forales tienen cuotas distintas (STS de 27 de abril de 1978).

Cuando la norma de conflicto remite al Derecho de otro país, la remisión «se entenderá hecha a su ley material, sin tener en cuenta el **reenvío** que sus normas de conflicto puedan hacer a otra ley que no sea la española» (art. 12.2 CC). Es decir, el juez español aplicará el Derecho material extranjero, pero no sus normas de conflicto, salvo que le remitan a la ley española (**reenvío de primer grado o de retorno**). Lo que no permite el Código es el **reenvío de segundo grado (o circular)**, que remite al Derecho de un tercer Estado. Pero el TS aplica el reenvío de primer grado con un criterio muy flexible (p. ej., en las SSTS de 15 de noviembre de 1996 y 21 de mayo de 1999 no aplicó la ley española a la sucesión de un inglés residente en España, pero sí lo hacen las SSTS de 12 de enero de 2015 y 15 de enero de 2019).

La **capacidad para suceder** se rige por la ley personal del llamado (art. 9.1 CC), mientras que las capacidades especiales lo hacen por la *lex causae*.

Los **instrumentos sucesorios** que puede emplear el causante son los que le permita su nacionalidad/vecindad civil en el momento del otorgamiento (***tempus regit actum***). Por ejemplo, un navarro puede instituir una herencia de confianza, pero alguien sometido al Derecho común no puede. Para poder otorgar un pacto sucesorio o un testamento de hermandad hace falta que lo admitan las leyes personales de todos los otorgantes. Y esto con independencia de dónde se encuentren (p. ej., un navarro puede otorgar una herencia de confianza ante un notario de Madrid).

Vale el instrumento sucesorio otorgado conforme a la ley personal del momento del otorgamiento, aunque luego cambie de vecindad civil (**conflicto móvil**) (art. 9.8 CC). Por ejemplo, el causante A y su esposa B, de vecindad civil navarra, otorgan testamento de hermandad en el que apartan a su hijo único C y se nombran herederos recíprocamente. Posteriormente, A adquiere la vecindad civil común y luego muere. La *lex successionis* de A será la común, y la legítima de C la común, pero el testamento de hermandad con su nombramiento de heredera a favor de B sigue siendo válido. Por lo tanto, habrá que ajustar el contenido en el testamento para que C pueda recibir su legítima de 2/3.

La **forma** del instrumento sucesorio viene regulada por el Convenio de La Haya de 1961, que al ser *erga omnes* (art. 6 CLH-1961) desplaza al artículo 11 CC. Los criterios que contiene son alternativos, por lo que basta con que el testamento cumpla los requisitos de forma de *cualquiera* de los sistemas enumerados para que sea válido: lugar de otorgamiento, nacionalidad del causante en el momento de testar o fallecer, domicilio en el momento de testar o fallecer, residencia habitual en el momento de testar o fallecer, o lugar donde están sitos los inmuebles (art. 1 CLH-1961). Por tanto, para que un testamento sea nulo por defecto de forma tendría que serlo conforme a *todos* los Derechos mencionados (arts. 688.IV y 733 CC).

La **sucesión intestada** se rige conforme a la *lex successionis* que corresponda a la nacionalidad y vecindad civil del causante. El último heredero residual es el que corresponda a la vecindad civil del causante con algún matiz (heredan Aragón, Cataluña, Galicia, Navarra, Baleares, el País Vasco, Valencia, La Rioja, y para el resto el Estado español) (tema 3-7).

Respecto a la ley aplicable a los **derechos del cónyuge viudo**, el artículo 9.8 CC remite a la «**ley que regula los efectos del matrimonio**» del artículo 9.2 CC buscando la coherencia con el régimen económico, pero puede resultar incoherente con la *lex successionis*. Para evitar esto, la DGRN venía aplicando *contra legem* la *lex successionis* (RRDGRN de 11 de marzo de 2003 y 18 de junio de 2003). El Reglamento europeo adopta la misma solución [art. 23.2.*b*) RUE 650/2012 y RDGRN de 29 de julio de 2015]. A pesar de ello, dos sentencias del Supremo afirman que debe aplicarse la ley correspondiente al matrimonio con base en el artículo 9.2 CC (SSTS de 28 de abril de 2014 y 12 de marzo de 2016).

En cualquier caso, se aplicarán los derechos de viudedad según la ley aragonesa cuando el causante sea aragonés (sea cual sea la ley aplicable al matrimonio) (art. 16.2.III CC) y cuando el matrimonio esté sujeto al régimen económico matrimonial propio de Aragón (art. 16.2.I CC) (tema 13-6).

4. CASUÍSTICA

a) Un sometido a vecindad común otorga un testamento mancomunado en Pamplona. El testamento es nulo. La *lex loci* se aplica a la forma, no al fondo, y el tipo de testamento es cuestión de fondo.

b) Un navarro otorga pacto sucesorio y luego adquiere la vecindad civil común. Su sucesión se rige conforme a la común, pero vale el pacto sucesorio, que habrá que adaptar a las legítimas de la común.

c) Un navarro aparta a sus tres hijos y nombra heredero a un extraño, y después adquiere la vecindad común y muere. Valen el testamento y el apartamiento, pero los hijos tendrán derecho a la legítima común (2/3).

d) Un navarro otorga testamento de hermandad con su esposa (también de vecindad navarra) en el que aparta a sus tres hijos y le nombra heredera a ella. Después adquiere la vecindad común y fallece. Valen el testamento, el nombramiento de heredera y el apartamiento, pero hay que ajustarlos para respetar las legítimas de Derecho común, y por eso los hijos tendrán derecho a 2/3. En cuanto a la legítima de la viuda, según la ley 253 FNN y el artículo 9.2 CC debe ser el usufructo universal.

e) Un sometido a vecindad común otorga testamento abierto notarial en Pamplona sin testigos. Será válido como acorde con la ley nacional del otorgante (arts. 11 CLH-1961 y 11.1 CC).

f) Un catalán otorga testamento ológrafo sin nombrar heredero, y luego adquiere vecindad común. Si consideramos que la ausencia de heredero es una cuestión de fondo, esto no se sana por el cambio de vecindad. Pero también puede defenderse la validez del testamento porque la *lex successionis* es la común y por el principio *favor testamenti*.

g) Un aragonés otorga un pacto sucesorio, y luego adquiere vecindad común y otorga testamento revocando *ad nutum* el pacto sucesorio. Valen el testamento y la revocación del pacto (arts. 19.8 y 737 CC), aunque la ley aragonesa no los habría admitido.

h) Un navarro instituye una sustitución fideicomisaria de 4.° grado (admitida por ley 224 FNN) y luego adquiere la vecindad común y muere. Como la *lex successionis* es la común (art. 19.8 CC), son válidas las sustituciones en favor de personas vivas a la muerte del causante y dos más. Las que superen ese límite serán ineficaces (arts. 781 y 786 CC).

i) Testamento mancomunado entre A (aragonés) y su mujer B (vecindad común). El testamento no vale porque el Derecho común no lo admite (art. 669 CC). Sería necesario que ambos pudieran emplearlo según su ley nacional (arts. 417 CDFA y 25.2 RUE 650/2012).

j) B (de Derecho común) renuncia a la legítima de su padre A (de derecho aragonés) en vida de este. Posteriormente, A fallece y B reclama su legítima. Debe estimarse la demanda, porque el pacto y la renuncia no se admiten en Derecho común (arts. 737, 816 y 991 CC).

k) El matrimonio formado por A y B, ambos con vecindad común, otorga sendos testamentos unipersonales abiertos notariales en que se instituyen recíprocamente herederos. Ambos testamentos son válidos y no contradicen los artículos 669 y 794 CC.

l) Fallece un navarro residente en Logroño. El competente para entender del caso es el juez de Logroño, pero tendrá que aplicar Derecho navarro. Si la sentencia es apelada, entenderá de ella la AP Logroño (no la AP Navarra), y de la casación el TS (no el TSJ Navarra).

TEMA 13

POSICIÓN DEL CÓNYUGE SUPÉRSTITE EN LA SUCESIÓN

Este tema puede verse como un repaso transversal a todo lo ya visto, pero desde la perspectiva del cónyuge supérstite. Solo el apartado 6 añade contenido nuevo.

1. LEY APLICABLE

La ley aplicable a la sucesión es la que corresponde a la nacionalidad y vecindad civil del causante (art. 9.8 CC), y los derechos del cónyuge viudo corresponden a la ley que rige los efectos del matrimonio por remisión del artículo 9.2 a 8 CC (SSTS de 28 de abril de 2014 y 12 de marzo de 2016) (tema 12-3).

2. DINÁMICA

El cónyuge supérstite tiene una posición muy cualificada en la sucesión del causante. Ha estado especialmente unido a él, lo ha conocido bien y ha gozado de su confianza. Si no hay albacea y el causante no tenía hijos o estos son pequeños o están ausentes, el supérstite tendrá que tomar las decisiones principales y será administrador provisionalísimo (art. 999.IV CC) o judicial (art. 796 LEC).

Su posición en el entramado de relaciones jurídicas que surgen con la apertura de la sucesión es compleja:

— Es cotitular del patrimonio conyugal (posganancial, si tenían ese régimen económico). La liquidación de ese patrimonio, necesaria para obtener el caudal relicto, es similar a la de la herencia (arts. 1.410 CC y 806 ss. LEC). Como titular de la mitad de la masa posganancial, el cónyuge es acreedor de la herencia del causante.

— Siempre es llamado y legitimario, y también puede ser heredero y/o legatario. Como legitimario en una cuota, siempre es copartícipe en la comunidad hereditaria.

— Si el causante tenía hijos menores, el supérstite será su representante legal (arts. 164 y 166 CC). Para poder repudiar la herencia en su nombre necesita autorización judicial (art. 166.II CC).

3. SUCESIÓN INTESTADA

El cónyuge supérstite está llamado a ser heredero intestado siempre que no hay descendientes ni ascendientes (o estos no pueden o no quieren heredar) (art. 944 CC).

Su posición es mejor en Derecho catalán: hereda todo si no hay descendientes, y si los hay, tiene derecho al usufructo universal. En el País Vasco es el primer llamado después de los descendientes (para los bienes no troncales). En Aragón, después de descendientes y ascendientes para los bienes no troncales. En Navarra, después de descendientes y sucesión troncal. En Ibiza y Formentera el supérstite, además de ser heredero en tercer lugar, tiene derecho al usufructo sobre la mitad de la herencia si concurre con descendientes del causante, y al usufructo sobre dos terceras partes si concurre con ascendientes.

4. SUCESIÓN TESTADA

Hay algunas cláusulas y disposiciones que es frecuente ver incluidas en los testamentos de los testadores casados.

Con frecuencia, el testador instituye al cónyuge como **heredero, sustituido vulgarmente por los hijos** (o al revés) (tema 7-2).

El **testamento mancomunado** es un instrumento sucesorio muy utilizado en las sucesiones de los matrimonios bien avenidos de Aragón, Navarra, País Vasco y Galicia (pero no está permitido en Derecho común, Cataluña ni Baleares). Con frecuencia es utilizado por los cónyuges para **instituirse herederos recíprocamente**, sustituidos vulgarmente por los hijos comunes. Son muchos los cónyuges de vecindad común que pretenden conseguir ese mismo efecto realizando **testamentos sucesivos idénticos** (tema 4-8).

También es frecuente que el testador quiera nombrar **herederos a sus hijos con usufructo universal en favor del cónyuge supérstite** (tema 5-5). En Aragón y Navarra este usufructo universal en favor del cónyuge es la legítima del supérstite (imperativa) (art. 283 CDFA y ley 253 FNN). En Galicia, País Vasco y Mallorca/Menorca el testador lo puede imponer si quiere a sus descendientes (arts. 228 LDCG, 56 LDCFPV y 18 CDCIB). En Derecho común y el resto de territorios solo es posible mediante el empleo de la **cautela sociniana**, ya sea expresa o legal (art. 820.3 CC), por lo que su plena efectividad depende de que sea aceptado por todos los descendientes legitimarios. En Cataluña el usufructo universal en favor del cónyuge o conviviente es impuesto por la ley cuando el causante fallece intestado dejando hijos menores (art. 442-3 CCC) (tema 3-7).

Posibilidad de dejar en testamento el usufructo universal al cónyuge supérstite

<table>
<tr><th>Código Civil</th><th>Cataluña</th><th>Ibiza/ Formentera</th><th>Mallorca/ Menorca</th><th>Galicia</th><th>País Vasco</th><th>Navarra</th><th>Aragón</th></tr>
<tr><td colspan="3">Solo es posible mediante cautela sociniana (y si aceptan los legitimarios)</td><td colspan="3">El testador puede imponerlo a los legitimarios</td><td colspan="2">Es imperativo para el causante y sus descendientes</td></tr>
</table>

Otras cláusulas que es frecuente encontrar en los testamentos de las personas casadas son el **fideicomiso de residuo** en favor del cónyuge con facultad de disponer sin rendición de cuentas ni subrogación real en el que los hijos son los fideicomisarios (tema 7-6); el **legado de usufructo o de uso de la vivienda habitual** en favor del supérstite; si hay hijos menores, la sustitución pupilar (tema 7-3). Menos frecuente en Derecho común, pero con gran tradición en los Derechos forales, es la atribución al cónyuge de la facultad de mejorar a hijos comunes (art. 831 CC) (tema 8-4).

El causante puede disponer en testamento mediante legados de hasta la mitad de los **bienes gananciales**. Si al liquidarse el régimen matrimonial el bien ganancial del que dispuso se adjudica a la masa hereditaria, el legado surtirá plenos efectos. En caso contrario, el heredero tendrá que pagar al legatario el valor de la cosa legada (arts. 1.379 y 1.380 CC) (tema 6-3-G).

5. LEGÍTIMAS

La legítima del cónyuge supérstite se rige según reglas distintas de las demás legítimas: no se le aplican las reglas de orden, grado y exclusión; tiene delación legal; su preterición es irrelevante; su legítima consiste en el derecho de usufructo. Las donaciones y legados al cónyuge se imputan al tercio de libre (art. 819.II CC).

La **cuota legitimaria del cónyuge en Derecho común** es:

— Concurriendo con descendientes: usufructo sobre 1/3 (art. 834 CC).
— Concurriendo con ascendientes: usufructo sobre 1/2 (art. 837 CC).
— Concurriendo con extraños: usufructo sobre 2/3 (art. 838 CC).

Aunque la ley establece que la legítima del cónyuge consista en un usufructo sobre cuota, esto es poco operativo y el Código prevé la **conmutación** aunque una de las dos partes no quiera: por decisión de los herederos (art. 839 CC) o por decisión del cónyuge (si concurre con hijos solo del causante) (art. 840 CC).

La **cuota legitimaria del cónyuge en los Derechos forales** es muy variada:

— Aragón y Navarra establecen el **usufructo universal** en favor del cónyuge supérstite.

— Galicia, País Vasco y Mallorca/Menorca tienen un sistema similar al común, variando algo en las cuotas (y en Mallorca/Menorca, usufructo universal cuando concurre con extraños).

— En Cataluña, si el cónyuge falleció intestado y con hijos, el supérstite tiene derecho al usufructo universal. Aparte de eso, el cónyuge solo es legitimario si lo pide y justifica que no tiene bienes suficientes, en cuyo caso el juez le atribuirá un porcentaje de la herencia (como máximo, 1/4) en propiedad **(cuarta vidual)** (art. 452-1 CCC).

— Ibiza y Formentera son los únicos territorios en los que el cónyuge supérstite **no es legitimario**.

Como todo legitimario, el cónyuge puede ser **desheredado**. Entre las causas legales para hacerlo está el incumplimiento grave o reiterado de los deberes conyugales (art. 855.1 CC).

En Derecho común, la legítima del cónyuge supérstite no resulta afectada por el hecho de que el legitimario contraiga **nuevas nupcias** (aunque entonces se le exige fianza para tomar posesión del usufructo, art. 492 CC). Por el contrario, en todos los Derechos forales (menos Baleares) **se extingue** si el legitimario contrae nuevas nupcias o convive en unión de hecho (aunque no esté registrada) [art. 301.*c*) CDFA, ley 261.3 FNN, arts. 452-6.*b*) CCC, 236.2 LDCG y 55 LDCFPV].

6. OTRAS INSTITUCIONES EN FAVOR DEL CÓNYUGE

	Código Civil	Aragón	Navarra	País Vasco	Cataluña	Baleares	Galicia
Ajuar	Sí (art. 1.321 CC)	Aventajas (art. 266 CDFA)	Aventajas (ley 90 FNN)	Sí (art. 3.1 LDCFPV)	Sí (art. 231-30, 234-14 CCC)	Sí (art. 1.III CDCIB)	Sí (art. 1.3 LDCG)
Adjudicaciones preferentes	Sí (art. 1.406.4.° CC)	Sí	Sí	Sí	Sí	Sí	Sí
Año viudal	No	No	No	Derecho de habitación mientras dure la viudedad (arts. 54-55 LDCFPV) Año viudal si tienen régimen de comunicación foral y caserío	Sí (art. 231-31, 234-14 CCC)	No	No
Derecho expectante de viudedad	No	Sí (arts. 279-282 CDFA)	No	No	No	No	No

A) Ajuar doméstico

Si el causante fallece casado (y no separado), tanto testado como intestado, y tanto en régimen de gananciales como en separación, el cónyuge supérstite tiene derecho a recibir el ajuar doméstico formado por la ropa, muebles y enseres de la vivienda habitual que no sean de extraordinario valor (art. 1.321 CC). Es una predetracción (su valor no se suma al caudal relicto ni computa para el cálculo de la legítima) (tema 10-1).

Los muebles donados por los padres del causante para el ajuar de la casa pueden encontrarse a la vez en el supuesto de hecho de la reversión por ascendientes (art. 812 CC) y en el del ajuar doméstico (art. 1.321 CC). La SAP Madrid de 5 de mayo de 1999 dio preferencia al artículo 1.321 CC y atribuyó los bienes al cónyuge supérstite.

También reconocen derecho al ajuar doméstico Cataluña (arts. 231-30 y 234-14 CCC) y, bajo el nombre de **aventajas**, Aragón (art. 266 CDFA) y Navarra (ley 90 FNN).

B) Adjudicaciones preferentes

Si el causante estaba casado en **gananciales**, la disolución de la sociedad por fallecimiento otorga al supérstite derecho a pedir que se le adjudique la vivienda donde residía habitualmente con preferencia al heredero (art. 1.406.4.º CC). Reglas parecidas hay en Aragón (art. 267 CDFA), Navarra (ley 91 FNN) y Cataluña (art. 232-38.2 CCC) (y podemos entender que también Baleares y Galicia, arts. 3.1 LDCFPV, 1.III CDCIB y 1.3 LDCG).

C) Derecho expectante de viudedad (Aragón)

Como sabemos, el cónyuge supérstite del causante con vecindad aragonesa (o aunque no la tenga si su régimen económico es el consorcial aragonés) goza del usufructo universal de la herencia (art. 16.2.III CC). Lo peculiar de este derecho es que tiene efectos también en vida del causante a través del llamado **derecho expectante de viudedad**. Esto significa que el usufructo puede recaer sobre bienes que no pertenecen al caudal relicto por haber sido enajenados en vida por el causante.

El derecho expectante **se extingue** respecto a los bienes muebles en cuanto son enajenados (salvo que lo sean en fraude del derecho del cónyuge) (art. 282 CDFA). Pero subsiste respecto a los bienes inmuebles y las empresas o explotaciones económicas consorciales o privativos que el causante tenía constante matrimonio, incluso aunque los hubiera enajenado en vida válidamente por acto oneroso *inter vivos* (arts. 271.1, 279, 280.1 y 283.1 CDFA). No se aplica el derecho expectante de viudedad en los casos siguientes: cuando el cónyuge haya renunciado a él en escritura pública [art. 280.1.*a*) CDFA]; para los bienes enajenados a cuya enajenación hayan concurrido ambos cónyuges (art. 280.2 CDFA); para los bienes privativos objeto del tráfico habitual del negocio del cónyuge enajenante; ni en las ventas por enajenación judicial (art. 201 CDFA).

El derecho expectante de viudedad es incluso oponible a terceros que adquirieron el bien del causante de buena fe y a título oneroso. Para que no lo sea, es necesario que concurran todas las condiciones del artículo 16.2.II CC: adquirente a título oneroso y de buena fe, de bienes situados fuera de Aragón, mediante contrato celebrado fuera de Aragón, en el que no constaba el régimen económico del vendedor.

D) Año vidual

En Cataluña el cónyuge supérstite tiene derecho a seguir poseyendo la vivienda habitual y a recibir alimentos con cargo a la herencia durante el año posterior al fallecimiento del causante (arts. 231-31 y 234-14 CCC).

El País Vasco le atribuye el derecho de habitación en la vivienda conyugal mientras se mantenga el estado de viudedad (art. 54 LCDFPV). Y si los cónyuges estaban casados en régimen de comunicación foral, el causante fallece sin hijos comunes y el cónyuge viudo hubiera venido al caserío del premuerto, tendrá, mientras se conserve en tal estado, el derecho de continuar en él durante un año y día [art. 146.*a*) LDCFPV].

Aragón y Navarra no necesitan año vidual porque ya conceden al supérstite usufructo universal (Aragón concede el uso de la vivienda habitual durante un año al conviviente en unión de hecho, art. 311.2 CDFA).

El Derecho común no conoce la institución del año vidual, pero sí concede al supérstite casado en gananciales el derecho a recibir alimentos con cargo a la masa de bienes comunes (sociedad postganancial) mientras no tenga lugar su liquidación (art. 1.408 CC).

E) Comunicación foral (Vizcaya)

El régimen económico matrimonial supletorio cuando ambos cónyuges tienen vecindad local vizcaína (o solo uno de ellos, pero la primera residencia habitual común es en la Tierra Llana) es la comunicación foral (art. 127.2 y 3 LDCFPV), un régimen que constante sociedad funciona como una sociedad universal, pero puede liquidarse de dos modos:

a) Si la disolución se debe a fallecimiento de uno de los cónyuges y hay hijos comunes, la comunicación foral se consolida, y se produce una comunidad universal de bienes entre el supérstite y los hijos. *b*) En caso contrario, la sociedad se liquida como sociedad de gananciales (arts. 140 y 145 LDCPV).

7. RESERVAS

Las reservas son un deber y una limitación que se impone al cónyuge supérstite (reservista). El cónyuge supérstite que ha recibido bienes del causante, de la familia de este o de un hijo común, tiene el deber de reservar esos bienes o su valor si vuelve a casarse teniendo hijos del primer matrimonio (reserva binupcial, art. 969 CC), o aunque no se case si los había tenido antes o los tiene después (reserva a favor de hijos no matrimoniales, art. 980 CC) (tema 9-1). Lo mismo ocurre con los bienes que el supérstite ha recibido por intestada o legítima de un hijo si este los había recibido antes del premuerto (reserva lineal, art. 811 CC).

De los Derechos forales, solo conservan las reservas Navarra (binupcial) y el País Vasco (lineal, binupcial o con hijos no matrimoniales, y de bienes raíces donados al matrimonio).

8. EFECTOS DE LA CRISIS CONYUGAL

Cuando hablamos de «**crisis conyugal**» nos referimos a la **separación** (que no afecta a la persistencia del vínculo matrimonial), el **divorcio** (que disuelve el matrimonio) y a la **nulidad matrimonial** (que declara que el matrimonio nunca existió realmente). Dentro de la separación debemos distinguir la **separación legal** (constituida mediante acto jurídico dictado por una autoridad e inscribible en el Registro civil) de la **separación de hecho** (puramente fáctica). Desde 2015, tanto la separación legal como el divorcio pueden ser declarados por notario o letrado de la administración de justicia, salvo que haya hijos menores o discapacitados o los esposos no hayan propuesto conjuntamente un convenio regulador, en cuyo caso el único competente para dictarlo es el juez (arts. 81, 82 y 87 CC y 54.1 LdN). Por el contrario, la nulidad solo puede ser declarada por sentencia judicial.

En Derecho común, la crisis conyugal **priva al supérstite** de derechos en la sucesión **intestada** (art. 945 CC) y en la **legítima** (art. 834 CC) de su cónyuge o ex cónyuge.

En cuanto a **las atribuciones realizadas por el testador en favor de su cónyuge**, el Tribunal Supremo ha considerado recientemente que con el divorcio (pero no con la separación legal ni con la separación de hecho) la atribución decae por falta de la causa que la fundamentaba (art. 767 CC) **(STS de 28 de septiembre de 2018)**, solución que ya adoptaban anteriormente los Derechos de **Aragón, Cataluña y Galicia.**

Podemos preguntarnos cuál es el **desencadenante de la crisis conyugal** al que la Ley atribuye el efecto de privar al cónyuge del causante de sus derechos sucesorios. Después de una sentencia de nulidad matrimonial o una resolución de divorcio, el cónyuge ya no es tal, y por tanto quedará privado de sus derechos legales. Igualmente, en caso de separación legal, todos los Derechos privan al supérstite de sus derechos sucesorios. La cuestión discutida está en saber en qué medida esos derechos se ven afectados por la separación de hecho y por el inicio de la tramitación de cualquiera de las modalidades de la crisis (separación, divorcio o nulidad). En Derecho común la situación queda como sigue:

Derechos sucesorios del cónyuge en caso de crisis conyugal (Derecho Común)

	INTESTADA (945)	LEGÍTIMA (834)	ATRIBUCIONES TESTAMENTARIAS (STS 28-9-2018)
Nulidad o divorcio	NO TIENE	NO TIENE	DECAEN
Separación legal	NO TIENE	NO TIENE	NO SE VE AFECTADO
Separación de hecho	NO TIENE	NO TIENE	NO SE VE AFECTADO
Inicio de tramitación de nulidad, separación o divorcio	NO SE VE AFECTADO	NO SE VE AFECTADO	NO SE VE AFECTADO

En todos los Derechos de España el derecho a la **sucesión intestada** del desaparece con la nulidad o divorcio, con la separación legal y con la separación de hecho acordada por los cónyuges en documento fehaciente. El cónyuge separado solo de hecho no es llamado a la intestada en Derecho común, Cataluña, Galicia, Navarra y Mallorca/Menorca, pero sí lo es en Aragón, País Vasco e Ibiza/Formentera. Si uno de los cónyuges ha iniciado los trámites de separación, divorcio o nulidad, ambos pierden su derecho a la intestada del otro en Aragón, Cataluña y Baleares, pero no en Derecho común, Galicia, Navarra y País Vasco (arts. 945 CC, 442-6.1 CCC, 531.1 CDFA, 304.2 y 254 FNN, 54 CDCIB, 267 LDCG, 112.2 LDCFPV).

De modo similar, el derecho a la **legítima** del cónyuge se pierde en todas partes con el divorcio, la nulidad, la separación legal y la separación de hecho acordada por los cónyuges en documento fehaciente. También se pierde con la separación de hecho en Derecho común, Cataluña, Galicia y Navarra, pero no en Aragón, Baleares y País Vasco. La incoación de trámites hace desaparecer la legítima del cónyuge en Aragón, Cataluña y Baleares, pero no en Derecho común, Galicia, Navarra y País Vasco (arts. 834 CC, 452-2 CCC, 55 LDCFPV, 276 CDFA, 45 CDCIB, 238.2 LDCG, 254 FNN).

Las **atribuciones testamentarias** en favor del cónyuge decaen con la separación de hecho y con el inicio de trámites en Cataluña y Galicia (pero ninguna de las dos causas se aplica en Aragón). En País Vasco y Navarra el testamento de hermandad otorgado conjuntamente por los cónyuges decae con la separación legal (País Vasco) o con la separación legal, el inicio de trámites, o con la separación acordada mutuamente en instrumento fehaciente (Navarra), pero ninguna de esas causas afecta a las disposiciones en favor del cónyuge contenidas en otros instrumentos sucesorios (ley 200 FNN y art. 45.3 LDCFPV). Baleares es el único territorio en el que la crisis conyugal no hace decaer la atribución testamentaria en favor del cónyuge.

Cómo afecta la crisis conyugal a los derechos sucesorios del cónyuge (Derechos forales)

	ARAGÓN	CATALUÑA	GALICIA	NAVARRA	PAÍS VASCO	BALEARES
INTESTADA	NO TIENE	NO TIENE	NO TIENE	NO TIENE	NO TIENE	NO TIENE
LEGÍTIMA	NO TIENE	NO TIENE	NO TIENE	NO TIENE	NO TIENE	NO TIENE
ATRIBUCIONES TESTAMENTARIAS	DECAEN	NO TIENE	NO TIENE	Solo decae Testamento hermandad	Solo decae Testamento hermandad	NO AFECTA

La crisis conyugal ocasiona la **revocación automática de los poderes** que uno de los dos haya otorgado al otro (art. 102.I.2.º CC). Los terceros que hicieron donaciones por causa del matrimonio pueden revocarlas en caso de crisis conyugal por culpa del donatario (art. 1.343.II CC). La mera presentación de la demanda de nulidad, separación, o divorcio hace desaparecer la presunción de convivencia (art. 102.I.1.º CC).

Los **instrumentos sucesorios que se fundan en el matrimonio** (testamentos de hermandad, donaciones antenupciales, disposiciones *mortis causa* contenidas en capitulaciones matrimoniales, *espòlits*, etc.) también decaen con la crisis matrimonial, aunque los efectos de este decaimiento son más complejos cuando están implicados derechos de terceros, hay instituciones recíprocas o ha fallecido alguno de los otorgantes. Respecto al **pacto sucesorio**, la crisis matrimonial hace decaer la institución en favor del cónyuge (art. 1.343.II y III CC y todos los Derechos forales), pero no necesariamente otras instituciones en favor de otras personas (p. ej., en favor de hijos comunes, STSJ Navarra de 19 de mayo de 2011).

Aunque no haya llegado a haber crisis conyugal propiamente dicha, el supérstite ha podido incurrir en **indignidad** por haber atentado contra la vida del causante o la de sus hijos (art. 756.2 CC), haberle maltratado físicamente (arts. 756.1 CC, 412-3 CCC, 7 bis CDCIB), no haber cuidado del causante discapacitado (arts. 142, 146 y 756.7 CC) o haber atentado contra su libertad de testar no permitiéndole testar o sustrayendo u ocultado su testamento (arts. 713, 756.5 y 6 CC). Igualmente, el supérstite ha podido ser **desheredado** por el causante por incumplimiento grave o reiterado de sus deberes conyugales (arts. 67, 68 y 855.1 CC). La esposa que está separada por ser víctima de **violencia de género** también pierde los derechos sucesorios sobre la herencia de su esposo culpable (SAP Málaga de 25 de septiembre de 2017).

Las **obligaciones patrimoniales nacidas de la crisis** conyugal no se extinguen necesariamente con el fallecimiento del obligado. Eso sí ocurre con el derecho de los hijos a la **pensión de alimentos** (art. 150 CC). Pero la **compensación por desequilibrio** (art. 97 CC) sigue existiendo a cargo de los herederos, que podrán pedir que se reduzca o suprima si no hay bienes suficientes o afecta a la legítima (art. 101.II CC), aunque lo normal es que esta compensación consista en una cantidad a tanto alzado o una pensión temporal durante pocos años (art. 97.I CC), y solo excepcionalmente será una pensión indefinida (p. ej., STS de 8 de mayo de 2018). La **atribución del uso de la vivienda familiar** al cónyuge custodio de los hijos menores o discapacitados o por otros motivos (art. 96.1 y 2 CC) puede prolongarse más allá del fallecimiento del cónyuge no custodio.

9. UNIONES DE HECHO

Como es lógico, los derechos que se atribuyen al cónyuge supérstite exigen como requisito previo la existencia de matrimonio. Ahora bien, ¿tiene derechos sucesorios la persona que convivía con el causante en **unión de hecho, unión de pareja estable o unión estable registrada**? En este punto, el Derecho común y la mayoría de los Derechos forales contienen reglas muy diferentes.

El Derecho común no atribuye derechos sucesorios al conviviente. Por lo tanto, cuando muere su pareja, el conviviente supérstite no es llamado a la intestada ni a la legítima (ni tiene derecho a la mitad de una sociedad de gananciales que nunca existió). Solo tendrá derechos *mortis causa* si el causante hizo testamento y le nombró heredero o legatario. Naturalmente, los hijos comunes de la pareja gozarán de todos los derechos que les corresponden por legítima e intestada, igual que si hubieran sido matrimoniales (arts. 14 CE y 108 CC) y, si son menores, el conviviente supérstite administrará la parte que reciban como titular de la patria potestad.

En algunos casos los tribunales hacen una excepción y llaman al conviviente a la sucesión de su pareja, especialmente si fallece intestada. Cuando el supérstite trabajaba con o para el causante sin recibir salario, se entiende que entre ellos había existido un pacto tácito de sociedad (SAP Alicante de 17 de mayo de 2001), o se le reconoce una indemnización con base en el **enriquecimiento sin causa** por el valor de un cuarto o un tercio del caudal relicto (STS de 6 de mayo de 2011). Esto último se ha concedido también en algunas uniones de hecho muy largas en las que la mujer se dedicaba al cuidado del hogar y el causante falleció intestado sin dejar hijos comunes (p. ej., SSTS de 17 de junio de 2003 y 23 de noviembre de 2004). Pero la regla general sigue siendo que la convivencia de hecho por sí sola no es fundamento sucesorio, ni en intestada ni en legítima (STS de 21 de octubre de 1992).

La situación de las parejas de hecho en los **Derechos forales** es muy diferente a la de Derecho común.

Baleares, Cataluña, Galicia y País Vasco equiparan al conviviente registrado supérstite con el cónyuge supérstite en cuanto a **legítima e intes-**

tada (arts. 13 LPEB, 442-3, 452-1 y 442-13 CCC, Disp. Adic. 3.ª LDCG, art. 9 LPdHPV y Disp. Adic. 2.ª LDCFPV). Para ello es imprescindible que la unión esté **registrada** en el Registro administrativo autonómico correspondiente o que los convivientes hayan firmado un acuerdo de convivencia documentado notarialmente. Esta exigencia es consecuencia de la **STC 93/2013, de 23 de abril de 2013**, según la cual atribuir los efectos legales del matrimonio a una relación cuando los miembros de la pareja no se han sometido voluntariamente a ellos es inconstitucional por contrario al libre desarrollo de la personalidad (art. 10.1 CE).

En **Aragón y Navarra** la pareja estable **carece de derechos** de intestada y legítima (art. 311 CDCFA, leyes 113 y 253 FNN).

Todos los Derechos forales menos Navarra reconocen al conviviente supérstite registrado el derecho de **ajuar**. Aragón, País Vasco y Cataluña le conceden también el derecho de **año vidual** (arts. 311 CDCFA, 12 y 13 LPEB, Disp. Adic. 3.ª LDCG, 3.1 y 54 LDCFPV, 234-14.3 CCC).

Derechos sucesorios del conviviente supérstite en unión estable registrada

	Derecho Común	Navarra	Aragón	Baleares	Galicia	Cataluña	País Vasco
INTESTADA	NO	NO	NO	SÍ	SÍ	SÍ	SÍ
LEGÍTIMA	NO	NO	NO	SÍ	SÍ	SÍ	SÍ
AJUAR	NO	NO	SÍ	SÍ	SÍ	SÍ	SÍ
AÑO VIDUAL	NO	NO	SÍ	NO	NO	SÍ	SÍ

El **cese de la convivencia** de la pareja estable ocasiona su extinción y hace que decaigan automáticamente las **atribuciones patrimoniales testamentarias realizadas por el causante** (STS de 26 de septiembre de 2018; en Cataluña, art. 422-13 CCC).

TEMA 14

ACCIONES

SUMARIO: 1. ACTUACIONES Y ACCIONES.—2. ACCIÓN DE PETICIÓN DE HERENCIA.—A) *Concepto.*—B) *Reclamación de bienes concretos.*—C) *Reclamación de la condición de heredero.*—D) *Régimen común a ambas.*—3. LAS ACCIONES EN DEFENSA DE LA LEGÍTIMA.—4. RESUMEN DE ACCIONES.

1. ACTUACIONES Y ACCIONES

a) Desde el punto de vista de **quién puede pedir qué** en materia sucesoria, y sin ánimo exhaustivo, a lo largo de estas páginas hemos visto que:

Los **llamados** pueden reclamar su condición de herederos (acción de reclamación de herencia), e impugnar la declaración de herederos, el testamento (art. 743 CC) y la condición del heredero indigno (art. 762 CC).

Los **herederos** pueden reclamar la posesión de cualquier bien de la herencia que les corresponda, exigir la partición (arts. 1.054 CC y 782 LEC), impugnarla (art. 403 y 1.081 CC), pedir su rescisión (art. 1.074 CC), la adición (art. 1.079 CC) o la rendición de cuentas al albacea o coheredero que haya poseído o gestionado la herencia (art. 1.720 CC).

Los **acreedores del delado** pueden instarle a que acepte o repudie (arts. 1.004 y 1.005 CC), impugnar la repudiación (art. 1.001 CC), aceptar la herencia en su nombre (art. 1.001.II CC), exigir el cobro de sus créditos (arts. 1.027 y 1.032 CC), exigir la venta de bienes relictos (arts. 803 LEC, 903.I y 1.030 CC), oponerse a la entrega de los bienes adjudicados en partición hasta que se les pague (art. 1.082 CC), reclamar a cualquiera de los coherederos después de la partición (que serán deudores solidarios) (art. 1.084 CC).

Los **legitimarios** pueden pedir la impugnación de la declaración de herederos por preterición (art. 814 CC), exigir el complemento de legítima cuando se les ha dejado menos de lo debido (art. 815 CC), pedir la reducción de legados o donaciones inoficiosas (arts. 654, 817 y 820.1 CC), pedir la rescisión por fraude de legítima (art. 1.291.3 CC).

b) Desde el punto de vista de **qué autoridad** realiza (o ante qué autoridad se realizan) esas actuaciones y con qué procedimiento:

Algunos son **actos puramente materiales**, informales, como la asunción de la administración provisionalísima (art. 999.IV CC) o la aceptación tácita de herencia (art. 1.000 CC). Pero la mayoría tienen lugar ante alguna autoridad.

Gran parte de las actuaciones que deben llevarse a cabo en materia sucesoria son **actos en los que no existe controversia**, y que por lo tanto se tramitan mediante **expediente de jurisdicción voluntaria** (art. 1 LJV 2015). La reforma de 2015 ha aumentado las competencias de los notarios en esta materia.

El **notario** es competente para llevar a cabo: delación, y declaración de herederos testamentarios (art. 299 RN) y abintestato (arts. 790.2 LEC y 55 LN); repudiación de herencia (art. 1.008 CC); adveración, apertura y protocolización de testamentos ológrafos (art. 61 LN), cerrados (art. 57 LN) y orales (art. 64 LN); requerimiento al delado para que acepte a instancia de los acreedores del causante (art. 1.004 CC); elaboración y aprobación del inventario (art. 67 LN); escritura de aceptación, renuncia, prórroga y aprobación sin confirmación expresa de todos de la actuación del albacea (art. 66 LN); nombramiento de contador-partidor dativo (art. 1.057.II CC); división de herencias (art. 782.1 LEC).

Para la sucesión testada en testamento abierto notarial puede acudirse a cualquier notario, pero la copia certificada solo puede ser proporcionada por el que tenga el testamento en su protocolo. Para la intestada y los demás testamentos, son competentes los notarios del último domicilio o residencia habitual del causante, donde estuviera la mayor parte de sus bienes, el lugar de fallecimiento del causante, o de un distrito colindante de los anteriores (en todos los casos, si están en España). En defecto de todos los anteriores, el del domicilio del solicitante (art. 55 LN).

El papel del juez en los actos de jurisdicción voluntaria sucesoria ha quedado reducido a la tutela de derechos e intereses de **menores o personas con capacidad limitada** (art. 1 LJV). Tiene competencia para: remoción, rendición de cuentas o actos de disposición del albacea (art. 91 LJV); designación, renuncia, prórroga o aprobación de cuentas sin consenso del contador-partidor dativo (art. 92 LJV); aceptación o repudiación de herencia o legado por padres, tutores o defensores judiciales en nombre de sus hijos menores o tutelados (art. 93 LJV); aceptación de herencia por acreedores en nombre de sus deudores [art. 93.2.*c*) LJV]; adopción de medidas urgentes ante el fallecimiento de una persona intestada sin familiares, o si estos son ausentes, menores o incapaces (art. 790 LEC); división de herencia cuando no deba ser realizada por un contador-partidor o por un notario (art. 782.1 LEC).

El Estado (o a la Comunidad Autónoma con competencias en Derecho civil, en su caso) puede ser parte interesada como llamado testamentario, o abintestato cuando el causante ha fallecido intestado y sin parientes (tema 3). El juez o el notario comunicará el hecho a la Administración (art. 791.2 LEC), que será la encargada de tramitar el expediente. Si no han aparecido familiares, el expediente terminará con un acto de declaración administrativa de heredero, que es eficaz e inscribible sin necesidad de declaración judicial (arts. 958 CC y 20 bis LPAP). Si algún interesado quiere impugnar el acto por motivos procesales, acudirá a la jurisdicción contencioso-administrativa, pero si considera que tiene mejor derecho a la herencia que el Estado, tendrá que demandar ante la jurisdicción civil (art. 20 bis.8 LPAP).

Si después de alguno de esos actos de jurisdicción voluntaria una parte considera que su derecho ha quedado defraudado, puede instar un **juicio declarativo contencioso** (que es a lo que habitualmente nos referimos cuando empleamos la palabra «acción»). De este tipo son los juicios en los que se insta a actuar a alguien, se reclama la condición de heredero o legatario, se impugna la validez de un testamento o de una declaración de herederos, se reclama el complemento de legítima, se pide la nulidad o la rescisión de una partición. El juicio declarativo ordinario tiene plenitud de cognición, y por tanto es cauce adecuado para cualquier cuestión, aunque esté atribuida a otro procedimiento extrajudicial o de jurisdicción voluntaria (STS de 6 de noviembre de 1998).

Quien tiene que ejecutar un testamento (albacea, contador-partidor, notario) y duda de su legalidad, solo puede dejar de aplicarlo si el defecto se debe a caducidad o defecto de forma, o si hay conformidad de todos los interesados. Fuera de estos casos, no puede ejecutar algo contrario al testamento sin una sentencia judicial dictada en procedimiento contencioso (RRDGRN de 13 de septiembre de 2001 y 22 de abril de 2019).

2. ACCIÓN DE PETICIÓN DE HERENCIA

A) Concepto

Aunque la acción de petición de herencia (*hereditatis petitio* en Roma) es la acción más importante de Derecho sucesorio, el CC le dedica solo algunas menciones dispersas (arts. 192, 1.016, 1.021 y 1.963). En Cataluña está regulada por los artículos 465-1 y 2 CCC, que para algunas cosas pueden servir de referencia también en Derecho común.

La acción de petición de herencia es **contenciosa** (al contrario que muchas de las previstas en materia sucesoria, que son de jurisdicción voluntaria), **plenaria** (al contrario que las posesorias, de carácter sumario), **universal** (lo que la distingue de la reivindicatoria) y **real** (pues implica al menos eventualmente la reclamación de derechos reales). Se tramita según el procedimiento del **juicio ordinario** (art. 251.3.º LEC-2000).

La acción de petición de herencia admite dos modalidades: la que reclama la posesión de bienes concretos y la que reclama la condición de heredero.

B) Reclamación de bienes concretos

En su sentido originario, la petición de herencia es la acción que tiene el heredero para exigir la restitución de todos o parte de los bienes relictos contra quien los posee por otro concepto distinto del de heredero o sin ningún concepto. Dado que el **demandante** es un heredero (y por tanto propietario de los bienes que reclama) y el demandado es un poseedor de esos bienes, la acción se asemeja bastante a la reivindicatoria, que es la acción del propietario no poseedor contra el poseedor no propietario, de la que se diferencia por su carácter universal. Si el heredero era el dueño de la cosa, en principio también era el poseedor, al menos mediato (art. 348 CC), y en las condiciones de dueño y poseedor se subroga también el heredero desde la aceptación, pero con efectos retroactivos hasta la apertura de la sucesión (**posesión civilísima**) (arts. 440 y 661 CC) (tema 2-8-E).

Es **demandado** el poseedor de los bienes relictos reclamados que carece de un título que justifique su posesión. Si hay varios coposeedores por el mismo título, existe litisconsorcio pasivo necesario, es decir, hay que demandarlos a todos (art. 12.2 LEC).

A diferencia de lo que ocurre en la acción reivindicatoria, en la acción de petición de herencia el demandante **no necesita presentar prueba plena del dominio** respecto a cada uno de los bienes que reclama. Como el demandante fundamenta su título en una subrogación universal (art. 661 CC), basta con que pruebe su condición de heredero, identifique los bienes reclamados y justifique que el bien formaba parte de la masa relicta (en Cataluña, art. 465-1.1 CCC y SAP Gerona de 30 de julio de 1999).

El poseedor-demandado puede **oponerse** a la pretensión del demandante cuando dispone de un título posesorio subordinado (p. ej., arrendamiento), de un título autónomo con origen en el causahabiente del demandante (p. ej., el causante le vendió y transmitió la propiedad del bien), o de un título autónomo con cualquier otro origen (p. ej., usucapió el bien o lo adquirió de un tercero irreivindicablemente). Para que triunfe la acción, el heredero demandante primero tiene que atacar el título subordinado (p. ej., resolviendo el arrendamiento o la venta por impago) o la eficacia del título autónomo (p. ej., argumentar que no se cumplieron los requisitos para la usucapión o la adquisición irreivindicable). Si el demandado invoca que él es el auténtico propietario de la cosa reclamada, su contestación incluye implícitamente una reconvención, por lo que él también tendrá que probar que cumple los requisitos exigidos para la reivindicatoria.

C) Reclamación de la condición de heredero

En esta modalidad, la acción de petición de herencia es la acción que tiene el que reclama la condición de heredero del causante frente al que ya ha sido declarado heredero o frente a quien afirma serlo. Si ya ha sido declarado heredero, el demandante deberá impugnar también la declaración de herederos, el título en el que se base (testamento, acta de notoriedad, juicio de testamentaría) y los demás actos jurídicos que traigan causa de ella (inscripciones, partición, etc.).

La acción de petición puede ser a su vez *declarativa de condena* (cuando se reclama no solo la condición de heredero, sino los bienes que forman la herencia) o *meramente declarativa* (cuando solo se reclama la condición de heredero, sin petición de bienes).

El demandado que goza de la cualidad de heredero reconocida puede limitarse a defender su derecho y negar la pretensión del demandante, pero si quiere defender su condición de heredero tendrá que reconvenir y probar su derecho.

D) Régimen común a ambas

El Derecho común no establece un plazo de prescripción para la acción de petición de herencia. La mayoría de la doctrina y la jurisprudencia consideran que **prescribe a los treinta años**, por ser al menos eventualmente una acción real sobre inmuebles (art. 1.963, SSTS de 23 de diciembre de 1971 y 27 de noviembre de 1992). El *dies a quo* en la modalidad de reclamación de la posesión es el momento en que el demandado comenzó a poseer la cosa (arts. 1.962 y 1.963 CC, STS de 23 de diciembre de 1971), y en la otra, la apertura de la sucesión (art. 1.969 CC). Pero algunos de los motivos que llevan a impugnar la declaración pueden tener un plazo de prescripción más breve (p. ej., la acción de indignidad prescribe a los cinco años, art. 762 CC).

En Cataluña, la acción de petición de herencia es imprescriptible (art. 465-1.3 CCC). En Navarra, la meramente declarativa es imprescriptible (ley 37.2 FNN), y la otra solo prescribe si la cosa reclamada es usucapida por el poseedor (ley 324 FNN).

En ambas modalidades de petición de herencia el demandante pretende que se le entreguen uno o más bienes (salvo que sea meramente declarativa). La petición de restitución deberá incluir la solicitud de cancelación de los asientos registrales correspondientes (art. 38 LH).

El demandante no conseguirá la restitución aunque gane el juicio cuando los bienes hayan salido del patrimonio del demandado de modo irreivindicable (p. ej., porque han sido enajenados a título oneroso a un tercero de buena fe), pero en ese caso tiene derecho a recibir del demandado que los vendió el precio percibido por ellos (art. 465-2.3 CCC).

La liquidación del estado posesorio de un poseedor vencido sin relación jurídica con el causante o con el heredero demandante se regula por los artículos 451 y 455 CC. La regla general es que el poseedor debe restituir los frutos percibidos y el demandante vencedor debe abonarle los gastos de producción (art. 356 CC) y las mejoras necesarias (art. 453.I CC). Pero si el poseedor demandado vencido poseía con buena fe y justo título (es decir, si había adquirido la cosa de un no titular sin cumplir los requisitos para la adquisición irreivindicable) no debe restituir los frutos (art. 451.I CC) y tiene derecho a las mejoras necesarias y a las útiles (art. 453.I y II CC).

3. LAS ACCIONES EN DEFENSA DE LA LEGÍTIMA

El legitimario que ha recibido por todos los títulos una cantidad inferior a la que corresponde a su cuota legitimaria goza de una especial protección legal. El orden legal de pagos le coloca en un lugar privilegiado, solo detrás de los acreedores de la herencia (tema 11-2). Son varias las acciones de las que dispone para defender su derecho, a las que ya hemos hecho mención anteriormente (temas 5-3, 5-6, 5-7, 10-4). Para valorar la más conveniente en cada caso, el legitimario tendrá que tener en cuenta la naturaleza, *petitum*, legitimado pasivo y plazo de prescripción o caducidad de cada una de ellas.

i) **Acción de reclamación, suplemento o complemento de legítima** (art. 815 CC). Con esta acción el legitimario se dirige contra el heredero para que le abone la parte de su cuota legitimaria que ha quedado sin cubrir. Lógicamente, no tiene sentido ejercerla si el legitimario es también el único heredero, pero si hay más coherederos puede ejercerla contra ellos para que le paguen la parte que le corresponde, ya que a estos efectos su posición es similar a la de un acreedor de la herencia (arts. 1.085.I y 1.087 CC). El heredero responde de su pago aunque su cantidad supere el valor del caudal relicto, a menos que haya aceptado a beneficio de inventario. Respecto al plazo de ejercicio, unos consideran que debe aplicarse el plazo general de 5 años (art. 1.964.2 CC) y otros el de 30 años, como la acción de petición de herencia (STS de 27 de enero de 1989).

ii) **Acción de impugnación del testamento** (o de la declaración de herederos que lo aplica) cuando el testador ha incurrido en **preterición** (art. 814.II CC) (tema 5-6) o en **desheredación injusta** (art. 851 CC) (tema 5-3). Según el Supremo, esta acción es rescisoria y caduca a los 4 años de la apertura del testamento (SSTS de 10 de diciembre de 2014 y Pleno 25 de septiembre de 2019) (frente a la STS de 23 de junio de 2015, que aplicaba el plazo de 30 años de la petición de herencia).

iii) **Cálculo incorrecto de la legítima** (art. 818 CC). No es propiamente una acción con entidad autónoma, sino más bien un argumento instrumental que puede ayudar a fundamentar la reclamación del legitimario a través de otras acciones. Cuando las operaciones liquidatorias de la legítima se han realizado erróneamente en perjuicio de un legitimario (p. ej., por omisión de bienes computables, imputaciones incorrectas, falta de colación, etc., arts. 818, 819, 1.035 ss. CC), el legitimario perjudicado puede impugnar el resultado y pedir que la legítima se vuelva a calcular correctamente y se le entregue la cuota que corresponde, pero esta petición tendrá que articularse a través de alguna acción específica (tema 10).

iv) **Acción de reducción de legados inoficiosos** (arts. 817, 820.1.º y 2 CC). Si no hay caudal relicto suficiente para pagar la legítima, el legitimario puede pedir que los legados se reduzcan a prorrata en la cantidad necesaria para pagar su cuota. Si se considera que esta acción es rescisoria, su plazo será de 4 años de caducidad (art. 1.299 CC). Pero el asunto es discutido, y otros proponen un plazo de prescripción de 5 años (plazo general, art. 1.964.2 CC) o de 30 años (como la petición de herencia).

v) **Acción de reducción de donaciones inoficiosas** (arts. 817, 636, 654, 655 y 656 CC). El legitimario puede pedir la reducción de las donaciones inoficiosas siguiendo un orden cronológico inverso (empezando por las más recientes) (art. 656 CC). Si además de donaciones inoficiosas también hay legados inoficiosos, deberán reducirse primero los legados (art. 820.1.º CC). Respecto a su naturaleza y plazo, hay dos tendencias: una la asimila a la acción revocatoria de las donaciones y le atribuye un plazo de 5 años de caducidad (arts. 654 y 646) (LACRUZ y STS de 4 de marzo de 1999), y otra considera que es una acción rescisoria con plazo 4 años de caducidad (art. 1.299 CC) (STS de 22 de febrero de 2006).

vi) **Acción de nulidad de contrato simulado** (art. 1.261 CC). Cuando el causante realizó en vida una venta simulada con la intención de encubrir una donación en fraude de legítima, el legitimario interpondrá la acción de nulidad frente al comprador, y una vez declarada nula la venta y reincorporado su objeto al caudal relicto, reclamará que se compute su cuantía, se recalcule la legítima, y se le pague la cantidad correspondiente (p. ej., STS de 26 de marzo de 2012). Esta impugnación resulta mucho más fácil desde que el Supremo empezó considerar que la compraventa simulada de inmueble es nula por defecto de forma (art. 633 CC), y por tanto la donación disimulada resulta también nula automáticamente (STS Pleno de 11 de enero de 2007).

vii) **Acción de rescisión de la partición inoficiosa**. La partición puede ser impugnada cuando, por los motivos que sean (no inclusión de bienes, valoración incorrecta, etc.), tenga por efecto que el legitimario termine recibiendo una cantidad inferior a la que le corresponde (p. ej., STS de 20 de noviembre de 1990). Esta impugnación es posible en todos los tipos de partición, y es la única admitida cuando fue el testador mismo quien la realizó (arts. 1.056.I y 1.075 CC). Caduca a los cuatro años desde la partición (art. 1.076 CC).

Ninguna de estas acciones puede ser ejercitada antes de que se hayan realizado las operaciones liquidatorias, incluida la partición, pues solo entonces puede saberse realmente cuál es la cuota legitimaria y se puede calcular si ha habido fraude a la legítima o no (STS de 11 de octubre de 2005).

Debemos reconocer que el panorama que ofrece el cuadro de acciones de protección de la legítima que acabamos de mostrar no resulta satisfactorio. Sobre muchas de las acciones mencionadas los datos legales son insuficientes o contradictorios, y tanto doctrina como jurisprudencia discuten hasta los aspectos más esenciales, como son su naturaleza y su plazo de prescripción o caducidad. La respuesta que se dé a esas preguntas dependerá de si la acción se asimila a la de petición de herencia (y entonces será una acción personal con un plazo de prescripción de 30 años), a la acción rescisoria (con plazo de caducidad de 4 años), o si se le aplica el régimen general de las acciones personales (prescripción de 5 años). Algunos autores (PEÑA, MIQUEL, RODRÍGUEZ ROSADO) ofrecen una explicación alternativa que por el momento es minoritaria, según la cual el Código entiende al legitimario fundamentalmente como un heredero (forzoso) (art. 807 CC), y por lo tanto lo más coherente es que todas las acciones en que el legitimario reclama su legítima se deberían articular conforme a la acción de petición de herencia (en el mismo sentido, STS de 23 de junio de 2015).

4. RESUMEN DE ACCIONES

NOMBRE Y *PETITUM* DE LA ACCIÓN	LEGITIMADO	CARÁCTER	PRESCRIPCIÓN O CADUCIDAD	FUNDAMENTO LEGAL
Solicitud de intervención o administración judicial del caudal relicto	Cualquier interesado			Arts. 790, 791, 792, 797 LEC
Expediente de declaración de herederos en sucesión intestada	Cualquier llamado *ab intestato*	Expediente de jurisdicción voluntaria		Arts. 55, 56 Ley Notariado
Expediente por el que el albacea solicita que se le autorice a disponer de bienes de la herencia	Albacea	Expediente de jurisdicción voluntaria		Art. 91 LJV
Expediente para nombramiento judicial de contador-partidor dativo o aprobación de su partición	Miembro de la comunidad hereditaria indivisa	Expediente de jurisdicción voluntaria		Art. 92 LJV
Expediente para autorización judicial de aceptación o repudiación por representantes de menores, discapaces o personas jurídicas (o por sus acreedores)	Representante de menor o discapaz llamado	Expediente de jurisdicción voluntaria		Arts. 166, 224, 287 CC y 93-95 LJV

NOMBRE Y *PETITUM* DE LA ACCIÓN	LEGITIMADO	CARÁCTER	PRESCRIPCIÓN O CADUCIDAD	FUNDAMENTO LEGAL
Expediente de adveración y protocolización del testamento ológrafo o del extraordinario	Poseedor del testamento ológrafo o extraordinario	Expediente de jurisdicción voluntaria	5 a. d. fallecimiento	Arts. 689-693 CC, 61 ss. Ley Notariado, 211 ss. RN
Acción de petición de herencia respecto a la herencia en su conjunto (hereditatis petitio)	Quien se considera con mejor derecho para ser heredero	Acción real, universal, juicio contencioso declarativo de condena	30 años d. fallecimiento (prescripción)	Arts. 192, 1.016, 1.021, 1.963 CC, STS de 9 de julio de 2002
Acción de petición de herencia respecto a bienes concretos que fueron del causante	Heredero	Acción real	Inmuebles: 30 años; muebles: 6 años (prescripción)	Arts. 1.962 y 1.963 CC
Acción meramente declarativa de reconocimiento de la cualidad de heredero	Heredero	Acción meramente declarativa	Imprescriptible	
Acción posesoria frente a bienes no poseídos por nadie a título de heredero o usufructuario	Heredero	Acción posesoria, Juicio verbal		Art. 250.1.3.º, 441.1, 447.2 LEC
Acción reclamando la entrega de legado de eficacia real (reivindicatoria)	Legatario	Acción real, declarativa de condena		Arts. 882, 885 CC
Acción de cumplimiento de legado de eficacia obligacional (actio ex testamento)	Legatario	Acción personal declarativa de condena		Arts. 884, 885 CC
Acción para pedir la nulidad del testamento por caducidad o falta de capacidad, consentimiento, forma	Cualquier llamado	Acción personal declarativa de nulidad	Imprescriptible	Arts. 663, 673, 687, 689, 703, 730 CC
Acción de impugnación por indignidad	Cualquier llamado	Acción personal declarativa de condena	5 años d. posesión por el indigno	Arts. 756, 762 CC
Acción de reclamación, suplemento o complemento de legítima	Legitimario	Acción personal declarativa de condena	30 años d. fallecimiento (prescripción)	Arts. 815 y 1.963 CC STS de 27 de enero de 1989
Acción de rescisión del testamento por preterición o por desheredación injusta	Legitimario	Acción rescisoria	4 años d. apertura del testamento (caducidad)	Arts. 814, 815, 1.299 CC STS Pleno de 25 de septiembre de 2019
Acción de reducción de legados inoficiosos	Legitimario	Acción rescisoria (discutido)	4 años d. apertura del testamento (caducidad) (discutido)	Arts. 817, 820, 1.299 CC
Acción de reducción de donaciones inoficiosas	Legitimario	Acción revocatoria (discutido)	5 años d. apertura del testamento (caducidad) (discutido)	Arts. 817, 636, 654, 655, 656, 1.044 CC STS de 4 de marzo de 1999
Acción de rescisión de la partición por lesión de legítima	Legitimario	Acción rescisoria	4 años d. partición (caducidad)	Art. 1.075, 1.076 CC STS de 18 de julio de 2012

NOMBRE Y *PETITUM* DE LA ACCIÓN	LEGITIMADO	CARÁCTER	PRESCRIPCIÓN O CADUCIDAD	FUNDAMENTO LEGAL
Acción de impugnación de negocios simulados inter vivos *del causante realizados en fraude de legítima*	Legitimario	Acción declarativa de nulidad	Imprescriptible	Arts. 1.261, 1.275, 1.276, 1.310, 1.324 STS de 26 de marzo de 2012
Acción para pedir la partición de la herencia indivisa (familiae erciscundae)	Coheredero	Acción divisoria contenciosa	Imprescriptible	Arts. 1.052 y 1.965 CC, 782 ss. LEC
Rescisión de la partición por lesión en más de 1/4	Coheredero	Acción rescisoria	4 años d. partición	Arts. 1.074, 1.076 y 1.299 CC
Acción de complemento de la partición por omisión de bienes	Coheredero	Acción declarativa de condena		Art. 1.079 CC
Nulidad de la partición por exclusión indebida de herederos o inclusión indebida de bienes	Coheredero	Acción declarativa de condena	Imprescriptible	Arts. 1.080, 1.081 CC
Petición de rendición de cuentas por el administrador de la herencia	Coheredero	Acción declarativa de condena		Arts. 1.031, 1.032.II, 1.720, CC
Acción para impugnar la repudiación en fraude de acreedores	Acreedores de los herederos			Arts. 1.001, 1.111, 1.291.3.° CC, SSTS de 30 de mayo de 2003 y de 13 de julio de 2005
Acción contra los coherederos una vez hecha la partición sin haber pagado las deudas hereditarias	Acreedores de la herencia	Acción personal (solidaria)		Art. 1.084 CC

BIBLIOGRAFÍA BÁSICA

OBRAS GENERALES

ÁLVAREZ CAPEROCHIPI, J. L.: *Derecho hereditario*, Civitas, Madrid, 1990.

ASOCIACIÓN DE PROFESORES DE DERECHO CIVIL: *Derecho de Sucesiones. Presente y futuro*, Murcia, 2006.

ASOCIACIÓN DE PROFESORES DE DERECHO CIVIL: *Propuesta de Código Civil*, Tecnos, Madrid, 2018.

BERCOVITZ, R. (coord.): *Derecho de sucesiones*, Tecnos, Madrid, 2009.

— (coord.), *Familia y sucesiones*, Cuadernos Civitas de Jurisprudencia Civil, Aranzadi, 2009.

DE LA CÁMARA ÁLVAREZ, M.: *Compendio de Derecho sucesorio*, La Ley, Madrid, 3.ª ed., 2011.

DÍEZ-PICAZO, L. y GULLÓN, A.: *Sistema de Derecho civil. Derecho de Sucesiones*, tomo IV-2, Tecnos, Madrid, 11.ª ed., 2013.

GARRIDO PALMA, V. (dir.): *Instituciones de Derecho Privado*, Aranzadi, 2019, tomo V, 5 volúmenes.

GIMENO GÓMEZ-LAFUENTE, J. L. y RAJOY BREY, E.: *Regímenes económicos matrimoniales y sucesiones. Derecho común, foral y especial*, tomo II: *Sucesiones*, Civitas, Madrid, 2008.

LACRUZ BERDEJO, J. L. (dir.): *Elementos de Derecho civil*, tomo V, Dykinson, Madrid, 4.ª ed., 2010.

LLEDÓ YAGÜE, F.: *Derecho de sucesiones*, Universidad de Deusto, Bilbao, 1991.

— (dir.), *El patrimonio sucesorio. Reflexiones para un debate reformista*, Dykinson, Madrid, 2014 (3 vols.).

MEMENTO Familia y sucesiones, Francis Lefebvre, Madrid, 2009.

MEMENTO Fiscal, Francis Lefebvre, Madrid, 2011.

PÉREZ ÁLVAREZ, M. A. (coord.), DE PABLO CONTRERAS, P., MARTÍNEZ DE AGUIRRE, C. y CÁMARA LAPUENTE, S.: *Curso de Derecho Civil*, tomo V, *Derecho de sucesiones*, Colex, Madrid, 2022.

RIVAS MARTÍNEZ, J. J.: *Derecho de sucesiones. Común y foral* (3 vols.), Dykinson, 2009.

VALLET DE GOYTISOLO, J. B.: *Panorama del Derecho de sucesiones* (2 tomos), Civitas, Madrid, 1984.

OBRAS ESPECÍFICAS

ALBALADEJO, M.: *La mejora*, Colegio de Registradores, Madrid, 2003.

ALBIEZ DOHRMANN, K. J.: «La reducción de las disposiciones inoficiosas: especial atención a la reducción de las donaciones y de los legados», LLEDÓ (dir.), *El patrimonio sucesorio*, Dykinson, Madrid, 2014, I, pp. 913-938.

ALONSO MARTÍNEZ, M.: *El Código civil en sus relaciones con las legislaciones forales*, Plus Ultra, Madrid, 1947.

ÁLVAREZ GONZÁLEZ, S., «Las legítimas en el Reglamento sobre sucesiones y testamentos», *Anuario Español de Derecho Internacional Privado*, 11, 2011, pp. 369-406.

ARECHEDERRA ARANZADI, L. I.: «Divorcio y reserva de bienes», *Anuario de Derecho Civil*, 52, 1999, pp. 1395-1434.

ARJONA GUAJARDO-FAJARDO, J. L.: «El testamento mancomunado: reflexiones sobre su posibilidad teórica y su eventual utilidad práctica de Derecho civil común», *Revista Jurídica del Notariado*, 66, 2008, pp. 51-126; y 67, 2008, pp. 9-96.

ARROYO I AMAYUELAS, E. y BONDÍA GARCÍA, D.: «¿Interpretación de testamento contraria a los derechos humanos?», *Derecho Privado y Constitución*, 18, 2004, pp. 7-88.

BERROCAL LANZAROT, A. I.: «Disposición *mortis causa* de los datos digitales: el llamado testamento digital», *Revista Crítica de Derecho Inmobiliario*, 783, 2021, pp. 570-609.

BUSTO LAGO, J. M.: «La sucesión testada en el Derecho Civil propio de Galicia», *Revista Crítica de Derecho Inmobiliario*, 677, 2003, pp. 1537-1618.

— «La ordenación sucesoria de los bienes gananciales», *La familia en el Derecho de sucesiones*, Dykinson, Madrid, 2010, pp. 603-656.

CALATAYUD SIERRA, A.: «El reglamento sobre sucesiones y el Derecho Internacional Español», *Revista de Derecho Civil Aragonés*, 19, 2013, pp. 125-145.

CALVO CARAVACA, A. L., DAVÌ, A. y MANSEL, H. P.: *The EU Succession Regulation*, Cambridge U. P., 2016.

CÁMARA LAPUENTE, S.: *La fiducia sucesoria secreta*, Dykinson, 1996.

— *La exclusión testamentaria de los herederos legales*, Civitas, Madrid, 2000.

— «¿Derecho europeo de sucesiones? Un apunte», en CÁMARA LAPUENTE (dir.), *Derecho Privado Europeo*, Colex, Madrid, 2003, pp. 1185-1233.

— «Comentario a los artículos 823-833», en CAÑIZARES LASO, DE PABLO CONTRERAS, ORDUÑA MORENO y VALPUESTA FERNÁNDEZ, *Código civil comentado*, Pamplona, 2011, II, pp. 894-949.

— «Comentario a la RDGRN 17-9-2003. Fideicomiso de residuo», *Cuadernos Civitas de Derecho Civil*, 65, 2004, pp. 689-710.

CARBALLO FIDALGO, M.: *Las facultades del contador-partidor testamentario*, Civitas, Madrid, 1999.

— «El testamento mancomunado. Análisis comparado de los ordenamientos forales y regulación en la propuesta de código civil de la APDC», *Revista de Derecho Privado*, 2019, 103-5, pp. 77-109.

CASTIELLA RODRÍGUEZ, J. J.: «El testamento mancomunado, institución exportable al Código civil», *Revista Jurídica del Notariado*, 39, 2001, pp. 9-38.

CAPILLA RONCERO, F.: «Nulidad e impugnación del testamento», *Anuario de Derecho Civil*, 1987, pp. 3-88.

CRESPO ALLUÉ, F., FERNÁNDEZ-PRIDA MIGOYA, F., HIDALGO GARCÍA, S. y MARTÍNEZ ESCRIBANO, C.: *La sucesión hereditaria y el juicio divisorio*, Aranzadi, Pamplona, 2.ª ed., 2015.

DE LA CÁMARA ÁLVAREZ, M.: «El derecho de representación en la herencia testada y la preterición de los herederos forzosos (en torno a la sentencia de 6-12-1952)», *RDN*, 1955, pp. 7-88.

— «Estudio sobre el pago en metálico de la legítima en el CC», en *Centenario de la Ley del Notariado*, Madrid, 1964, III-1, pp. 709-1006.

DE VERDA Y BEAMONTE, J. R.: «El principio de propincuidad en la sucesión de los títulos nobiliarios», *Revista Jurídica del Notariado*, 80, 2011, pp. 361-384.

DELGADO ECHEVERRÍA, J.: «Una propuesta de política del Derecho en materia de sucesiones por causa de muerte», *Derecho de Sucesiones. Presente y futuro*, Murcia, 2006, pp. 13-171.

DÍEZ SOTO, C. M.: «La sucesión hereditaria en la empresa familiar: Problemas y soluciones», SÁNCHEZ RUIZ (coord.), *Régimen jurídico de la empresa familiar*, Aranzadi, Pamplona, 2010, pp. 141-166.

DÍEZ-PICAZO, L. y GULLÓN, A.: *Sistema de Derecho civil. Derecho de Sucesiones*, tomo IV-2, Tecnos, Madrid, 11.ª ed., 2013.

DOMÍNGUEZ LUELMO, A.: «La acción de petición de herencia», en LLAMAS POMBO (dir.), *Acciones civiles*, Madrid, 2013, I, pp. 551-627.

— GARCÍA RUBIO, M. P. (dirs.): *Estudios de Derecho de Sucesiones en honor a Teodora Torres*, La Ley, Madrid, 2014.

EGÚSQUIZA BALMASEDA, M. A.: *Sucesión* mortis causa *de la familia recompuesta (de la reserva viudal a la fiducia sucesoria)*, Aranzadi, Pamplona, 2015.

— PÉREZ DE ONTIVEROS VAQUERO, M. C.: *Tratado de las liberalidades (Homenaje a Rubio Torrano)*, Aranzadi, Pamplona, 2017.

ESPADA MALLORQUÍN, S.: *Los derechos sucesorios de las parejas de hecho*, Civitas, Madrid, 2007.

ESPEJO LERDO DE TEJADA, M.: *La legítima en la sucesión intestada en el Código civil*, Marcial Pons, Barcelona, 1996.

— «Interpretación del testamento y principio constitucional de igualdad. Consideraciones acerca de la Sentencia del Tribunal Constitucional 9/2010, de 27 de abril», *Derecho Privado y Constitución*, 25, 2011, pp. 229-260.

FAJARDO FERNÁNDEZ, J.: «La cláusula testamentaria prohibitoria de impugnación judicial», *Revista Jurídica del Notariado*, 101-102, 2017, pp. 485-542.

— «Igualdad de los hijos en sucesiones abiertas (pero no agotadas) antes de la entrada en vigor de la Constitución», *Revista Doctrinal Aranzadi Civil-Mercantil*, 4, abril 2017, pp. 61-76.

FONT I SEGURA, A.: «La ley aplicable a los pactos sucesorios», *Indret*, 2, 2009.

FUENMAYOR CHAMPÍN, A.: «Intangibilidad de la legítima», *Anuario de Derecho Civil*, 1, 1948, pp. 46-77.

GALICIA AIZPURÚA, G. H.: *Legítima y troncalidad: la sucesión forzosa en el Derecho de Bizkaia*, Marcial Pons, Madrid, 2002.

— (dir.): *Deudas y herencia*, Aranzadi, Pamplona, 2018.

— «Comentario a la STS de 13 de marzo de 2008. Reserva lineal», *Cuadernos Civitas de Jurisprudencia Civil*, 79, 2009, pp. 157-170.

GALICIA AIZPURÚA, G. H. y CASTELLANOS CÁMARA, S.: «Últimas reformas y propuestas de reforma en Derecho de sucesiones», *Revista Aranzadi Civil-Mercantil*, 3, 2018, pp. 27-70.

GARCÍA GOYENA, F.: *Concordancias, motivos y comentarios del Código civil español*, Sociedad Tipográfico-Editorial, Madrid, 1852.

GARCÍA GRANERO, J.: «Cotitularidad y comunidad. Gesammte Hand o comunidad en mano común», *Revista Crítica de Derecho Inmobiliario*, 1946, pp. 145-157, 227-235, 378-395, 503-519 y 613-625.

GARCÍA RUBIO, M.ª P.: *La distribución de toda la herencia en legados*, Civitas, Madrid, 1989.

— «Relaciones de cuidado y Derecho de sucesiones: algunos apuntes», *Estudios Homenaje a T. Torres*, La Ley, Madrid, 2014, pp. 479-504.

GIL RODRÍGUEZ, J. (dir.): *Manual de Derecho civil vasco*, Atelier, Barcelona, 2016.

— «Comentario a la STS de 7 de noviembre de 2008. Fideicomiso de residuo», *Cuadernos Civitas de Derecho Civil*, 2009, pp. 929-961.

GOMÁ LANZÓN, I., «El arbitraje en Derecho sucesorio», *El notario del siglo XXI*, sección 2R, n.º 50, 2013, http://elnotario.es/images/pdf/ARBITRAJE_DERECHO_SUCESORIO.pdf.

— «¿Tienen sentido las legítimas en el siglo XXI?», CAPILLA RONCERO, F., ESPEJO LERDO DE TEJADA, M., ARANGUREN URRIZA (dirs.), *Las legítimas y la libertad de testar. Perfiles críticos y comparados*, Aranzadi, Cizur Menor, 2019, pp. 61-76.

— «Los derechos del cónyuge viudo», GARRIDO PALMA (dir.): *Instituciones de Derecho Privado*, Aranzadi, 2019, V-5, pp. 33-380.

GONZÁLEZ PACANOWSKA, I.: *El legado de cosa ajena*, Montecorvo, Madrid, 1985.

— «Notas sobre el justo título para usucapir y la sucesión *mortis causa*», *Anuario de Derecho Civil*, 46, 1993, pp. 1899-1922.

GONZÁLEZ PALOMINO, J.: «El usufructo universal del viudo y los herederos forzosos», *Revista de Derecho Privado*, 1936, pp. 160-165.

GORDILLO CAÑAS, A.: «El error en el testamento», *Anuario de Derecho Civil*, 36, 1983, pp. 747-816.

INFANTE RUIZ, F. J., «Indignidad sucesoria y desheredación. Funciones, disfunciones y política legal», *Anales de la Academia Sevillana del Notariado*, 29, 2018, pp. 53-88.

JORDANO FRAGA, F.: *La sucesión en el ius delationis*, Civitas, Madrid, 1990.

LARRONDO LIZARRAGA, J. M.: *La eficacia del acto dispositivo no unánime sobre bienes de la herencia indivisa*, Centro de Estudios Registrales, Madrid, 1994.

LÓPEZ BELTRÁN DE HEREDIA, C.: *Computación, imputación y colación de donaciones en la sucesión mortis causa*, Tirant lo Blanch, Valencia, 2009.

LÓPEZ LÓPEZ, A.: «La garantía institucional de la propiedad», *Derecho Privado y Constitución*, 3, 1994, pp. 29-62.

MAGARIÑOS BLANCO, V.: *Libertad para ordenar la sucesión: Libertad de testar*, Dykinson, Madrid, 2022.

MARTÍNEZ DE AGUIRRE, C.: *Preterición y derecho de representación*, Civitas, Madrid, 1991.

MARTÍNEZ SANCHIZ, J. A.: *Quo legitima tangitur. La intangibilidad cualitativa de la legítima*, Dykinson, Madrid, 2014.

MIQUEL GONZÁLEZ, J. M.: «La preterición», *Estudios en homenaje a Díez-Picazo*, Madrid, 2002, vol. 4, 2002, pp. 5339-5390.

— «Reflexiones sobre la legítima», *Estudios Torres*, La Ley, Madrid, 2014, pp. 983-1001.

MORETÓN SANZ, M. F.: «La transmisión *mortis causa* de los derechos de explotación devengados de las creaciones literarias, artísticas y científicas: controversias testamentarias en materia de propiedad intelectual», *Revista Crítica de Derecho Inmobiliario*, 736, 2013, pp. 1151-1174.

MÚGICA ALCORTA, R.: «El impuesto sobre sucesiones», LLEDÓ (dir.), *El patrimonio sucesorio*, Dykinson, Madrid, 2014, III, pp. 1599-1643.

MURGA FERNÁNDEZ, J. P.: *Los sistemas europeos de liquidación de las deudas sucesorias*, Aranzadi, Pamplona, 2020.

PANIZA FULLANA, A.: *Usufructo y fideicomiso*, Aranzadi, Cizur Menor, 2008.

PARRA LUCÁN, M. A.: «Legítimas, libertad de testar y transmisión de un patrimonio», *Anuario da Facultade de Dereito da Universidade da Coruña*, 13, 2009, pp. 481-554.

PEÑA BERNALDO DE QUIRÓS, M.: *La herencia y las deudas del causante*, INEJ, Madrid, 1967.

— «La naturaleza de la legítima», *Anuario de Derecho Civil*, 1986, 2, pp. 571-579.

PÉREZ ÁLVAREZ, M. A., *El beneficio de inventario*, Aranzadi, Pamplona, 2015.

PITA BRONCANO, C. P.: *La preferencia de los acreedores del causante*, Dykinson, Madrid, 2013.

POU AMPERO, F.: «Ineficacia sobrevenida del testamento de hermandad», *Revista Jurídica del Notariado*, 67, 2008, pp. 495-516.

RAGEL SÁNCHEZ, L. F.: *La cautela gualdense o socini y el artículo 820.3.º del Código civil*, Dykinson, Madrid, 2004.

— «Venta de bien de comunidad postganancial y hereditaria», en CARRASCO PERERA, A. (dir.), *Tratado de la compraventa (Homenaje a Rodrigo Bercovitz)*, Aranzadi, Pamplona, 2013, I, pp. 807-816.

REAL PÉREZ, A.: *Usufructo universal del cónyuge viudo en el Código civil*, Montecorvo, Madrid, 1988.

ROCA TRÍAS, E.: «Una reflexión sobre la libertad de testar», en *Liber amicorum T. F. Torres García*, La Ley, Las Rozas, 2014, pp. 1245-1266.

ROCA SASTRE, R. M.: *Estudios sobre Sucesiones*, Instituto de España, Madrid, 1981.

RODRÍGUEZ-ROSADO MARTÍNEZ, B.: *Heredero y legitimario*, Aranzadi, Pamplona, 2017.

— «Comunidad hereditaria y Comunidad postganancial: especialidades de las Comunidades romanas sobre el Patrimonio», *Revista Aranzadi de Derecho Patrimonial*, 36, 2015, pp. 227-250.

RODRÍGUEZ-URÍA SUÁREZ, I. y ÁLVAREZ GONZÁLEZ, S.: *Estudios sobre la ley aplicable a las sucesiones mortis causa*, Santiago de Compostela, 2014.

RUBIO GARRIDO, T.: *La partición de la herencia*, Aranzadi, Pamplona, 2017.

RUBIO GIMENO, G.: *La venta de la herencia*, Madrid, 2003.

SÁNCHEZ HERNÁNDEZ, C.: *La herencia yacente*, Tirant lo Blanch, Valencia, 1997.

SÁNCHEZ SOCÍAS, L.: «La generalización de la cautela socini», en *Liber Amicorum Fernando Herrero-Tejedor*, Colex, Madrid, 2015, pp. 827-852.

SOLÉ RESINA, J. y GETE-ALONSO Y CALERA, M. C.: *Tratado de Derecho de sucesiones*, Civitas, Madrid, 2016.

TORRES GARCÍA, T. (dir.): *Tratado de legítimas*, Atelier, Barcelona, 2012.

TORRES GARCÍA, T. F., GARCÍA RUBIO, M. P.: *La libertad de testar: el principio de igualdad, la dignidad de la persona y el libre desarrollo de la personalidad en el derecho de sucesiones*, Fundación Coloquio Jurídico Europeo, Madrid, 2014.

VALLADARES RASCÓN, E.: «Por una reforma del sistema sucesorio del CC», *Homenaje a Albaladejo*, Madrid, 2005, II, pp. 4893-4902.

VALLET DE GOYTISOLO, J. B.: *Estudios de Derecho sucesorio* (5 tomos), Montecorvo, Madrid, 1981.

— «Comentario a los artículos 806-857 CC», *Comentario del Código civil*, Ministerio de Justicia, 1993, pp. 1974-2103.

— *Limitaciones de Derecho sucesorio a la facultad de disponer* (3 tomos), INEJ, Madrid, 1974.

VAQUER ALOY, A.: «Testamento, disposiciones a favor del cónyuge y crisis del matrimonio», *Anuario de Derecho Civil*, 56, 2003, pp. 67-100.

— *Libertad de testar y libertad para testar*, Olejnik, Santiago de Chile, 2018.

VERDERA IZQUIERDO, B.: *La nulidad del testamento o disposiciones testamentarias*, Aranzadi, Pamplona, 2011.

VERDERA Y SERVER, R.: *Contra la legítima*, Real Academia Valenciana de Jurisprudencia y Legislación, Valencia, 2021.

— *Partición de la herencia y arbitraje*, Bosch, Barcelona, 2017.